Bernward Janzing

Vision für die Tonne

Wie die Atomkraft scheitert
an sich selbst
am Widerstand
an besseren Alternativen

Picea Verlag

Impressum

© Picea Verlag Freiburg, 2016

Bernward Janzing
Wilhelmstraße 24 a
79098 Freiburg
www.piceaverlag.de

Redaktionsschluss: 30. September 2016

Alle Rechte vorbehalten
Nachdruck oder digitale Nutzung - auch auszugsweise -
nur mit Genehmigung des Herausgebers
Die Infografiken in diesem Buch sind bei Angabe
der Quelle zur Nutzung freigegeben.
Sie werden auf der Seite **www.vision-fuer-die-tonne.de** *bereitgestellt.*

Herausgeber und Autor:	Bernward Janzing
Gestaltung und Grafik:	Andreas Weindel
	Hans-Peter Schäuble
	triolog Freiburg
Titelentwurf:	Andreas Weindel, triolog Freiburg
Lektorat:	Nika Schneider, Freiburg
Infografiken:	Beate Elsen, besign-design, Emmendingen
Druck:	Bucherer & End, Kappel-Grafenhausen

ISBN 978-3-9814265-1-9

Inhaltsverzeichnis

	Vorwort: Eine Hommage an den Querschnitt	5
1	**„Unser Freund, das Atom"** | Die Forschung und ihre Visionen	7
2	**Der Mythos vom überflüssigen Stromzähler** | Die kommerzielle Erzeugung von Atomstrom	25
3	**Der Stoff, aus dem die (Alb-)Träume sind** | Die Uranwirtschaft	47
4	**Der Erfolg von Wyhl – als Blaupause taugt er nicht** | Der Widerstand	79
5	**Volksaufstände in Wackersdorf und Gorleben** | Die Entsorgung – oder was man dafür hält	151
6	**Eine Strahlenwolke verändert das Denken** | Die Katastrophe von Tschernobyl	197
7	**Ein Minister ohne Geschäftsbereich – aber mit Vision** | Das Ende der DDR-Reaktoren	213
8	**Dem Ausstieg folgt der Ausstieg vom Ausstieg** | Das politische Wechselspiel	225
9	**Japans Tsunami reißt deutsche Reaktoren mit** | Die Katastrophe von Fukushima	237
10	**Arbeit für Jahrzehnte, Strahlung für die Ewigkeit** | Der Rückbau	255

Exkurs

Atomkraft für die Straße	21
Atomkraft als „Wappentier"	40
Die Mutter der Zwinkersonne	112
Endlager Meeresgrund	194
Euratom: Altlast aus Zeiten der Atomeuphorie	232

Faktencheck: Von der Realität weit entfernt – die Atom-Propaganda

1. Stromerzeugung aus erneuerbaren Energien in Deutschland	18
2. Windstromerzeugung in Deutschland	29
3. Versorgungssicherheit in Deutschland und Europa	35
4. Stromexportüberschuss Deutschland	73
5. Atomstromerzeugung Deutschland	81
6. Atomstromerzeugung EU	84
7. Atomstromerzeugung weltweit	124
8. Handelsbilanz Deutschland	189
9. Solarstrom – Kosten und erzeugte Menge	191
10. CO_2-Bilanz der Stromerzeugung in Deutschland	207
11. Strompreis im Großhandel	220
12. Strompreis für Endkunden	249

Stichwortverzeichnis	268
Bildnachweis	271
Autor	272

Aus der Mitte heraus: Widerstand als Querschnittsaufgabe.
Demonstration am 26. März 2011 in München

Eine Hommage an den Querschnitt

Die Atomkraftgegner in Deutschland, Schweiz und Österreich repräsentierten stets einen Querschnitt der Gesellschaft. Alte und Junge waren dabei, Männer und Frauen, Linke wie Konservative, Städter und die Landbevölkerung. Es vereinigten sich im Widerstand Angestellte und Arbeitgeber, Studenten und Professoren, Handwerker und Büromenschen, Landwirte und Mitarbeiter des Öffentlichen Dienstes.

Es war ein aufrichtiger Protest. Der Widerstand basierte nicht auf dem St.-Florians-Prinzip, denn dem „Nein" an den betroffenen Standorten folgte oft der Zusatz: „...und auch nicht anderswo." Es war ein konstruktiver Protest, denn mit dem Nein zur Atomkraft ging stets das Ja zu den Alternativen einher. Und es war ein überparteilicher Protest, der in seiner Gesamtheit nicht an Ideologien gekoppelt war. Außerdem, und das war wichtig, hatte er ein konkretes Ziel. Dieses hieß schlicht: keine Atomkraft.

Die Bürger standen zwar einem starken Gegner gegenüber, einer lange Zeit vor Geld strotzenden Branche. Aber weil die sich weltweit mit Störfällen und Katastrophen, mit Arroganz und Mauscheleien, mit teuren Flops und technischen Pleiten, sowie mit bodenloser Leichtfertigkeit (siehe Asse) immer wieder aufs Neue demontierte, fand die Anti-Atom-Bewegung laufend neue Angriffspunkte und auch neue Mitstreiter.

All das machte die Bürgerinitiativen am Ende erfolgreich, wenngleich es ein langer Kampf war. Keine andere soziale Bewegung in der europäischen Geschichte war so beständig – mit Millionen von Aktivisten, über Jahrzehnte hinweg. Und weil es eine bunte Mischung von Lebenswelten war, die mitunter nur in der Gegnerschaft zur Atomkraft ihre Schnittmenge fand, mussten am Ende alle Versuche der Atomlobby und ihrer politischen Unterstützer scheitern, die Atomkraftgegner als Radikale zu diffamieren.

Zeit für eine Historie der Bewegung, Zeit für eine Hommage an den Widerstand.

Bernward Janzing im September 2016

Karlsruhe schlägt München: Die Reaktorstation entsteht (April 1957)

KAPITEL
01

„Unser Freund, das Atom"

Die Menschen sind „besoffen" von der neuen Technik. Mit Leidenschaft bauen sie Forschungsreaktoren und lassen sich dabei durch erste Unfälle nicht bremsen

Die Rede trifft den Nerv der Zeit. Es ist der 8. Dezember 1953, die Abwürfe der Atombomben auf Hiroshima und Nagasaki liegen erst gut acht Jahre zurück. Die Welt hat die Bedrohung durch die Kernspaltung im militärischen Einsatz noch unmittelbar vor Augen. Einerseits.

Andererseits aber erscheint die erst vor anderthalb Jahrzehnten entdeckte Kernspaltung plötzlich als die große Vision für die Zukunft. Aller militärischen Grausamkeiten zum Trotz will man sie nicht verdammen, schließlich scheint sie geeignet, die Industriestaaten mit Strom in unfassbarer Menge zu beglücken.

An jenem Wintertag des Jahres 1953 tritt US-Präsident Dwight D. Eisenhower in New York vor die Vollversammlung der Vereinten Nationen (UN) und hält einen Vortrag mit dem programmatischen Titel „Atoms for Peace". Atome für den Frieden. Das hört man gerne in dieser Zeit.

Der erste Atomstrom: Glühbirnen in Idaho

Eisenhower vollführt dabei den perfekten politischen Spagat: Er tritt gleichermaßen für die internationale Kontrolle der weltweit stationierten Atomwaffen ein, wie auch für die zügige Entwicklung der zivilen Atomkraft. Er schwärmt davon, dass die „friedliche Nutzung der Atomenergie kein Traum der Zukunft" sei, sondern dass schon in Kürze Wissenschaftler und Ingenieure eine „effiziente und wirtschaftliche" Stromerzeugung aufbauen könnten. Schließlich hatte zwei Jahre zuvor im US-Bundesstaat Idaho der Forschungsreaktor EBR-1 weltweit erstmalig elektrischen Strom mittels Kernspaltung erzeugt und damit vier Glühlampen zum Leuchten gebracht – der erste Praxisbeweis war erbracht.

Eisenhower will nun den Staaten der Welt beim Aufbau einer zivilen Atomwirtschaft helfen – sofern diese im Gegenzug bereit sind, ihre

Das Atomzeitalter beginnt:
Die Rede „Atoms for peace"

Perfekter politischer Spagat:
US-Präsident Dwight D. Eisenhower

Werbetour durchs Land: Bus der amerikanischen Atomenergie-Kommission

militärischen Atomprogramme einer Kontrolle durch die UN zu unterwerfen. Mit dieser Dialektik läutet der US-Präsident das Atomzeitalter ein. Zumindest in einigen Ländern.

In Deutschland ist die Atomforschung zu diesem Zeitpunkt formal noch gar nicht zulässig. Im Land herrschen nach wie vor die alliierten Besatzungsmächte, und die haben in ihrem „Kontrollratsgesetz Nr. 25" vom April 1946 (Untertitel: „Regelung und Überwachung der naturwissenschaftlichen Forschung"), die „angewandte Kernphysik" explizit untersagt. Ähnlich ist die Situation in Österreich.

US-Briefmarke, Juli 1955

Forschungsreaktor unter dem Atomium

Die Schweiz hingegen ist frei in ihren Entscheidungen. Bereits im November 1945 hat der Bundesrat auf Initiative des eidgenössischen Militärdepartements die „Studienkommission für Atomenergie" (SKA) gegründet, eine militärisch-wissenschaftliche Allianz, die anfangs gleichermaßen auf eine zivile Nutzung der Atomtechnik wie auf die Landesverteidigung ausgerichtet ist. Laut einem Geheimprotokoll, das erst später publik wird, soll die SKA auch den Bau „einer schweizerischen Bombe oder anderer geeigneter Kriegsmittel, die auf dem Prinzip der Atomenergie beruhen", anstreben.

Doch recht bald schon verschieben sich die Schwerpunkte in Richtung der zivilen Kernspaltung. Zugleich wächst in der eidgenössischen Energiewirtschaft die Bereitschaft, in die neue Technik zu investieren. Also beauftragt die SKA im Jahr 1952 eine Arbeitsgemeinschaft namhafter Schweizer Technikkonzerne – darunter Brown, Boveri & Cie. (BBC), Sulzer und Escher Wyss – mit der Planung eines ersten Versuchsreaktors.

Konkret werden die Pläne im Jahr 1955: BBC-Präsident Walter Boveri gründet zusammen mit Paul Scherrer von der Eidgenössischen Technischen Hochschule Zürich in Würenlingen im Kanton Aargau die Reaktor AG, ein privatwirtschaftliches Forschungszentrum. Mit dabei sind rund 120 weitere Firmen.

Im selben Jahr findet die erste Genfer Atomkonferenz statt. Die amerikanische Atombehörde präsentiert dort einen eigens für diese Veranstaltung konstruierten Leichtwasserreaktor. Weil dessen Rücktransport in die USA jedoch sehr aufwändig wäre, kauft ihn die Reaktor AG kurzerhand und bringt ihn an ihren Firmensitz. Wegen seines blauen Leuchtens im Reaktorkern bekommt der „Schwimmbadreaktor" den Namen „Saphir".

Anschließend baut die Firma noch eine eigene Versuchsanlage mit dem Namen „Diorit", einen Schwerwasserreaktor. Obwohl dessen Konzept bereits als überholt gilt, stellt die Reaktor AG ihn fertig. Im Jahr 1960 geht er in Betrieb.

In dieser Zeit bekommen auch die Universitäten Basel und Genf jeweils einen Ausbildungsreaktor. Die Anlage in Basel ist die größere von beiden. Sie stammt aus den USA, hat eine maximale Leistung von zwei

„Unsere Kinder werden in ihren Häusern Elektrizität nutzen, die zu billig ist, um gemessen zu werden."

Admiral Lewis L. Strauss, Vorsitzender der amerikanischen Atomenergie-Kommission, September 1954

Atomverfechter der Schweiz: Paul Scherrer

Atomforschung: Massenspektrometer im Reaktorzentrum Seibersdorf bei Wien (Oktober 1963)

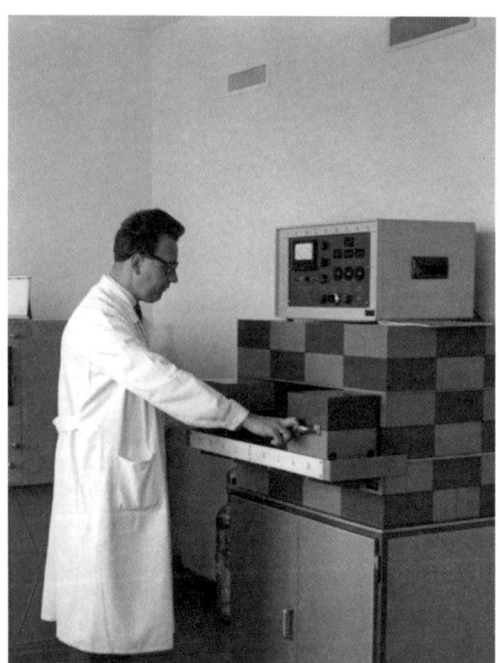

Abschirmung ist wichtig: Strahlenmessung in Seibersdorf (Oktober 1961)

Großer Forschungsreaktor: Strahlenmessungen am Natur-Uran-Reaktor FR2 in Karlruhe (1961)

Kilowatt, und wird mit 2,2 Kilogramm waffenfähigem Uran betrieben. Der Reaktor hatte zuvor in Brüssel unter dem Atomium gestanden, als Prunkstück der Weltausstellung des Jahres 1958. Deren sperriges Motto: „Technik im Dienste des Menschen. Fortschritt der Menschheit durch Fortschritt der Technik".

„Eine gewisse Gefahr der Verseuchung der Luft"

Zwischenzeitlich hat sich auch in Deutschland die Atomwirtschaft etabliert. Anfangs untergräbt man damit noch die Vorschriften des Besatzungsrechts: Bereits Ende 1952 gründet die Bundesregierung eine „Studienkommission für Kernenergie", angesiedelt im Wirtschaftsministerium.

Symbol der Atomeuphorie: Atomium in Brüssel von 1958

Man will in der Atomforschung nicht allzu weit hinter die anderen Industrieländer zurückzufallen. Schließlich war Deutschland noch wenige Jahre zuvor in diesem Metier führend. Im hohenzollerischen Haigerloch hatte kurz vor dem Ende des Zweiten Weltkriegs der Physiker Werner Heisenberg in seinem „Atomkeller" unterhalb des Schlosses einen Forschungsreaktor aufgebaut. An diese technisch-wissenschaftliche Führungsposition möchte das Land möglichst bald wieder anknüpfen, weshalb die Bundesregierung stetig die Grenzen des Besatzungsrechts austestet. Zumal sie ohnehin mit einem baldigen Ende der Kontrollratsgesetze und folglich mit mehr Souveränität in Atomfragen rechnet.

Zugleich agiert auch die deutsche Industrie – Firmen wie AEG, Bayer, Hoechst, Krupp und Siemens-Schuckert – zunehmend in einem Graubereich der Legalität und gründet am 8. November 1954 in Düsseldorf die „Physikalische Studiengesellschaft mbH". Diese soll erste Konzepte für einen Forschungsreaktor entwickeln, während die Max-Planck-Gesellschaft zur Förderung der Wissenschaften bereits seit dem Vorjahr die Suche nach einem Standort für ein Forschungszentrum, die sogenannte Reaktorstation, begleitet.

Treibende Kraft beim Projekt Reaktorstation ist Physik-Nobelpreisträger Heisenberg. Von ihm erhalten alle Städte, die sich für die Anlage interessieren, einen Bogen mit 20 Fragen. Diese betreffen einerseits den Standort selbst und seine Eignung „für sehr schwere Strukturen und Gebäude". Etwa 0,8 bis einen Quadratkilometer müsse das Gelände umfassen, und es müsse „elektrische Kraft ständig und gegebenenfalls mit hohem Anschlusswert (500 Kilowatt) verfügbar" sein.

Zugleich buhlt die Atomforschung bereits ungeniert um Privilegien: „Würde das Gelände kostenlos überlassen? Würden die laufenden fiskalischen Unkosten (Steuer, Straßenreinigung) etc. erlassen?"

Auch auf einen besonders heiklen Punkt weist die Max-Planck-Gesellschaft die Städte bereits hin: Es bestehe „eine gewisse (in den Zeitungen meist übertriebene) Gefahr der Verseuchung der Luft mit radioaktiven und daher giftigen Abfallprodukten". Die Reaktorstation

Demontage durch US-Streitkräfte: Atomkeller Haigerloch (21. April 1945)

Treibende Kraft der Reaktorstation: Werner Heisenberg

> „Gasturbine, Diesel- und Elektromotor werden wahrscheinlich eines Tages verschwinden. In den USA und in der Sowjetunion arbeiten Wissenschaftler an Atommotoren, die so klein sind, dass sie in Lokomotiven eingebaut werden können. Die Zukunft der Eisenbahn liegt also in der Atomkraft."
>
> *Kinderbuch „Was ist Was", „Die Eisenbahn", 1975*

solle deswegen „in wenig besiedeltem Gelände liegen, und zwar so, dass bei der vorherrschenden Windrichtung alle Abgase von der Stadt weg in freies Gelände getrieben werden".

Aber dieses Risiko schreckt kaum, und so gibt es eine Reihe von Interessenten. Einer ist Wolfgang Hoffmann, Oberbürgermeister von Freiburg; in einem Schreiben an die Max-Planck-Gesellschaft vom 8. September 1953 bekundet er sein Interesse. Doch in diesem Fall zieht der Gemeinderat nicht mit und lehnt eine Bewerbung wenige Wochen später mit 11 gegen 7 Stimmen ab. Für Freiburg ist das Thema damit erledigt.

Andere Städte bleiben im Rennen. Unter denjenigen, die sich mehr oder weniger verborgen um das Projekt bemühen, kristallisieren sich bald München, Aachen und Karlsruhe als bevorzugte Anwärter heraus. Aachen scheidet allerdings bald aus, weil das Land Nordrhein-Westfalen in Jülich ein eigenes Atomforschungszentrum plant.

Als dann am 5. Mai 1955 durch die Pariser Verträge die Kontrollratsgesetze außer Kraft gesetzt werden und Deutschland somit auch offiziell in die Atomforschung einsteigen kann, fällt binnen weniger Wochen die Entscheidung für den Standort: Karlsruhe. Bundeskanzler Konrad Adenauer ist es, der zur allgemeinen Überraschung die einstige badische Residenzstadt gegen gewichtige Fürsprecher Münchens – darunter vor allem Franz Josef Strauß (zu dieser Zeit Bundesminister für besondere Aufgaben) und Physiker Heisenberg – durchsetzt. Im Hintergrund ziehen offenbar die Alliierten die Strippen, denen München zu dicht an der Grenze zum Ostblock liegt. Karlsruhe ist da eindeutig günstiger positioniert.

Am 20. September 1955 stimmt dann auch der Stadtrat in Karlsruhe dem Bau zu – mit 43 gegen 6 Stimmen. Anfangs ist ein Standort am Rhein in Karlsruhe-Maxau vorgesehen, aber der liegt dann doch zu nahe an bewohntem Gebiet. Also wählt man ein Gelände im Hardtwald in Leopoldshafen als Standort für die „Kernreaktor Bau- und Betriebsgesellschaft mbH". Zugleich sagt Adenauer aber auch dem Großraum München einen kleinen Forschungsreaktor zu, der später in Garching entsteht.

„Ein großes Werk, das wir beginnen"

Die neuen Freiheiten durch die Pariser Verträge spiegeln sich schnell auch im Ressortzuschnitt des Bundeskabinetts wider: Mit Datum vom 6. Oktober 1955 schafft die Regierung Konrad Adenauers ein Bundesministerium für Atomfragen (BMAt), an dessen Spitze nun Franz Josef Strauß steht. Im Laufe der Jahrzehnte wird dieses Ministerium zum Forschungsministerium mutieren. Ab 1957 trägt es die „Atomenergie und Wasserwirtschaft" im Titel, 1962 nur noch die „wissenschaftliche Forschung" und ab 1972 ganz allgemein die „Forschung und Technologie".

Während der erste Atomminister sein Amt antritt, will in Politik und Wirtschaft von den atomaren Risiken noch niemand etwas wissen. Und was den Atommüll anbelangt, kursieren gar krude Gedanken. Der Frankfurter Biophysiker Boris Rajewsky propagiert einen „Zentralfriedhof" für Atommüll auf einer abgelegenen Insel; eine europäische „Atom-Müllabfuhr" solle das Zeug dorthin verfrachten. Der deutsche Physiker Bernhard Philberth bevorzugt als Aufbewahrungsort das Polareis, während ein sowjetischer Atomphysiker vorschlägt, den Atommüll kurzerhand mit Raketen in den Weltraum zu befördern.

Ernsthafte Gedanken um den Verbleib des Strahlenmülls sind rar, es gibt praktisch keine Forschung zu diesem Thema. „In den fünfziger Jahren", wird Jahrzehnte später die *Frankfurter Allgemeine Zeitung* resümieren, „waren die Deutschen besoffen vom Atom".

Und nicht nur die Deutschen. Ein amerikanischer Heizkörperproduzent stellt im Jahr 1955 den Einsatz von „Baby-Reaktoren" zur Beheizung von Wohnhäusern in Aussicht. Andere denken darüber nach, Kernexplosionen zur Erschließung von Bodenschätzen und zur Beseitigung von Gebirgsbarrieren einzusetzen. „Wenn die friedliche Nutzung von Nuklearexplosionen möglich wird, kann sie dramatische Vorteile bieten", schreibt noch 1969 der amerikanische Atomingenieur Bernard I. Spinrad. Selbst die atomare Beheizung der Antarktis ist nicht zu absurd für die Debatte.

Unterdessen schafft sich Deutschland – gerade erst von den Fesseln der Alliierten befreit – in atemberaubendem Tempo die Strukturen für die neue Ära der Stromwirtschaft. Am 26. Januar 1956 beruft das junge Atomministerium zum ersten Mal die Deutsche Atomkommission ein, in der Vertreter aus Politik, Wirtschaft und Wissenschaft zusammenkommen. Minister Strauß spricht von einem „großen Werke, das wir beginnen". Und er sagt: „Eine Nation, die auf dem Gebiet der Atomwissenschaft und Atomwirtschaft nicht Gleichstand und Konkurrenzfähigkeit mit den übrigen Völkern aufweisen kann, wird allmählich einem Prozess der Deklassierung unterliegen."

Satzungsgemäß hat die Kommission „die Aufgabe, den Bundesminister für Atomfragen in allen wesentlichen Angelegenheiten zu beraten, die mit der Erforschung und Verwendung der Kernenergie für friedliche Zwecke zusammenhängen". Aus einem ihrer Arbeitskreise geht später die Strahlenschutzkommission (SSK) hervor.

Es schmelzen die ersten Reaktorkerne

Wie sehr die Auseinandersetzung mit dem Thema Strahlenschutz nötig ist, hat sich in den Jahren zuvor bereits gezeigt. Schon ein Jahr nach der weltweit ersten Atomstromerzeugung hatte es in einem Reaktor in den Chalk River Laboratories in Kanada im Dezember 1952 eine partielle Kernschmelze gegeben. Auf der erst später eingeführten siebenstufigen Internationalen Bewertungsskala für Atomunfälle („Ines") war das im-

„Die friedliche Nutzung der Atomenergie bedeutet denselben Einschnitt in die Menschheitsgeschichte wie die Erfindung des Feuers für primitive Völker."

Franz Josef Strauß, erster Bundesminister für Atomfragen, 1957

Deutschlands erster Atomminister: Franz Josef Strauß

merhin Stufe 5. Eine ebenfalls partielle Kernschmelze ereignete sich am 29. November 1955 im Forschungsreaktor EBR-1 in Idaho.

Und weitere Unfälle folgen. Eine Explosion in der Atomwaffenfabrik und Wiederaufarbeitungsanlage Majak im russischen Kyschtym setzt am 29. September 1957 große Mengen an Radioaktivität frei. Es ist mit Ines-Stufe 6 der bis dato schlimmste Störfall weltweit.

Kurz darauf, am 10. Oktober 1957, brennt es im britischen Atomreaktor Windscale. Die Umgebung wird verseucht und erstmals wird nun ein europäischer Ortsname zum Synonym für die Gefahren der Atomkraft. In Windscale zieht man auf eigenwillige Art Konsequenzen aus der Katastrophe – und benennt die Stadt kurzerhand in „Sellafield" um.

Bald ist auch Deutschland betroffen: In Karlsruhe werden im März 1967 sechs Mitarbeiter verstrahlt. Erst fünf Wochen später wird der Vorfall durch eine Indiskretion öffentlich. Damit ist das Image der Atomkraft angekratzt. Der Historiker Joachim Radkau nennt diesen Unfall später den „ersten ernsthaften Störfall in einem deutschen Kernkraftwerk, der von der Öffentlichkeit als solcher wahrgenommen wurde".

Noch heftiger ist knapp zwei Jahre später ein Störfall in der Schweiz. Und zwar in einem Versuchs-Leistungsreaktor, einer komplett schweizerischen Eigenentwicklung. Die Anlage in der Gemeinde Lucens im Kanton Waadt basiert auf Entwicklungen des Eidgenössischen Instituts für Reaktorforschung. Dieses war im Jahr 1960 aus der Reaktor AG hervorgegangen.

In einer Felskaverne wurde der Reaktor errichtet. Im Januar 1968 speist er den ersten Nuklearstrom der Schweiz ins Netz, aber er bereitet immer wieder Probleme. Als sich dann während einer Revision in den Brennelementen Wasser ansammelt und zu Korrosion führt, ist beim Wiederanfahren am 21. Januar 1969 die Kühlung beeinträchtigt. Es schmilzt ein Teil eines Brennelements, ein Druckrohr explodiert, der Schwerwasserreaktor ist am Ende. Und das Personal flieht.

Der Unfall gelte „als einer der schwersten in der Geschichte der Atomenergie", schreibt Jahrzehnte später die *Neue Zürcher Zeitung* (NZZ) und nennt ihn den „vergessenen Atomunfall". Auf der internationalen Ines-Skala wird er als Ereignis der Stufe 5 klassifiziert. Er führt nur deshalb nicht zu einer nationalen Katastrophe, weil sich der Reaktor unter der Erde befindet und zudem mit einer elektrischen Leistung von neun Megawatt sehr klein ist.

Die Schweiz beendet damit den Bau eigener Reaktoren. Übrig bleiben in Lucens 250 Fässer radioaktiver Abfälle und eine Kaverne, die so stark verseucht ist, dass sie zugemauert werden muss – ferner Spekulationen über militärische Hintergründe des gesamten Projekts.

Atomkraft zur „Stärkung der Arbeiter-und-Bauern-Macht"

Ähnlich wie in Westdeutschland steht auch in der DDR Mitte der 1950er Jahre die Atomkraft ganz oben auf der Tagesordnung. Das Zen-

> „Die Atomenergie findet Anwendungsmöglichkeiten in zweierlei Richtung: zur Förderung der individuellen Entwicklung und dadurch zur Bereicherung des menschlichen Daseins – und zur Zerstörung und Vernichtung in Form von Atomwaffen."
>
> *Werner Braunbek, Physiker, 1953*

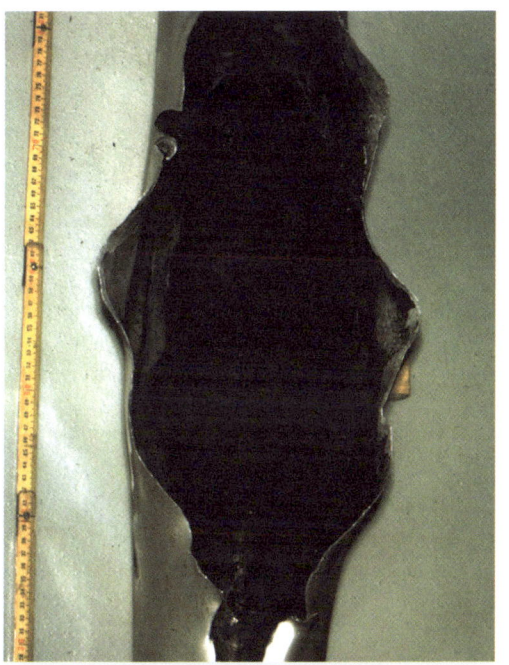
Der vergessene Atomunfall der Schweiz: Explodiertes Druckrohr im Reaktor Lucens

Im Bunker: Nur der Berg verhindert in Lucens eine nationale Katastrophe

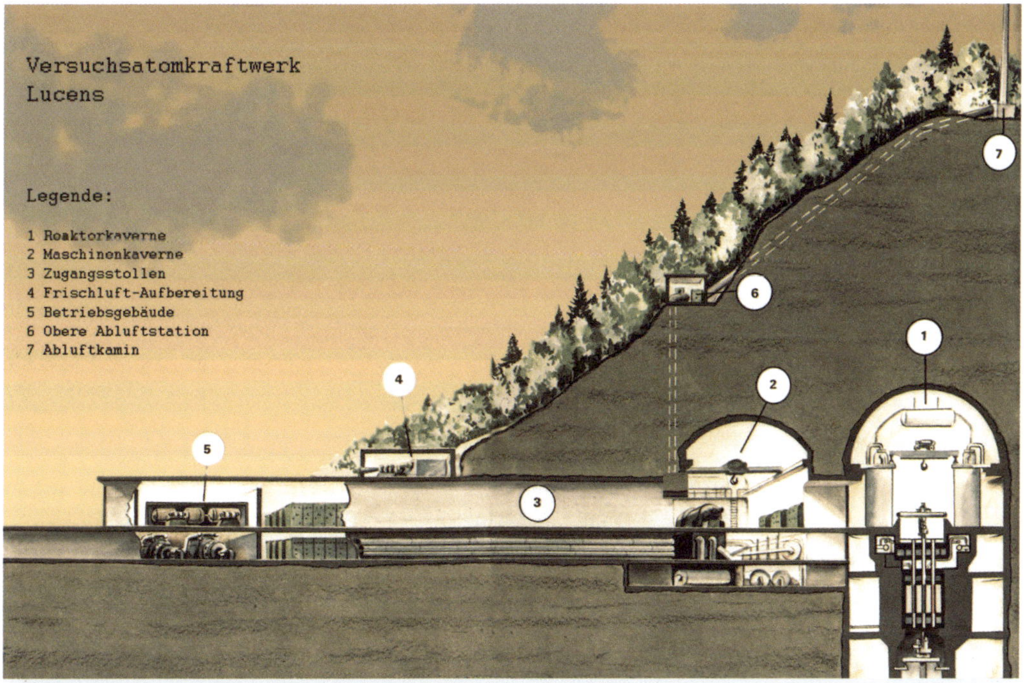

1. "Unser Freund, das Atom"

Versuchsatomkraftwerk Lucens

Legende:
1 Reaktorkaverne
2 Maschinenkaverne
3 Zugangsstollen
4 Frischluft-Aufbereitung
5 Betriebsgebäude
6 Obere Abluftstation
7 Abluftkamin

Schweizer Eigenentwicklung endet im Fiasko: Kernspaltung unter Tage

Ersatz für die Reaktorstation: „Atom-Ei" in Garching

Braunkohlelobby erzwingt neuen Standort: Kernforschungsanlage Jülich

tralorgan der Sozialistischen Einheitspartei Deutschlands (SED) *Neues Deutschland* schreibt im November 1955: „Die friedliche Nutzung der Atomenergie ist von großer Bedeutung für die weitere Stärkung der Arbeiter-und-Bauern-Macht und für die Zukunft des deutschen Volkes."

Zugleich erklärt Ministerpräsident Otto Grotewohl, die Kernphysik und die Kerntechnik seien „als der wohl mächtigste Faktor einer künftigen Entwicklung der Produktivkräfte einer friedlichen koexistierenden Welt erkannt und anerkannt worden". Daher müssten nun „alle friedliebenden Menschen in der Welt die große Initiative der Sowjetunion" in Sachen Atomkraft „dankbar anerkennen". In den USA sei die Situation eine andere. Dort sei die Kerntechnik „hauptsächlich unter dem Aspekt der Herstellung von atomaren Waffen, d.h. Massenvernichtungsmitteln schlimmster Art, entwickelt" worden.

So ist – natürlich – auch die Atomdebatte bestimmt von der Rhetorik des Kalten Krieges. Entsprechend nimmt auch die DDR dem deutschen Westen die Aussage nicht ab, er nutze die Atomkraft ausschließlich zivil: „Die Perspektive der Anwendung der Atomenergie in Westdeutschland wird – wenn es nach dem Willen der Adenauer-Clique geht – durch die Vorbereitung eines Atomkriegs bestimmt" lässt im Jahr 1959 das Amt für Kernforschung und Kerntechnik der DDR verlauten. Dagegen bestehe „die optimistische Perspektive der DDR, die neue Produktivkraft Atomenergie noch schneller und zielstrebiger für den sozialistischen Aufbau zu nutzen".

Hartnäckig arbeitet man daher auch östlich der innerdeutschen Grenze daran, den Rückstand in der Forschung, der durch die Nachwirkungen des Zweiten Weltkriegs bedingt ist, schnellstmöglich aufzuholen. Und so beschließt der Ministerrat der DDR im November 1955 den Aufbau des Zentralinstituts für Kernphysik in Dresden-Rossendorf „zur friedlichen Nutzung der Kernenergie". Im Dezember 1957 geht der dortige Forschungsreaktor in Betrieb. Die SED-Zeitung *Die Freiheit* jubelt: „Ich grüße dich, Atomreaktor".

Ein „Atom-Ei" erwächst in atemberaubendem Tempo

Noch etwas schneller ist man aber in Bayern. Dort geht am 31. Oktober 1957 in Garching der erste westdeutsche Forschungsreaktor in Betrieb, seiner Form wegen „Atom-Ei" genannt. In atemberaubendem Tempo hat man den Bau hochgezogen: Erst am 8. Mai des Vorjahres war die Entscheidung für den Standort gefallen, den Reaktor kaufte man in den USA. Der Baufortschritt ist auch Folge des großen Ehrgeizes von Heisenberg und Strauß, die nach der verlorenen Standortentscheidung um die Reaktorstation einen prestigeträchtigen Ersatz für Bayern anstreben.

Im Jahr darauf gehen weitere Forschungsreaktoren in Betrieb – so in Frankfurt an der Universität, in Berlin-Wannsee am Hahn-Meitner-Institut (dem späteren Helmholtz Zentrum Berlin) und in Geesthacht

„Atommaschinen werden später sicher dort Verwendung finden, wo Kohle und Öl nicht oder nur schwer zur Verfügung stehen (Polarländer, Wüsten usw.). Es wird auch daran gedacht, große Ozeandampfer und Kriegsschiffe, die lange Zeit kein Brennmaterial aufnehmen sollen, mit Atomenergie zu betreiben. Kleinere Schiffe, Flugzeuge und Kraftwagen kommen wegen der Strahlengefahr und des dadurch notwendigen Strahlenschutzes nicht in Frage."

Otto Hahn, 1950

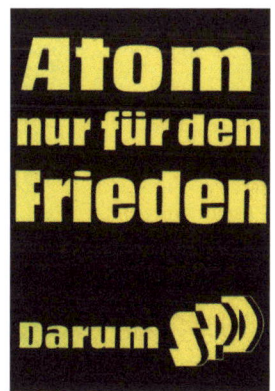

Wahlplakat 1957

Die Aussagen der Atomlobby

VOLKS VERDUMMUNG

» Regenerative Energien wie Sonne, Wasser oder Wind können auch langfristig nicht mehr als 4% unseres Strombedarfs decken.

Anzeige der deutschen Stromwirtschaft, August 1993

Anteil Stromerzeugung aus erneuerbaren Energien in %

Quelle: AG Energiebilanzen (Erzeugung bezogen auf Bruttostromverbrauch)

Von der Realität weit entfernt: die Atom-Propaganda. Faktencheck 1 (von 12)

bei der GKSS, der Gesellschaft für Kernenergieverwertung in Schiffbau und Schiffahrt.

In Karlsruhe aber hat man mehr vor, als nur einen einzelnen Reaktor zu bauen, und daher dauert dort alles etwas länger. Die erste Anlage auf dem nordbadischen Forschungsareal geht im März 1961 in Betrieb, der Natur-Uran-Reaktor FR2. Ihm folgen fünf weitere in den nächsten 20 Jahren. Laien wundern sich über die eigentümlichen Namen – eine Anlage heißt „Schnelle Nullenergie-Anordnung".

Und dann ist da natürlich noch Jülich. Die dortige Kernforschungsanlage geht zurück auf einen Beschluss des Landtags von Nordrhein-Westfalen aus dem Dezember 1956. Weil ein anfangs geplanter Standort im Landkreis Düren nicht durchsetzbar ist – er scheitert, weil die dortige Braunkohle-Lobby die atomare Konkurrenz fürchtet – rückt nun der Landkreis Jülich ins Blickfeld.

Unterstützer der Göttinger Erklärung: Otto Hahn

Dort beginnt der Bau 1958: „Wir stehen vor dieser dunklen Wand, hinter der sich eines der kostbarsten Geschenke verbirgt, das die Natur für den Menschen bereit hält: die Atomenergie", begeistert sich zur Grundsteinlegung der Hochfrequenztechniker und Staatssekretär Leo Brandt. Die beiden ersten Reaktoren „Merlin" und „Dido" werden 1962 fertiggestellt.

Bald stehen in Westdeutschland mehr als 40 Forschungsreaktoren. Darunter größere wie jener der Universität Mainz, aber auch ein Dutzend Unterrichtsreaktoren von Siemens mit einer Dauerleistung von gerade 0,1 Watt und einer Spitzenleistung von einem Watt – sogenannte Nullenergiereaktoren. Sie werden an Hochschulen errichtet, wie etwa an den Universitäten Hannover, Stuttgart und Ulm oder an den Fachhochschulen Kiel und Furtwangen. Aber auch die DDR setzt auf den Unterricht am Objekt: Die Hochschule Zittau/Görlitz nimmt 1979 einen Trainingsreaktor in Betrieb.

„Atomkraft im Dienste der Menschheit"

Parallel entwickelt sich das Thema in Österreich, wo ebenfalls bis 1955 jede Erforschung der Atomenergie durch die Besatzungsmächte untersagt ist. Gleichwohl ist auch hier die Kernspaltung in der Öffentlichkeit längst präsent; im März 1955 findet im Wiener Künstlerhaus die viel beachtete Ausstellung „Atomkraft im Dienste der Menschheit" statt.

Unterzeichnung des Euratom-Vertrags, 1957

Erst mit dem Staatsvertrag von Wien vom 15. Mai 1955 erhält auch Österreich seine Souveränität zurück. Und ähnlich schnell wie in Deutschland startet auch hier die Atomforschung nun offiziell. 1956 gründet die Bundesregierung die „Österreichische Studiengesellschaft für Kernenergie" und beauftragt sie mit dem Bau eines „Leistungsreaktors als Lernmodell".

Mit Unterstützung der Kernenergiekommission der USA entsteht das Kernreaktorzentrum bei Seibersdorf südöstlich von Wien. Dort geht 1960 der erste Reaktor in Betrieb, zwei Jahre später folgt der zweite, gebaut von der US-Firma General Atomics. Ein dritter Forschungsreaktor kommt 1965 nach Graz.

Der Wettkampf der Reaktortypen

Während allenthalben die Forschungsreaktoren entstehen, rückt auch die kommerzielle Nutzung der Atomkraft ins Blickfeld. Professor Karl Winnacker, der Chef der Farbwerke Hoechst AG ist es, der im Januar 1957 die Spitzen der deutschen Industrie und der Atomforschung zu einer Klausurtagung in das Gästehaus seiner Firma ins hessische Eltville einlädt. Unter der Leitung des Physikers Heinz Maier-Leibnitz entstehen dort die Grundzüge eines deutschen Atomprogramms – das „Eltviller Programm".

Unmittelbar darauf dokumentieren namhafte Wissenschaftler am 12. April 1957 in ihrer Göttinger Erklärung den Geist der Zeit: 18 Atomforscher, darunter Otto Hahn, Max Born, Werner Heisenberg und Carl Friedrich von Weizsäcker betonen in dem Papier, dass „keiner der Unterzeichnenden" bereit sei, „sich an der Herstellung, der Erprobung oder dem Einsatz von Atomwaffen in irgendeiner Weise zu beteiligen".

Doch dann heißt es weiter: „Gleichzeitig betonen wir, dass es äußerst wichtig ist, die friedliche Verwendung der Atomenergie mit allen Mitteln zu fördern, und wir wollen an dieser Aufgabe wie bisher mitwirken". Schließlich versprechen sich in diesen Jahren fast alle Menschen – vom bürgerlichen Lager bis zur Arbeiterbewegung – von der Atomkraft erheblichen wirtschaftlichen Wohlstand.

Vater des Eltviller Programms: Heinz Maier-Leibnitz

Getragen von dieser Atomeuphorie wird am 25. März 1957 in Rom die Europäische Atomgemeinschaft (Euratom) ins Leben gerufen. In den so genannten Römischen Verträgen definieren die Länder Frankreich und Italien, die Beneluxstaaten und die Bundesrepublik Deutschland die Atomkraft zu einer „unentbehrlichen Hilfsquelle für die Entwicklung und Belebung der Wirtschaft". Alle Mitglieder verpflichteten sich, „die Voraussetzungen für die Entwicklung einer mächtigen Kernindustrie zu schaffen", und legen außerdem fest, dass „die Kernforschung in den Mitgliedstaaten zu fördern und zu erleichtern" ist. So schafft Euratom der Atomtechnik unzählige Privilegien – bis ins 21. Jahrhundert hinein.

„Das Wort ‚Atom' wurde in den fünfziger Jahren wie ein Superlativ gebraucht, wie heute ‚Super' oder ‚Mega'"

Firma Urenco, 2015

Auch weltweit bauen die Staaten in diesen Monaten die Strukturen einer Atomwirtschaft auf. Sie gründen am 29. Juli 1957 die internationale Atomenergieorganisation IAEO, die unter dem Dach der UN umsetzen soll, was Eisenhower dreieinhalb Jahre zuvor angestoßen hatte: die Kontrolle der militärischen Atomtechnik einerseits und die Förderung der zivilen andererseits. Laut ihrer Satzung soll die IAEO „den Beitrag der Atomenergie zum Frieden, zur Gesundheit und zum Wohlstand beschleunigen und steigern". Dass die Behörde sich ausgerechnet in Wien ansiedelt, ist Ironie der Geschichte – Österreich wird sich später so engagiert gegen die Atomkraft wenden wie kein anderes Land.

Atomvisionen für die Straße
Der Nuklearantrieb: 8000 Kilometer mit nur einer „Tankfüllung"

Die Spielplätze der Automobilindustrie heißen Konzeptfahrzeuge. Mit diesen greifen die Ingenieure jede nur denkbare technische Vision theoretisch auf – in den fünfziger Jahren natürlich auch die Atomkraft.

Zum Beispiel stellt Ford im Jahr 1954 auf der Chicago Auto Show seinen Atmos vor. Er soll zwar vor allem futuristisch aussehen, doch auch der Antrieb beflügelt die Phantasie der Konstrukteure. Im Modell hat er zwar gar keinen Antrieb, weil das Fahrzeug auch niemals gebaut werden soll, aber manch einer sieht in dem Atmos das Atomauto der Zukunft.

Konkreter wird der Atomantrieb dann im Jahr 1958, als Ford seinen Nucleon präsentiert, ein flaches Gefährt mit zwei Haifischflossen am Heck. Zwischen seinen Hinterrädern soll eines Tages ein Atomreaktor aufgehängt werden, eine „Tankfüllung" von Uran soll dem Fahrzeug eine Reichweite von 8000 Kilometern ermöglichen. Gebaut wird jedoch nur ein Modell im Maßstab 3:8 – ohne Reaktor. Denn der lässt sich einfach nicht so klein bauen, wie es für einen Pkw nötig gewesen wäre. Zudem wäre ein solches Fahrzeug gar nicht bezahlbar.

Dennoch erfasst die Vision vom Atomauto auch andere Firmen. Ebenfalls 1958 präsentiert der französische Autohersteller Simca sein Modell Fulgur, auf Deutsch: Blitz. Er soll im Kofferraum einen Atomreaktor beherbergen. Auf dem Genfer Autosalon 1959 wird das Konzept präsentiert, 1961 in Chicago abermals. Der Fulgur soll zeigen, wie im Jahr 2000 Autos aussehen werden. Gebaut wird auch er nie.

Ebenso wenig wie der Astral, 1957 von Studebaker-Packard, vorgestellt. Phantasieprodukte bleiben auch der französische Arbel/Symetric und der Seattle-ite XXI, mit dem Ford 1962 das Thema Atomantrieb nochmals aufgreift. Und die Visionen leben fort, bis in die jüngste Vergangenheit: Auf der Chicago Auto Show 2009 präsentiert Cadillac seinen World Thorium Fuel (WTF). Wieder mal ein Konzeptfahrzeug. Geplanter Antrieb: mit Thorium, einem radioaktiven Element. Selbstverständlich, alles nur theoretisch.

In der Vision atombetrieben: Der Ford Atmos von 1954

Buchtitel 1954

Ebenfalls noch im Jahr 1957 folgt in Deutschland der nächste Schritt in Richtung einer kommerziellen Atomstromerzeugung. Die Deutsche Atomkommission, das Beratergremium der Bundesregierung, billigt das „Eltviller Programm". Es sieht den Bau von fünf technisch unterschiedlichen Leistungsreaktoren mit jeweils 100 Megawatt bis 1965 vor und geht als das erste bundesrepublikanische Atomprogramm in die Geschichte ein (obwohl es nie offiziell als Programm der Bundesregierung deklariert wurde).

Durch die Entwicklung eigener Reaktorlinien will sich die deutsche Industrie eine Weltmarktposition sichern. Siemens schlägt einen Schwerwasserreaktor vor, AEG einen Leichtwasserreaktor, das Konsortium BBC/Krupp einen gasgekühlten Hochtemperaturreaktor, die Deutsche Babcock & Wilcox einen Natur-Uran-Reaktor (ähnlich einer Anlage, die im englischen Calder Hall seit 1956 läuft) und die Firma Interatom einen organisch moderierten Reaktor.

Das Eltviller-Programm beherrscht zwar in den folgenden Jahren die Diskussion, sein Erfolg aber ist dürftig. Nur drei der fünf Reaktortypen werden tatsächlich gebaut, nämlich der Schwerwasserreaktor in Niederaichbach, der Leichtwasserreaktor in Lingen und der Hochtemperaturreaktor AVR in Jülich; die Abkürzung steht schlicht für „Arbeitsgemeinschaft Versuchsreaktor".

Die Resultate sind ernüchternd. Der AVR macht durch Störfälle in großem Stil von sich reden, auch der Natur-Uran-Reaktor Niederaichbach bei Landshut wird zum technischen Flop und muss Mitte 1974 nach nur anderthalb Betriebsjahren schon wieder außer Betrieb genommen werden. Die Presse nennt ihn ein „nutzloses Monster" (*Die Zeit*), und selbst das Kernforschungszentrum Karlsruhe gesteht später ein, dass ein „Verzicht auf dessen Realisierung kein Schaden gewesen" wäre.

Eine Euphorie, die keine Grenzen kennt

Buchtitel 1958

Aber an solche Tücken der Praxis zu denken, liegt in den fünfziger Jahren fern; die Atombegeisterung ist grenzenlos. „Das lustige Atom" ist der Titel eines Buches, das 1954 erstmals erscheint, und in Reimform die Atomkraft glorifiziert. Für Kinder gibt es Modellbausätze für Reaktoren, und Ingenieure denken über atombetriebene Autos, Züge und Flugzeuge nach.

Die Stimmung der Zeit spiegeln auch der im Januar 1957 erschienene Film „Unser Freund das Atom" von Walt Disney und das gleichnamige Buch wider. Im Auftrag der US-amerikanischen Regierung soll der Streifen die Atomphysik für jedermann verständlich machen, etwa indem Tischtennisbälle, die auf einer Vielzahl gespannter Mausefallen liegen, nach einem Startimpuls die Kettenreaktion demonstrieren.

Doch solche Werbung für die „friedliche Nutzung der Atomenergie" ist eigentlich unnötig in dieser Zeit, denn kaum jemand stellt die

Atomkraft ernsthaft in Frage. In den USA nicht, und auch nicht in Mitteleuropa. Gegner der Atomkraft sind einstweilen eine politische Randerscheinung. Zu den ganz wenigen Kritikern der neuen Technik gehört der 1958 in Salzburg gegründete „Weltbund zur Rettung des Lebens", der sich später umbenennt in „Weltbund zum Schutze des Lebens".

So sehr die deutsche Politik fortan darauf drängt, die Atomkraft auszubauen, so zurückhaltend agiert anfangs die Stromwirtschaft. Denn sie bevorzugt Kraftwerkstypen, die etabliert sind. Und das sind – abseits der Mittelgebirge, in denen die Wasserkraft dominiert – vor allem Kohlekraftwerke. Die Unterstützer des Atomstroms kommen aus anderen Branchen – aus dem Anlagenbau etwa (der sich mittels heimischer Atommeiler Exportmärkte zu erschließen hofft) und aus der chemischen Industrie (die als größter Stromverbraucher billigen Strom erwartet). Allen voran drängt der Chemiekonzern Hoechst.

Um den politischen Druck zum Bau von Atomkraftwerken zu erhöhen, gründet sich 1959 das Deutsche Atomforum als Lobby der Kernspalter. Und in Politik und Wirtschaft beginnt man damit, die Angst vor einer drohenden „Energielücke" zu schüren. Das Schlagwort verfängt auf der ganzen Linie – die Kommerzialisierung der Atomkraft kann beginnen.

Ikonen der Atomgeschichte: Modellbausatz von 1959

Der letzte Neubau in der Schweiz:
Leibstadt im Mai 1978

KAPITEL
02

Der Mythos vom überflüssigen Stromzähler

Die kommerzielle Erzeugung von Atomstrom beginnt – und offenbart bald die Selbstherrlichkeit und Leichtfertigkeit der Branche

Ein Besuch bei „Bürger T.". So nannte ihn einst der *Spiegel* in großer Schlagzeile auf dem Titel. Aber das ist lange her.

Dreieinhalb Jahrzehnte später empfängt Klaus Traube, alias „Bürger T.", in seinem Haus in Oberursel bei Frankfurt. Dieses ist umgeben von einem Naturgarten. „Man könnte das Grundstück auch verwildert nennen", sagt der Hausherr mit einem Lächeln, als er herein bittet. Wie auch immer: Hier ist erkennbar ein Naturfreund zuhause.

Traube ist zu diesem Zeitpunkt Mitte 80. Er engagiert sich seit Jahrzehnten gegen die Atomkraft, er propagiert stattdessen die Kraft-Wärme-Kopplung, den klugen und effizienten Einsatz von Energie. Und er ist für den Bund für Umwelt und Naturschutz aktiv. Längst ist er einer der namhaftesten Kritiker der Atomwirtschaft – dabei gehörte er einst zu ihren führenden Köpfen.

Atomingenieur mit Zweifeln: Klaus Traube

Klaus Traube, Jahrgang 1928, ist die deutsche Atomgeschichte in Person. Zunächst baut er Atomkraftwerke, managt den Aufstieg der zivilen Kerntechnik, wird einer der „Schlüsseltechniker der atomaren Gesellschaft", wie *Spiegel*-Gründer Rudolf Augstein einmal schreibt – und vollzieht dann seine persönliche Wende. Fortan begleitet er ebenso engagiert den Niedergang der Nuklearkraft wie zuvor den Aufbau. Dass er damit in die Schlagzeilen gerät, liegt nahe.

Doch der Reihe nach. Traube studiert Maschinenbau in Braunschweig, promoviert in München über Thermodynamik und nimmt im Jahr 1959 eine Stelle bei General Atomics in San Diego an, der vier Jahre zuvor gegründeten Tochterfirma des US-Rüstungskonzerns General Dynamics. Für einen jungen Ingenieur dieser Zeit sind das spannende Perspektiven. „Eine Kontroverse um die Atomkraft gab es nicht", sagt er rückblickend.

„Der umweltfeindlichste Faktor bei einem Kernkraftwerk ist sicher der Parkplatz für die Mitarbeiter-Autos."

Hamburgische Electricitäts-Werke, 1973

Wohl wahr. Man muss nur einen Blick in das Godesberger Programm der SPD von 1959 werfen. Von der „Hoffnung dieser Zeit" ist darin zu lesen. Von der Aussicht, „dass der Mensch im atomaren Zeitalter sein Leben erleichtern, von Sorgen befreien und Wohlstand für alle schaffen kann". Einzig und allein Verheißungen prägen die Debatte um die Energie aus der Kernspaltung. Ingenieur Traube bleibt von seinem ersten Job in San Diego vor allem eines in Erinnerung: Bei General Atomics gibt es keine Lichtschalter, die Lampen in den Räumen brennen ständig – als Symbol der neuen Zeit, als Symbol des Überflusses.

Wenn die Strahlung erst außerhalb der Stadt nieder geht

Der Bau von Atomreaktoren schreitet in diesen Jahren voran. In Obninsk bei Moskau hat im Jahr 1954 weltweit erstmalig ein Atomkraftwerk Strom ins öffentliche Netz gespeist. 1956 folgt der Reaktor Calder Hall in Nord-West-England auf dem Gelände des Nuklearkomplexes Sellafield, der zu dieser Zeit noch Windscale heißt.

Bizarre Ansichten prägen diese Zeit. Die Zeitschrift *Atomwirtschaft* verbreitet die These, dass bei einem Nuklearunfall die Stadtbevölkerung dann am besten geschützt sei, wenn das Kraftwerk im Zentrum der Stadt liegt. Und zwar, weil „die radioaktive Abluftwolke dann erst außerhalb der Stadt den Erdboden erreicht".

Aber Störfallszenarien interessieren in diesen Jahren ohnehin kaum. Vielmehr gilt es auch in Deutschland den ersten Atomstrom ins Netz zu bringen. Im Juni 1961 ist es so weit: Das Versuchsatomkraftwerk Kahl (VAK) in der unterfränkischen Gemeinde Karlstein am Main liefert nach nur 29 Monaten Bauzeit die ersten Kilowattstunden. Gebaut wurde die Anlage vom Elektrokonzern AEG nach einer Lizenz der amerikanischen Firma General Electric (GE) im Auftrag von RWE und Bayernwerk. Eine atomrechtliche Genehmigung gibt es für den Bau der 15-Megawatt-Anlage einstweilen nicht, diese wird erst nach Fertigstellung nachgereicht – so bestimmt bereits frühzeitig Selbstherrlichkeit die Branche.

Erstmals Atomstrom fürs Netz: Reaktor Obninsk

Ingenieur Traube wechselt in diesem Jahr in die Züricher Dependance von General Dynamics, um dort an einem neuen Reaktortyp, dem Hochtemperaturreaktor zu arbeiten. Zwei Jahre später kommt er nach Deutschland zurück, zur Firma AEG, die inzwischen eng an GE gebunden den Siedewasserreaktor weiterentwickelt. Mitbewerber Siemens setzt unterdessen auf den Druckwasserreaktor und kooperiert mit der amerikanischen Firma Westinghouse.

Unmittelbar neben dem Kraftwerk Kahl entsteht nun unter Traubes Federführung der Heißdampfreaktor Großwelzheim. Das Projekt ist schon in Bau, als Mängel bei der Kühlung offenbar werden, doch weder AEG noch die ebenfalls beteiligten Wissenschaftler des Kernforschungszentrums Karlsruhe wollen den Bau stoppen. Also geht die

Druckschalen von 27 Meter Durchmesser: Kraftwerk Brunsbüttel im Bau, Anfang 1970er

Zehn Jahre vor dem Unfall mit Totalschaden: Gundremmingen A, 1966

Hochbelastetes Bauteil: Ein Reaktodruckbehälter entsteht

„Um zu wirtschaftlichen Kernkraftanlagen zu kommen, ist es notwendig, die sicherheitstechnischen Anforderungen so niedrig wie möglich zu halten."

Fachjournal Atomwirtschaft, 1962

Jahre später muss der Reaktor wegen Konstruktionsfehlern stillgelegt werden. Traube hat erste Zweifel an dieser Technik.

Unterdessen gehen in den Jahren darauf in Deutschland einige kommerzielle Meiler ans Netz: 1966 Gundremmingen A (AEG), 1968 Lingen (AEG), 1969 Obrigheim (Siemens), 1972 Stade (Siemens) und 1975 Würgassen (AEG). Bei den AEG-Projekten ist Traube jeweils mit im Boot. „Selbstredend wussten wir um die Gefahren der Kernenergie", sagt er Jahrzehnte später, „aber wir hielten sie für beherrschbar".

Anders als viele seiner Fachkollegen ist Traube jedoch ein kritischer Geist, offen für gesellschaftliche Debatten, ein „intellektueller Bohemien" (*Frankfurter Allgemeine Zeitung*). Und so geht auch die Diskussion um „Die Grenzen des Wachstums", die nach dem Erscheinen des gleichnamigen Buches im Frühjahr 1972 losbricht, nicht an ihm vorbei.

1973 wechselt Traube von AEG zur Bensberger Firma Interatom, einem Teil der Kraftwerk-Union (KWU). Anfangs gehört das Unternehmen Siemens und AEG gemeinsam, später Siemens alleine. Der Ingenieur wird nun Chef des Projektes Schneller Brüter. Unter dem Kürzel SNR 300 (was für den Schnellen Natriumgekühlten Reaktor und seine 300 Megawatt steht) soll er einen Prototyp bauen, als Vorstufe künftiger Gigawatt-Brüter.

Der vordergründige Reiz des Brüters liegt darin, dass er das Uran deutlich effizienter nutzt als die bisher eingesetzten Leichtwasserreaktoren; der Brüter erzeugt im Betrieb weiteren Brennstoff, indem er ein nicht spaltbares Nuklid in ein spaltbares umwandelt. Von einer „unabhängigen und krisenfesten Möglichkeit der Energieerzeugung" spricht Wolf Häfele, Projektleiter am Kernforschungszentrum Karlsruhe, vom „Goldesel-Prinzip" schreibt der *Spiegel*.

Aber der Brüter birgt zugleich eine große Gefahr: Er erfordert den Aufbau einer Plutoniumwirtschaft. Man hantiert also mit dem Giftstoff schlechthin.

Gleichwohl reizt Traube – da ist er ganz Ingenieur – diese Technik. Er sieht den Brüter als „das Nonplusultra an technischer Diffizilität". Und doch geht er das Thema bereits mit Skepsis an. Nicht wegen der Sicherheitsfragen, da hat er wenig Bedenken. Es sind die Kosten, die ihn umtreiben: „Mir war klar, dass das eine teure Stromerzeugung wird im Vergleich zur Kohle", sagt er rückblickend. Und es kommt sogar noch schlimmer als er erwartet hatte: „Bald merkte ich, dass die Kosten fürchterlich werden."

Der Vorstand von Siemens bleibt dennoch gelassen, als Traube ihn mit seinen Bedenken konfrontiert: „Siemens hat für den technischen Fortschritt immer schon Verluste in Kauf genommen", schallt es ihm entgegen, „also legen Sie los". Traube merkt, dass hier eine andere Weltsicht herrscht, als bei seinem früheren Arbeitgeber AEG.

Doch selbst der Stromkonzern RWE, der den Brüter später baut, gibt sich lange Zeit skeptisch. „Der Konzern saß auf der Braunkohle,

Die Aussagen der Atomlobby

VOLKSVERDUMMUNG

>> 1988 wurde in Dänemark fast jede hundertste Kilowattstunde aus Wind erzeugt. Eine vergleichbar intensive Nutzung der Windkraft ist in der Bundesrepublik wegen anderer klimatischer Bedingungen nicht möglich.

Informationskreis Kernenergie, Juni 1990

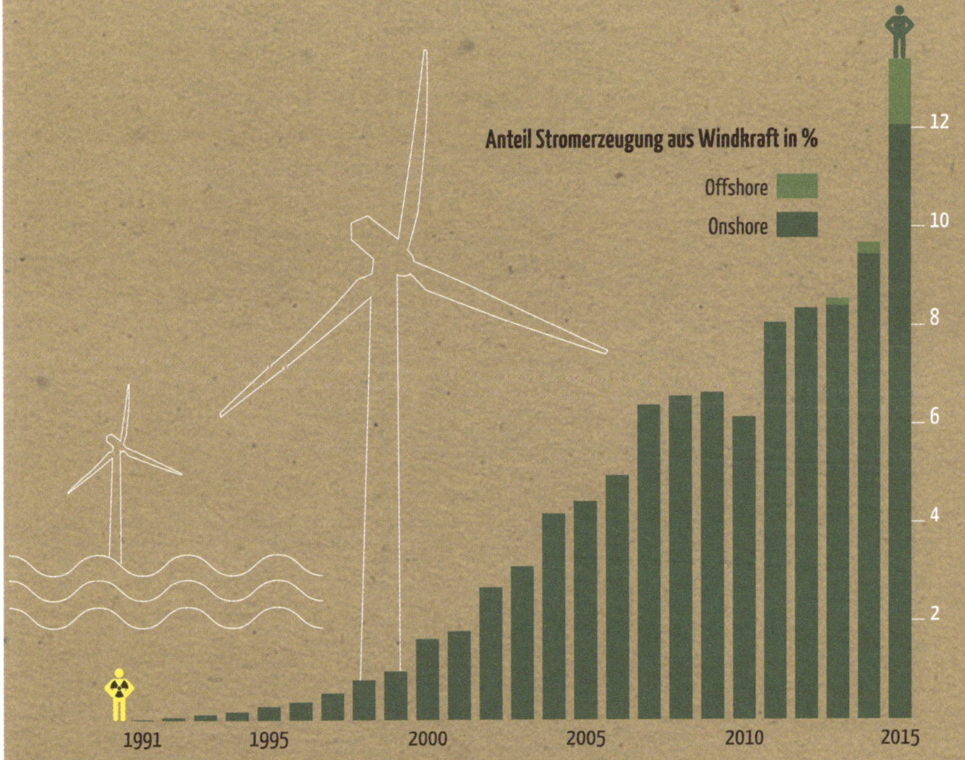

Anteil Stromerzeugung aus Windkraft in %
- Offshore
- Onshore

Quelle: AG Energiebilanzen (Erzeugung bezogen auf Bruttostromverbrauch)

Von der Realität weit entfernt: die Atom-Propaganda. Faktencheck 2 (von 12)

Ausgabe vom 28. Februar 1977

er pokerte mit dem Forschungsminister um Zuschüsse", erinnert sich Traube. Nur Vorstand Heinrich Mandel, der später auch Präsident des Deutschen Atomforums wird, kämpft für den Brüter. Einstweilen mit Erfolg: Im April 1973 legt RWE am Standort Kalkar, kurz vor der holländischen Grenze, den Grundstein.

Traubes Zweifel an dem Projekt werden unterdessen immer größer. Aber er steckt mitten drin, ist beauftragt, die Anlage voranzubringen. Und doch stellt er sich zunehmend die Frage, wie er da wieder herauskommt. Eine Antwort darauf hat er nicht.

Die ergibt sich jedoch bald von alleine. Im Februar 1976 konfrontiert der Aufsichtsrat der KWU ihn mit einem ungeheuerlichen Verdacht: Er habe, hält man ihm vor, nicht nur Informationen an Atomkraftgegner weitergegeben, sondern hege zudem Sympathien für die RAF. Traube wird entlassen.

Plötzlich stehen zwei Spiegel-Redakteure vor der Tür

Die Hintergründe seines Rauswurfs erfährt der Atommanager erst ein Jahr später. Es ist der 26. Februar 1977, ein Samstagmorgen, es klingelt an der Tür. Klaus Traube öffnet und vor ihm stehen zwei *Spiegel*-Redakteure mit brisanter Nachricht: „Am Montag werden Sie was lesen", sagt einer von ihnen.

Ausgabe vom 7. März 1977

Die Männer kommen bewusst erst in diesem Moment. Denn das aktuelle Heft ist ausgeliefert, und das ist wichtig; eine einstweilige Verfügung gegen dessen Vertrieb, die man in der Hamburger Zentrale für denkbar hält, könnte die Exemplare nicht mehr zurückhalten.

„Verfassungsschutz bricht Verfassung – Lauschangriff auf Bürger T." steht auf dem Titel, der ab Montag an den Kiosken liegt. Mehr als ein Jahr lang, so erfährt Traube nun von den Journalisten, habe der Verfassungsschutz ihn wegen Terrorismusverdachts observiert, auch mittels Abhörwanzen in seiner Wohnung. Zweimal drangen die staatlichen Spione heimlich bei ihm ein, einmal, Anfang Januar 1976, um die Wanzen zu montieren, einmal, Ende Februar 1976, um sie wieder zu entfernen. Interner Name des Lauschangriffs: „Operation Müll". Ein Mitarbeiter der Behörde hatte dem *Spiegel* diese Informationen zugespielt.

Traube hört den beiden Redakteuren gespannt zu. Er will den Verkauf des Heftes nicht stoppen, schließlich rückt die Veröffentlichung eher die Ermittlungsbehörden in ein schlechtes Licht als ihn selbst.

Der etwas unkonventionelle Manager ist zum Opfer eines hysterischen Staates geworden, der sich gefährdet sieht durch den Terror der RAF. „Den Anfangsverdacht habe ich dem Verfassungsschutz nicht einmal vorgeworfen", sagt Traube rückblickend. Denn er hat in der Tat Kontakte zur Anarchisten-Szene, hat auch eine Freundin, die mit dem späteren RAF-Terroristen Hans-Joachim Klein bekannt ist. Und er ist unbestritten ein Ingenieur, der aus der Reihe fällt, schon alleine, weil er Mitglied in der SPD ist – in der Atomwirtschaft dieser Zeit ist das unüblich.

Auch dem Kommunismus war er als junger Mann zugetan, wurde mit 17 Jahren, nach Kriegsende, Mitglied in der Kommunistischen Jugend. In einem Interview im Jahr 2003 spricht er einmal von seiner „soliden marxistischen Ausbildung". Und er erzählt, wie er als Sohn eines jüdischen Zahnarztes unter dem Naziregime ins Arbeitslager musste. Die Kommunisten hätten zu den wenigen gehört, die in dieser Zeit noch freundlich zu seiner Familie gewesen seien. Dass so jemand seinen eigenen Kopf entwickelt, kann man verstehen.

Der Verfassungsschutz, der sich im Jahr 1976 auf Traubes angebliche Terrorverbindungen eingeschossen hat, glaubt zeitweise sogar fündig geworden zu sein. Als der Manager am Frankfurter Flughafen dem Aufsichtsrat seiner Firma Organisationspläne vorstellt, protokolliert der Verfassungsschutz ein konspiratives Treffen. Als Traube wiederholt seinen Personalausweis verliert, glauben die Agenten, er habe sein Dokument Terroristen zugespielt. Als Traube eine Urlaubskarte von einem polyglotten Freund in fünf Sprachen bekommt, wittern die Fahnder eine Geheimsprache. Und da der Atommanager sich zudem im Jahr 1968 auch noch ein Haus in Österreich gekauft hat, liegt es für den Verfassungsschutz auf der Hand: Traube will sich ins Ausland absetzen.

Aber das ist alles Quatsch. Traube erhält nach der Titelgeschichte im *Spiegel* die Möglichkeit, sich auf der Bundespressekonferenz vor Journalisten zu äußern. In der folgenden Ausgabe des Magazins räumt er eine „vielleicht für einen Geschäftsführer unorthodoxe Lebensweise" ein, bittet die Öffentlichkeit jedoch um Gehör, „selbst wenn es schwerfällt zu glauben, dass ein Bundesinnenminister und seine Beamten sich so schwer verrannt haben könnten". Denn der Innenminister, der zu dieser Zeit Werner Maihofer (FDP) heißt, hatte die – illegale – Abhöraktion höchstselbst gebilligt.

Maihofer kann sich vorerst im Amt halten. Erst im Jahr darauf muss er gehen, nach einer Fahndungspanne im Zusammenhang mit der Entführung des Arbeitgeberpräsidenten Hanns Martin Schleyer durch die RAF. Gegen Traube hingegen wird nie etwas Belastendes gefunden. Ihm bleibt, wie später die *Frankfurter Allgemeine Zeitung* bilanziert, „ein Freispruch Erster Klasse".

Hunderte von Reaktoren für Deutschland

Nur eines kann die Affäre Traube auch nicht verhindern: den weiteren Ausbau der Atomkraft, getrieben durch absurdeste Phantasien. Die trügerische Aussicht, Strom künftig in jeder beliebigen Menge zu günstigem

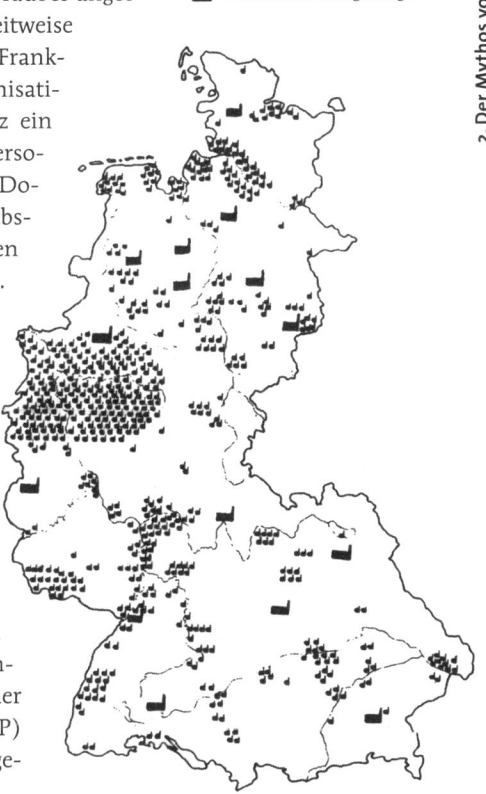

Pläne von 1975: Studie der Kernforschungsanlage Jülich

Atomkraftwerke als Aushängeschilder der Gemeinden: Historische Ansichtskarten

Preis erzeugen zu können, macht große Teile der Gesellschaft blind für die Probleme der neuen Technik, und blind auch für die wirtschaftliche Realität: Atomstrom sei zu billig, als dass sich Stromzähler künftig noch lohnen werden – ein verbreiteter Irrglaube bis weit in die 1970er Jahre hinein.

Entsprechend groß sind die Ambitionen – in Westdeutschland, in Ostdeutschland, weltweit. In der DDR setzt der Staat sich im Jahr 1957 das Ziel, zur Jahrtausendwende 100 Reaktoren am Netz zu haben. In Westdeutschland sprechen Atomlobbyisten im Frühjahr 1964 von 110 Gigawatt (das entspricht 100 großen Reaktoren), die im Jahr 2000 in Betrieb sein sollen. Und weltweit geht die Internationale Atomenergiebehörde noch im Jahr 1971 von 4500 Reaktoren aus, die zur Jahrtausendwende am Netz sein sollen. Nicht einmal ein Zehntel dieser Menge wird es am Ende sein.

Volkseigener Betrieb: Maschinenhaus mit 200 MW-Turbosatz, Lubmin

Wo immer man Energie braucht, die Kernspaltung soll sie liefern. Doch schon früh scheitern viele Projekte. In West-Berlin erwägt der Senat unter Willy Brandt nach dem Mauerbau 1961 den Bau eines Reaktors in der Stadt, um sie energieautark zu machen. Als Standort ist die Pfaueninsel vorgesehen, doch die Bundesregierung stoppt das Ansinnen im Jahr darauf, als ihr klar wird, dass hier eine Evakuierung nur mit Grenzübertritt in die DDR möglich wäre.

In den späten Sechzigern plant der Ludwigshafener Chemiegigant BASF einen Meiler zur Gewinnung von Prozessdampf zuerst in Ludwigshafen, dann unweit davon in Frankenthal – aber auch dieses Projekt wird nicht realisiert.

Unterdessen beginnt Anfang 1960 nördlich von Berlin in Rheinsberg der Bau des ersten kommerziellen Atomkraftwerks der DDR. Zwischen dem großen Stechlinsee, durch Theodor Fontane zu Ruhm gelangt, und dem Nehmitzsee, entsteht die Anlage an malerischem Standort inmitten von Misch- und Kiefernwäldern. Weil sich Lieferungen von Baumaterial aus der Sowjet-Union verzögern, geht die Anlage erst verspätet im Mai 1966 in Betrieb.

Als zweiten Standort wählt die DDR die Gemeinde Lubmin bei Greifswald aus. Im Juli 1974 geht dort der erste Reaktor ans Netz. In Westdeutschland sorgt man sich derweil um die Sicherheit, denn dort hätten diese Reaktoren keine Baugenehmigung erhalten.

„Für menschliche Siedlungen bieten Atomkraftwerke den großen Vorteil, dass sie keine rauchenden und rußenden Schlote haben. Man kann also Atomkraftwerke auch im Zentrum von Großstädten errichten."

DDR-Wissenschaftler Robert Havemann, 1955

Aber das kann die Pläne im Osten nicht bremsen. Die DDR will den Standort Lubmin – offizieller Name: „VE Kombinat Kernkraftwerke Bruno Leuschner Greifswald" – sogar zu einem der größten Atomkomplexe in ganz Europa ausbauen: Acht Reaktoren sollen in den neunziger Jahren ein Fünftel des Strombedarfs der DDR decken.

Und noch einen weiteren Standort wählt das Land aus: Nördlich von Magdeburg, in Stendal beginnt 1982 der Bau des ersten Blocks, 1984 der Bau des zweiten. Diese werden allerdings genauso wenig fertig, wie drei der acht Blöcke in Greifswald – aber das ist eine andere Geschichte.

Viel Kühlwasser, keine Großdemos: 30 AKWs für Helgoland

Im deutschen Osten wie im Westen ist die Atomkraft Anfang der siebziger Jahre noch weitgehend unumstritten. Als dann 1973 die Ölkrise über die Welt hereinbricht, scheint die Nutzung der Kernspaltung sogar wichtiger denn je: In ihrem Energieprogramm jenes Jahres geht die Bundesregierung für 1985 von 40 Gigawatt AKW-Leistung aus, zwei Jahre später sieht die Kernforschungsanlage Jülich gar einen Bedarf von bundesweit 598 Reaktorblöcken für das Jahr 2050. 184 der Anlagen sollen Plutonium-Brüter sein.

Viele Kraftwerksstandorte sind explizit benannt, alleine vier an der Oberelbe (Langendorf, Landsatz, Alt Garge und Laßrönne) und acht an der Niederelbe (Jork/Lühe, Hetlingen, Stade, Glückstadt, Brunsbüttel, Marne, Cuxhaven und Neuwerk). Zumeist sollen an den Orten sogar mehrere Kraftwerksblöcke entstehen. Selbst in Ballungsräumen lehnt die Bundesregierung Atomkraftwerke „nicht grundsätzlich" ab. Helmut Schmidt, seit 1974 Bundeskanzler, wird so zum „Strategen des Nuklearzeitalters" (*Der Spiegel*).

Sogar die Nordsee gerät ins Visier der Atomfreunde. Die Firma Dornier System erstellt 1975 im Auftrag des Bundesforschungsministers eine Studie über künstliche Kraftwerksinseln in Nord- und Ostsee. Die Untersuchung soll, so heißt es aus der Bundesregierung, „die grundsätzliche Realisierbarkeit in deutschen Küstengewässern analysieren und die offenen Probleme sowie die zur Lösung noch erforderlichen Forschungs- und Entwicklungsarbeiten darstellen". Von acht Atomkraftwerken im Wattenmeer ist schließlich die Rede.

Werner Gries, Wissenschaftsreferent in der CDU/CSU-Bundestagsfraktion, geht später sogar noch weiter und fordert im März 1978 „unkonventionelle Entscheidungen". Er schlägt ein „Kernkraftzentrum" auf Deutschlands einziger Hochseeinsel vor: „Insgesamt ließen sich auf Helgoland mindestens 30 Kernkraftwerke mit insgesamt 39.000 Megawatt errichten." Zur Kühlung sei ja genug Meerwasser da.

Zwar müssten die Bewohner der Insel in diesem Falle wohl „auf den Fremdenverkehr zum größten Teil verzichten". Schließlich sei es „unrealistisch, anzunehmen, dass der Fremdenverkehr im jetzigen Umfang aufrechterhalten werden kann". Aber was soll's, dafür erhielten die Einwohner ja „langfristig ihre Arbeitsplätze".

Der größte Vorteil liege sogar darin, „dass wegen der Entfernung von 45 Kilometern vom Festland die Bewachung gegen Störfälle durch Menschen relativ einfach ist". Und im Fall von Reaktorunfällen seien „die Risiken für die Bevölkerung relativ gering". Zudem sei „die Gefahr, die im Falle eines militärischen Konfliktes von Kernkraftwerken ausgeht, im Falle einer Konzentration auf Helgoland geringer".

Gries sieht die Hochseeoption ferner als angemessene Antwort auf die zunehmenden Widerstände der Bevölkerung: Die Gegner hät-

Regionales Umweltmagazin, Dezember 1976

Regionales Umweltmagazin, 1978

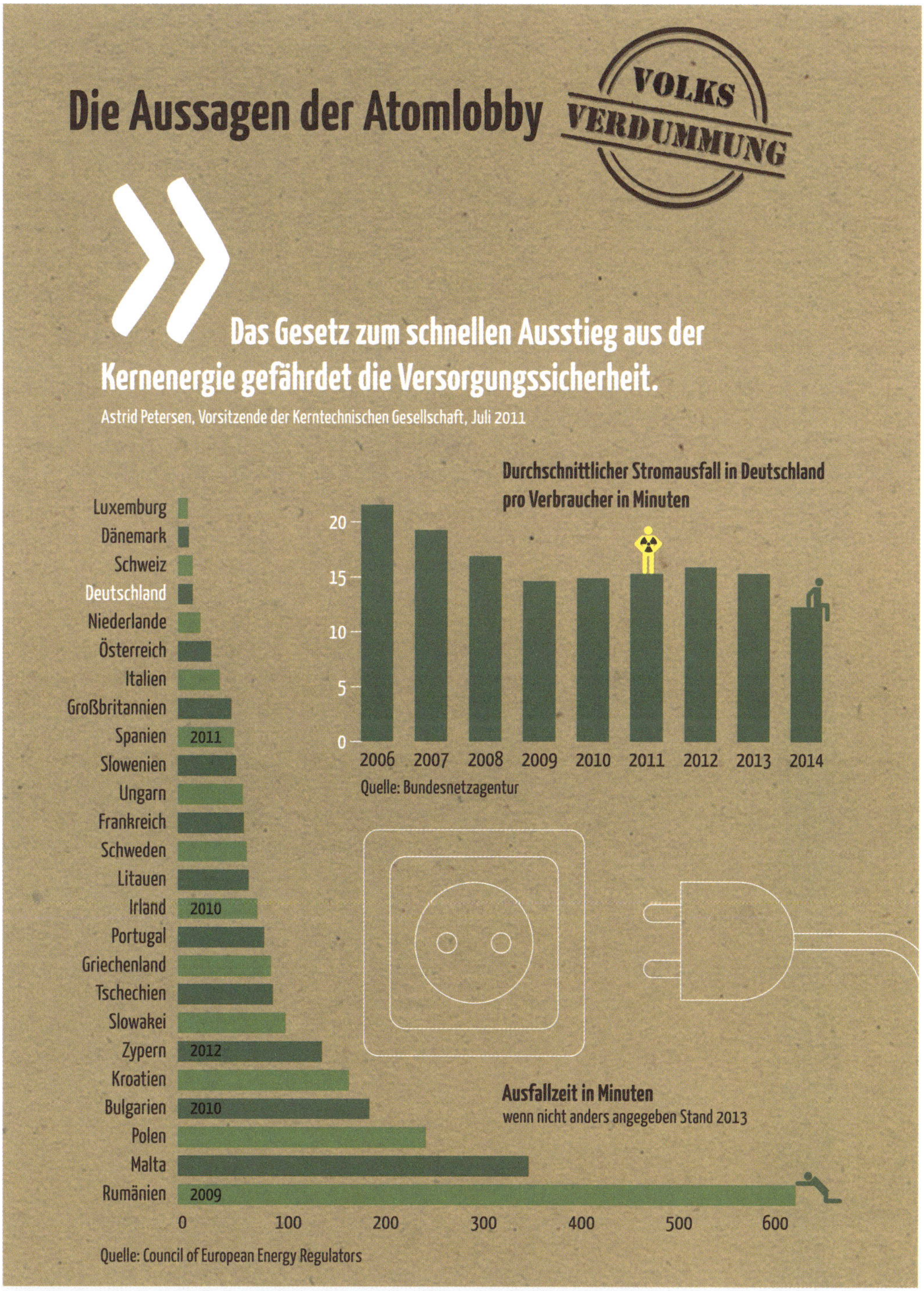

Die Aussagen der Atomlobby

VOLKS VERDUMMUNG

» *Das Gesetz zum schnellen Ausstieg aus der Kernenergie gefährdet die Versorgungssicherheit.*
Astrid Petersen, Vorsitzende der Kerntechnischen Gesellschaft, Juli 2011

Durchschnittlicher Stromausfall in Deutschland pro Verbraucher in Minuten

Jahr	2006	2007	2008	2009	2010	2011	2012	2013	2014
Minuten	~22	~19	~17	~15	~15	~15	~16	~15	~12

Quelle: Bundesnetzagentur

Ausfallzeit in Minuten (wenn nicht anders angegeben Stand 2013)

- Luxemburg
- Dänemark
- Schweiz
- Deutschland
- Niederlande
- Österreich
- Italien
- Großbritannien
- Spanien (2011)
- Slowenien
- Ungarn
- Frankreich
- Schweden
- Litauen
- Irland (2010)
- Portugal
- Griechenland
- Tschechien
- Slowakei
- Zypern (2012)
- Kroatien
- Bulgarien (2010)
- Polen
- Malta
- Rumänien (2009)

Quelle: Council of European Energy Regulators

Von der Realität weit entfernt: die Atom-Propaganda. Faktencheck 3 (von 12)

2. Der Mythos vom überflüssigen Stromzähler

> „Die Kernenergie ist die einzige ‚Alternativenergiequelle' zu den in absehbarer Zeit versiegenden fossilen Brennstoffquellen wie Kohle, Öl und Gas. Ist es doch ein wahres Glück für die kommenden Generationen, dass diese langfristig auswertbare und praktisch gefährdungsfreie Energiequelle (...) gerade zur rechten Zeit der Menschheit erschlossen wurde."
>
> *Professor Erich R. Bagge, Direktor des Instituts für Reine und Angewandte Kernphysik der Universität Kiel, 1980*

ten es, „schon aus Gründen der Geografie" schwer, auf Helgoland „große Menschenmengen für Demonstrationen bereitzustellen".

Damit steht Gries aber weitgehend alleine, so richtig ernst nimmt die Vorschläge niemand. Als „private Meinungsäußerung" tun selbst Fraktionskollegen sie umgehend ab; ein „Phantasieprodukt ohne jede reale Grundlage" nennt sie die Kieler Landesregierung, als „gespenstisch" betitelt sie die Gesellschaft für Kernenergieverwertung in Schiffbau und Schiffahrt in Geesthacht.

Wenige Wochen nach seinem Vorschlag räumt Gries seinen Posten in der Politik – und wechselt zur Deutschen Gesellschaft für Wiederaufarbeitung von Kernbrennstoffen.

Unfall mit Totalschaden: Gundremmingen

Grundsätzlich will die Politik von ihren großen Ausbauplänen aber noch immer nicht abrücken. Noch im Jahr 1980 präsentiert die Enquete-Kommission des Deutschen Bundestags – Titel: „Zukünftige Kernenergie-Politik" – unglaubliche Szenarien: 75 Gigawatt im Jahr 2000, 155 im Jahr 2020 und bis zu 500 im Jahr 2030. In der Realität wird Deutschland über 23,5 Gigawatt nie hinaus kommen.

In Westdeutschland sind besonders die vom rheinischen Kohlerevier entfernt liegenden Bundesländer Bayern und Baden-Württemberg an der Nutzung der Atomkraft interessiert. Im Süden ereignet sich dann auch der erste große Störfall in Deutschland: Zehn Jahre nach seiner Inbetriebnahme erleidet östlich von Ulm der Reaktor Gundremmingen A am 13. Januar 1977 einen Totalschaden.

Der Ruf der Atomkraft ist damit frühzeitig lädiert. Zumal im selben Monat nach gerade zehn Jahren Laufzeit auch der Reaktor in Lingen im Emsland stillgelegt werden muss. Technische Schäden lassen keine andere Wahl.

Ungerührt von den Problemen hat die Atombranche aber weiterhin große Hoffnungen. Sie ersinnt das Konzept der „Konvoi-Reaktoren": Die KWU will ihre Baulinie der 1300 Megawatt-Klasse zum Standard-Reaktor in Deutschland machen, und damit die Genehmigungsverfahren beschleunigen. Doch auch dieses ambitionierte Projekt scheitert nach nur drei Reaktoren. Neckarwestheim 2, Isar 2 und Emsland werden nach diesem Prinzip konzipiert, weitere nie realisiert.

Atom statt Öl – die Schweiz baut fünf Reaktoren

In der Schweiz sorgen sich unterdessen ab etwa 1960 die Stromversorger, dass das Land allein mit Wasserkraft auf Dauer nicht mehr zu versorgen sei. Ölkraftwerke sollen die Lücke schließen, so die anfängliche Idee. Doch davon nimmt die schweizerische Stromwirtschaft schon bald wieder Abstand und betrachtet den fossilen Energieträger fortan als verzichtbar: Atomkraftwerke sollen nun den Bedarf decken.

Herzstück: Reaktordruckgefäß in Gösgen

Bau auf einer künstlichen Insel in der Aare: Reaktor Beznau im Oktober 1966

Schwertransport: Anlieferung des Reaktordruckbehälters für den Reaktor Beznau, 1967

Also entscheidet sich im Dezember 1964 die Nordostschweizerische Kraftwerke AG (NOK, heute: Axpo) für den Bau eines 350-Megawatt-Reaktors. Standort wird eine künstliche Insel der Aare in der Gemeinde Döttingen im Norden des Landes, nicht weit von der Grenze zu Deutschland. Und noch ehe der Meiler mit dem Namen Beznau in Betrieb geht, beschließt die NOK den Bau eines typengleichen zweiten Reaktors direkt daneben.

Während der Bau der beiden Kraftwerksblöcke der Firma Westinghouse voranschreitet, stoppt die Schweizer Firma Sulzer im Jahr 1967 alle Pläne zur Entwicklung einer eigenen Reaktorlinie. Sie erwartet inzwischen kein rentables Geschäft mehr. Die Schweiz bezieht ihre Reaktortechnik fortan komplett aus dem Ausland.

Beznau I speist im Juli 1969 den ersten Strom ins Netz, zwei Jahre später folgt Block II, ein weiteres Jahr später Mühleberg, westlich von Bern ebenfalls an der Aare gelegen. Widerstand gegen die ersten drei Meiler gibt es praktisch nicht. Das ist später in Gösgen und Leibstadt anders, wo die Reaktoren 1979 und 1984 in Betrieb gehen.

Funktioniert einfach nicht: Thoriumreaktor Hamm-Uentrop

Bis in die achtziger Jahre hinein ist der Ausbau der Atomkraft auch ein Wettbewerb der Reaktorkonzepte. Eines davon ist der Thermische Brüter, der Thorium-Hochtemperaturreaktor (THTR), der statt mit Brennstäben mit tennisballgroßen Kugeln aus Graphit arbeitet, die mit Uran und Thorium durchsetzt sind. Seit 1966 läuft in Jülich unter dem Namen AVR ein Forschungsreaktor dieses Typs.

Im nächsten Schritt soll in Deutschland ein Demonstrationskraftwerk entstehen. Sechs regionale Stromversorger beginnen 1971 mit dem Bau einer solchen Anlage in Uentrop-Schmehausen bei Hamm. 300 Megawatt soll sie leisten, 1976 in Betrieb gehen.

Doch der Bau verzögert sich, erst im Herbst 1983 kann der Meiler ans Netz. Doch auch im Betrieb reißen die Probleme nicht ab. Die Brennelementekugeln zerbrechen zu Tausenden, womit niemand gerechnet hat. Und die Herstellung der Kugeln ist so teuer, dass an eine wirtschaftliche Stromerzeugung nicht zu denken ist.

Gleichwohl haben Ingenieure anfangs noch große Pläne mit dieser Technik. Sie sprechen von Mini-Reaktoren, die zwischen 80 und 200 Megawatt thermische Leistung bringen und stadtnah eingesetzt werden sollen. „HTR-Modul" nennen sie die Blöcke. Auch Forschungsminister Heinz Riesenhuber glaubt noch 1988 an diese Technik, an der die Siemens-Ableger KWU und Interatom zusammen mit der Firma ABB arbeiten.

Mit diesem „standardisierten Vielzweckreaktor" soll gar ein standortunabhängiges Genehmigungsverfahren möglich werden – eine perfide Idee der Hersteller. Denn gegen eine generelle Zulassung der Technik, so das Kalkül, werden sich die Bürger kaum auflehnen; anders als gegen

Zerbrechen zu Tausenden: Brennstoffkugel

alle Planungen an einem konkreten Standort. Ist der Typ grundsätzlich zugelassen, muss jeweils nur noch geprüft werden, ob der betreffende Bauplatz sicher ist. Kommen Anwohner dann auf den Gedanken, die Technik als solche zu hinterfragen, ist es für juristische Einwände zu spät.

Die Isar-Amperwerke in München, die Hannoverschen Stadtwerke, der Chemiekonzern Hoechst und das DDR-Chemiekombinat Leuna zeigen Interesse an der Erprobung eines solchen Reaktormoduls. Atomkraftgegner sehen den HTR als den letzten Strohhalm einer gescheiterten Industrie, die – seit Tschernobyl – inzwischen ums Überleben ringt. Und die am Ende auch mit diesem Konzept Schiffbruch erleidet. Ende 1988 wird das in Niedersachsen laufende Genehmigungsverfahren für einen standortunabhängigen Vorbescheid abgebrochen.

Das liegt nicht zuletzt daran, dass das Projekt Uentrop-Schmehausen längst zum Fiasko geworden ist. Die Betreiber versuchen die Pilotanlage dennoch zu retten, fordern Anfang 1989 zusätzliche 100 Millionen Mark vom Staat, nachdem alles Geld, das Bund und Land Nordrhein-Westfalen bereitgestellt hatten, verbraucht ist.

Aber das Land will nicht noch mehr Geld versenken und besiegelt im April 1989 das Ende des Meilers. Technische, sicherheitstechnische und wirtschaftliche Überlegungen lassen keine andere Wahl, und das Brutprinzip funktioniert ohnehin nicht. Eine Anlage, die 20 Jahre laufen sollte, kommt damit auf gerade 423 Tage Volllastbetrieb. Von den 4,5 Milliarden Mark, die das Projekt gekostet hat, bezahlen 80 Prozent die Steuerzahler.

1997 erfolgt der „sichere Einschluss" mit 25.000 Tonnen Beton. Ein Abriss wird frühestens 2030 erfolgen und mindestens eine weitere halbe Milliarde Euro kosten. Jede erzeugte Kilowattstunde (2,8 Milliarden waren es nur) hat damit rund zwei Mark gekostet.

An die Entwicklung von Kugelhaufenreaktoren denkt in Deutschland seither niemand mehr.

Heikle Konstruktion auf einer Bruchkante: Mülheim-Kärlich

Die Leichtwasserreaktoren haben sich unterdessen durchgesetzt, in zwei Varianten, als Druckwasser- oder als Siedewasserreaktor. Aber auch diese Typen bringen Probleme in den unterschiedlichsten Facetten mit sich.

Vor allem der Reaktor Mülheim-Kärlich bei Koblenz ist immer wieder für Schlagzeilen gut. RWE baut ihn anders als genehmigt; unter anderem errichtet die Firma das Reaktorgebäude 70 Meter entfernt vom geplanten Standort. Munter kungelt die Landesregierung in Mainz unter Ministerpräsident Helmut Kohl mit dem Stromkonzern, schwächt diskret Sicherheitsauflagen ab, täuscht die Öffentlichkeit, setzt Kommunalpolitiker unter Druck und unterschlägt kritische Gutachten. 1975 beginnt der Bau.

Das Projekt ist von Anfang an heikel. Denn am Standort befindet sich eine unterirdische Verwerfungslinie, eine Bruchstelle im Gestein.

Landesregierung kungelt: Reaktor Mülheim-Kärlich

Heraldische Verstrahlung
Voller Stolz führen Gemeinden ein Atomzeichen im Wappen

Einige deutsche Atomgemeinden waren einst stolz auf ihre Reaktoren. Drei waren sogar so stolz, dass sie das Atomzeichen, das Symbol des Bohrschen Atommodells, in ihr Wappen integrierten. So geschehen in Eggenstein-Leopoldshafen bei Karlsruhe, in Karlstein am Main und in Gundremmingen. Die Stadt Garching präsentiert seit 1967 ihren Forschungsreaktor.

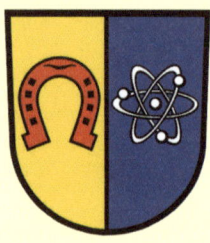

Leopoldshafen hatte ursprünglich ein Fischerboot im Wappen. Für einen Rheinanlieger war das ganz passend. Dann kam 1956 die Reaktorstation in die Gemeinde, das spätere Kernforschungszentrum Karlsruhe. Als man bei der Fusion von Eggenstein und Leopoldshafen im Jahr 1974 ein neues Wappen brauchte, griff man nach dem Atom. Das Fischerboot ging unter. „Es passte von der Optik nicht mehr", hieß es später im dortigen Rathaus.

In Karlstein erinnert das Wappen an das erste deutsche Atomkraftwerk VAK Kahl, das im heutigen Ortsteil Großwelzheim errichtet wurde. Voller Stolz nahm man 1966 das Atom aufs Wappen der damals noch selbständigen Gemeinde. Als im Jahr 1975 die Gemeinden Dettingen und Großwelzheim zur neuen Gemeinde Karlstein fusionierten, übernahm auch die Gesamtgemeinde das Atomsymbol.

Bleibt Gundremmingen. Dessen Wappen zeigt eine Mauer mit Torturm – als Hinweis auf eine römische Ausgrabungsstätte – und sehr groß darüber: das Atom. Denn am Ort gibt es drei Atomreaktoren. Einer allerdings erlitt 1977 einen Störfall mit Totalschaden und ist seither abgeschaltet.

Und wenn auch die beiden verbliebenen Meiler in Gundremmingen eines Tages keinen Strom mehr liefern? „Dann haben wir eben zwei Vergangenheiten im Wappen", sagte einmal der Bürgermeister. Eine glanzvolle und eine strahlende. Ob man das Wappen dann ändern wird, weil man sich seiner Geschichte schämt? „Darüber", so nach Fukushima der Rathauschef, „hat sich bei uns noch niemand Gedanken gemacht". Anders übrigens in Eggenstein-Leopoldshafen: „Gelegentlich wird über das Atomzeichen im Wappen schon diskutiert", sagte hier bereits vor Jahren der Bürgermeister. Vielleicht taucht ja irgendwann das Fischerboot wieder auf.

Das war zwar immer bekannt, weshalb die Planer Reaktor und Maschinenhaus räumlich trennten und durch 14 Meter lange Rohrleitungsbrücken miteinander verbanden. Allerdings ist das eine weltweit einmalige, riskante Konstruktion – und genehmigt wird sie erst nachträglich.

Beunruhigte Bürger ziehen deswegen vor Gericht, allen voran die Koblenzer Oberstudienrätin Helga Vowinckel, die nach eigenem Bekunden „eigentlich immer unpolitisch war" und an der Berufsfachschule Chemie und Betriebswirtschaftslehre unterrichtete, sowie der Rentner und ehemalige Baustoff-Händler Walter Thal. Im Februar 1977 erzielen sie einen ersten Erfolg: Das Koblenzer Verwaltungsgericht erklärt die erste Teilgenehmigung von 1975 für nichtig. Und das heißt: Baustopp.

Diesen hebt die nächste Instanz zwar im Jahr 1985 wieder auf, doch die Baumängel bleiben. Dass im März 1979 im amerikanischen Harrisburg, ein Reaktor gleichen Typs, ein Druckwasserreaktor aus dem Hause Babcock & Wilcox, eine partielle Kernschmelze erlitten hat, beeindruckt weder das Gericht noch RWE. Der Stromkonzern baut den Meiler fertig und bringt ihn aller Mängel zum Trotz im März 1986 ans Netz. Von „plumpen Planungsfehlern" ist in der Presse zu lesen, und davon, dass Mülheim-Kärlich „in der Atombranche längst zum Synonym für Missmanagement geworden" ist.

Dieser Sichtweise schließt sich dann auch das Bundesverwaltungsgericht in Berlin im September 1988 an: Die Genehmigung war rechtswidrig, das Kraftwerk muss stillgelegt werden, nach nur 100 Tagen regulären Betriebs. Sieben Milliarden Mark sind damit in den Sand gesetzt. Jede Kilowattstunde, die der Reaktor ins Netz gespeist hat, ist folglich mit rund 70 Pfennig an Baukosten belastet, der Rückbau kommt noch hinzu.

Ein vollständig neues Genehmigungsverfahren wäre nun ein theoretischer Ausweg. Praktisch aber glaubt kaum noch jemand daran, dass die verkorkste Anlage noch rechtskonform umzubauen ist. Gleichwohl will RWE sich von dem Fiaskoprojekt nicht trennen und hält das Kraftwerk weiterhin betriebsbereit. Erst im Jahr 2002 besiegelt das Ausstiegsgesetz der rot-grünen Bundesregierung dessen Ende.

„Kernkraftwerke gehören zu den umweltfreundlichsten Industrieanlagen."

Hamburgische Electricitäts-Werke AG, 1973

24 Jahre im Probebetrieb: Obrigheim

Von den deutschen Altmeilern hält unterdessen der Siemens-Druckwasserreaktor in Obrigheim am Neckar, nördlich von Heilbronn, am längsten durch. Was insofern überrascht, weil auch dessen Geschichte durch Skandale geprägt ist.

Zum einen baut auch das Badenwerk anders als genehmigt. Berechnungen von Sicherheitsingenieuren hatten ergeben, dass die Wand des Reaktordruckbehälters mindestens 19 Zentimeter stark sein müsse, um der aggressiven Neutronenstrahlung ausreichend widerstehen zu können. Doch offenbar konnte man den Spezialstahl in der nötigen Dimension nicht verarbeiten, und so verzichtete der Bauherr ungeniert auf die

Anders gebaut als genehmigt: Reaktor Obrigheim

> „Mit der Inbetriebnahme des Kernkraftwerks Neckarwestheim II weitet sich die Atomstromproduktion in Baden-Württemberg erheblich aus. In Stuttgart sollen elektrische Heizsysteme ausgebaut werden, um den Strom aus Neckarwestheim absetzen zu können."
>
> *Badische Zeitung, 14. Januar 1989*

vorgeschriebene Sicherheitsreserve. Es ließ Wand und Deckel des Druckbehälters kurzerhand gut drei Zentimeter dünner anfertigen.

Das blieb natürlich nicht ohne Folgen. Bereits acht Jahre nach der Inbetriebnahme im Oktober 1968 ist der Stahlbehälter durch den Neutronenbeschuss in einem Maße geschädigt, wie er es eigentlich erst nach 40 Jahren sein sollte. Für Betreiber und Behörden ist das aber offenbar kein Problem: Man setzt nun am Rand brennstofffreie Dummy-Brennelemente ein – und der Reaktor kann weiterlaufen.

Dann der nächste Schock: Recherchen der Grünen im Stuttgarter Landtag ergeben, dass der Reaktor aufgrund von Schlampereien in den Genehmigungsbehörden auch nach fast zwei Jahrzehnten offiziell noch immer im Probebetrieb läuft. Anwohner klagen auf sofortige Stilllegung und bekommen im Mai 1990 vor dem Verwaltungsgerichtshof Mannheim recht. Das Kraftwerk muss einstweilen abgeschaltet werden.

Im Jahr darauf hebt das Bundesverwaltungsgericht die Entscheidung allerdings wieder auf mit der Begründung, es sei nirgendwo festgelegt, wie lange ein Probebetrieb währen kann. Und so geht der Reaktor im August 1991 wieder ans Netz, ehe dann im August 1992 die Landesregierung die Dauerbetriebsgenehmigung nachreicht, 24 Jahre nach der Inbetriebnahme.

Aus Sicht von örtlichen Atomkraftgegnern hätte die Genehmigung nicht erteilt werden dürfen, schon alleine aufgrund der alten Schleuse Guttenbach neckarabwärts. Denn sollte die brechen, würde der Wasserstand am Kraftwerk so weit sinken, dass die Kühlung nicht mehr gewährleistet wäre. Aber ein Schleusenbruch ist eben, wie es im Amtsdeutsch heißt, kein „Auslegungsstörfall" – also für die offiziellen Sicherheitsbetrachtungen nicht relevant.

Reaktor auf löchrigem Gips – da braucht es kein Erdbeben mehr

Südlich von Heilbronn, in Neckarwestheim, ist der Untergrund ein ständiges Thema. Bereits zwischen 1974 und 1976, bei der Planung von Block 2, hatte der Stuttgarter Geologe Hermann Behmel gemeinsam mit zwei Kollegen das Gestein im Auftrag der Landesregierung untersucht und als ungeeignet bewertet. Mehr noch: Der Standort sei, sagte Behmel, „eine geologische Zeitbombe".

Geologische Zeitbombe: Reaktor Neckarwestheim

Daraufhin verschwand das Gutachten in den Schubladen. Mangelnde Expertise des Gutachters kann nicht der Grund sein: Behmel war zu jener Zeit Geschäftsführer des Instituts für Geologie und Paläontologie der Universität Stuttgart, er lehrte Geologie für Bauingenieure, Geoinformatiker, Geographen und Umweltschutztechniker. Und doch sollte er, wie die *Südwest-Presse* einmal befand, ein „einsamer Rufer in der Wüste" bleiben.

Vierzig Jahre später warnt Behmel, der im Gespräch gerne erwähnt, er sei „kein Kernkraftgegner", noch immer vor den Risiken. Zwischenzeitlich ist der Kühlturm des Reaktors auf dem Areal eines früheren

Blitzsaubere Technik?
AKW Isar, wie es der Betreiber zeigt

Der größte Trockenkühlturm der Welt:
Hamm-Uentrop

2. Der Mythos vom überflüssigen Stromzähler

Vor der Jahresrevision: Ein neuer Generatorrotor im Maschinenhaus des AKW Gösgen

Steinbruchs um rund 40 Zentimeter abgesackt. Mehrfach musste die Betreiberfirma EnBW seit 1991 für Millionen von Euro Zement injizieren, um das weitere Absacken zu stoppen.

Den Geologen Behmel wundert das nicht: Wesentliche Anlagen stünden auf Kalksteinschutt. Darunter finde man mürben, löchrigen Gips. „Jedes Jahr bilden sich unter dem AKW rund tausend Kubikmeter an Hohlräumen", sagt er. Das lasse sich aus der Konzentration der gelösten Stoffe in der abgepumpten Wassermenge berechnen.

Spontan könne es daher zu Einstürzen kommen, warnt der Gutachter auch 2015 noch, dazu brauche es nicht einmal ein Erdbeben. Dokumentiert ist ein ähnlicher Fall, der sich im November 2002 auf einem Acker ereignete, keine fünf Kilometer von Neckarwestheim entfernt: Ohne Vorwarnung tat sich dort ein 18 Meter tiefer Krater auf.

Aufschluss über den Untergrund des Atomkraftwerks könnte der Einsatz seismischer Tomographie geben. Das Stuttgarter Umweltministerium jedoch hält dieses Verfahren am Standort für nicht einsetzbar. Behmel sagt: „Man hat Angst vor den Ergebnissen."

Philippsburg: „17 Jahre Pfusch im AKW"

Zugleich macht auch der Reaktor Philippsburg südlich von Heidelberg Schlagzeilen. Beim Block 2, der 1984 in Betrieb geht, fliegen im Jahr 2001 schwere Versäumnisse der Betriebsmannschaft auf: Fortwährend haben die Mitarbeiter die Vorschriften des Betriebshandbuchs missachtet. „17 Jahre Pfusch im AKW" titelt die *Badische Zeitung*.

Als außerdem bekannt wird, dass über zwei Wochen hinweg die Borsäure-Konzentration in einem der Flutbehälter zu gering ist, lässt Bundesumweltminister Jürgen Trittin den Reaktor im Oktober 2001 wegen „erheblicher Mängel im Sicherheitsmanagement" vorübergehend vom Netz nehmen. Er habe, sagt der Minister „ernsthaften Zweifel an der Zuverlässigkeit" des Betreibers EnBW. Die Borsäure ist schließlich wesentlicher Bestandteil des Sicherheitssystems, weil sie bei einem Störfall eine Kernschmelze verhindern kann. Der Reaktor Philippsburg hingegen wäre bei einem kritischen Vorfall vermutlich unbeherrschbar gewesen.

Greenpeace spottet, ganz im Stil einer Imagekam-

Nach vielen Unregelmäßigkeiten: Plagiat von Greenpeace

pagne des Landes Baden-Württemberg („Wir können alles außer hochdeutsch"): „Wir können alles außer AKWs betreiben".

Einige Jahre später ist es die Firma Vattenfall, die mit ernsthaften Problemen an ihren Reaktoren kämpft. Erst schrammt ihr Meiler im schwedischen Forsmark im Juli 2006 wegen eines Kurzschlusses mit anschließendem Stromausfall knapp an einer Katastrophe vorbei, weil gleich mehrere Sicherheitssysteme versagen. Dann steigt im Juni 2007 über dem Reaktor Krümmel bei Hamburg Rauch auf, nachdem in der Transformatorenhalle ein Feuer ausgebrochen ist. Fast zeitgleich wird auch der Atommeiler Brunsbüttel an der Mündung der Elbe nach einem Kurzschluss in der Schaltanlage abrupt heruntergefahren.

Längst als „Schrottmeiler" betitelt, bleibt die Anlage in Brunsbüttel die folgenden Jahre komplett vom Netz. Auch der Reaktor Krümmel – Spottname: Krümmel-Monster – wird nur 2009 noch einmal kurz ans Netz gehen. Beide Meiler werden von Vattenfall betrieben. Und wie zuvor bei EnBW tritt nun auch hier die Frage auf, ob das Unternehmen die nach Atomgesetz unabdingbare Zuverlässigkeit besitzt. Zugleich ist ein neues Wort in der Welt: Der Vattenstörfall.

So verspielt die Atomwirtschaft schrittweise ihr Vertrauen. Und treibt damit ungewollt einen Prozess voran, den die *Frankfurter Allgemeine Zeitung* später als „nukleare Selbstdemontage" bezeichnet.

Ikonen der Atomgeschichte: Ansichtskarte mit den Reaktoren Kahl am Main und Großwelzheim

Staub und Strahlung:
Hauer im Abbau bei der
radiometrischen Erzsortierung
(Wismut AG um 1960)

KAPITEL
03

Der Stoff, aus dem die (Alb-)Träume sind

Die Uranwirtschaft – von Zwangsarbeitern und der Stasi, Zentrifugen und dem Militär

Plötzlich verstummen die Gespräche, es ist immer wieder das gleiche. Sobald im thüringischen Gera jemand von der Wismut spricht, werden die Menschen still. Der Name der Bergbaufirma bereitet Unbehagen.

Michael Beleites ist aus seiner früheren Heimat mehr Offenheit gewohnt. Er kommt aus einer Kohleregion gut 30 Kilometer von Gera entfernt und ist damit aufgewachsen, dass die Menschen ganz unbefangen über den Bergbau sprechen. Doch als er 1981 nach Gera umzieht, erlebt er dort – reichlich irritiert – „eine Atmosphäre der Angst". „Die Wismut", muss er feststellen, „ist ein Tabu-Thema".

Dreißig Jahre später in einem Café in Dresden. Es erscheint ein ruhiger, besonnener Mann. Bodenständig wirkt er, nicht wie ein Revoluzzer, zumindest heute nicht mehr, obwohl er damals das System der DDR gehörig aufmischte. Und Beleites beginnt zu erzählen, wie das damals war mit der Wismut: „Man wusste nur, dass hier ganze Landschaften und die Gesundheit tausender Menschen dem sowjetischen Atombombenprogramm geopfert werden." Und mehr, sagt er, wollten die meisten Menschen in Sachsen und Thüringen auch gar nicht wissen.

Die Geschichte beginnt – lange vor Beleites´ Zeit – am 14. September 1945. Das Ministerium des Innern der UdSSR gründet die „Sächsische Erkundungsexpedition (Sächsische Erzsuchabteilung)", sie soll Uranlagerstätten im Erzgebirge aufspüren. Im Monat zuvor hatte Amerika die Atombombe über Hiroshima abgeworfen. Nun sagt der sowjetische Diktator Josef Stalin: „Hiroshima hat die Welt verändert. Das Gleichgewicht ist gestört. Baut die Bombe! Dies wird eine große Gefahr von uns abwenden."

Nationaler DDR-Pathos: Werbung der Wismut AG (Dezember 1950)

47

Im Erzgebirge werden die Geologen fündig. In der Umgebung von Johanngeorgenstadt und Schneeberg stoßen sie im Februar 1946 auf Uranerz. Noch im selben Jahr bauen die Sowjets das erste Uran ab.

Dann wird im Mai 1947 in Moskau die Sowjetische Aktiengesellschaft (SAG) Wismut gegründet. Ihre drei leitenden Direktoren sind direkt dem sowjetischen Verteidigungsministerium unterstellt. Eine deutsche Zweigniederlassung mit Sitz in Aue im Erzgebirge wird im Juli 1947 ins Handelsregister eingetragen. Deren offizielle Tätigkeit: „Die Gewinnung, das Schürfen und der Absatz bunter Metalle."

Natürlich geht es nicht um irgendwelche Buntmetalle. Und auch die Bezeichnung „Wismut" ist nur ein Tarnname; mit dem betreffenden chemischen Element, heute zumeist Bismut genannt, hat das Unternehmen nichts zu tun. In Wahrheit geht es allein um die Förderung von Uran. Und das vertuscht und verdrängt man in dieser Region nach Kräften – zumal es speziell um die militärische Nutzung des heiklen Rohstoffs geht.

Im deutschen Westen weiß man bald gut Bescheid über die Vorgänge jenseits der Zonengrenze: „Sowjetische Besatzer", so schreibt im August 1950 der *Spiegel*, hätten „in der Ostzone ein neues Atombomben-Rohstoffreservoir angezapft".

Es entsteht der größte Urantagebau der Welt. Die Wismut beschäftigt bald bis zu 100.000 Männer und Frauen – und beutet sie aus: „Der Gesundheitszustand der Arbeitskräfte ist sehr schlecht", weiß schon im Jahr 1950 die *Zeit* zu berichten. Am häufigsten träten „Atmungsschwierigkeiten, Herz- und Lungenbeschwerden infolge der ständigen Berührung mit radioaktiven Substanzen" auf. Unter den Bergleuten kennt man die „Schneeberger Krankheit", eine besondere Form von Lungenkrebs. Und 1957 schreibt die *Zeit* unter der Überschrift „Sowjet-Atombomben aus Zonen-Uran" gar vom „unmenschlichen Einsatz von Zwangsarbeitern".

Schnaps in rauen Mengen – und eine kostenlose Perücke

Logo der Wismut AG

Im Jahre 1954 wird die SAG Wismut umbenannt in SDAG Wismut. Das steht nun für eine sowjetisch-deutsche Aktiengesellschaft, doch in der Sache ändert sich nicht viel. Das Uran aus der DDR wird – wie gehabt – in die Sowjetunion verfrachtet, da diese über keine eigenen Vorkommen dieser Größe verfügt. Ein Teil des Rohstoffs kehrt später in Form von Brennelementen für Atomreaktoren zurück in die DDR. Den ausgebrannten Kernbrennstoff lässt die Sowjetunion anschließend wieder abholen, weil sie sich scheut, militärpolitisch heikle Prozesse – etwa die Wiederaufarbeitung – im Ausland zu etablieren.

Die Wismut ist ein Staat im Staate. Die Territorialstruktur der DDR kennt 15 Bezirke und zusätzlich die „Gebietsleitung Wismut". Alles, was Wismut betrifft, ist streng geheim; nochmals weitaus geheimer als alle anderen Staatsgeschäfte der DDR. Der Betriebsschutz hat polizeiliche Vollmachten.

Arbeiter kommen mit Bussen: Uranlagerstätte Schlema (um 1960)

Zerwühlte Landschaft: Uranabbau in Johanngeorgenstadt bei Aue

Inzwischen kommt mancher Arbeiter mit dem Trabbi: Parkplatz am Schacht 38 in Schlema (um 1965)

Die Mitarbeiter werden zum einen geködert mit nationalem Pathos: „Deine Arbeit im Erzbergbau sichert die vorzeitige Planerfüllung." Und außerdem mit Privilegien: Bergleute können in eigenen Verkaufsstellen über ein besonderes Warensortiment verfügen, sie kommen auch schneller an Autos (für Normalbürger sind die Lieferzeiten lang), und sie bekommen Schnaps in rauen Mengen. Generöse Gaben für eine unmenschliche Drecksarbeit.

Staub, Strahlung, Chemie: Bei der Aufbereitung der Uranerze ist alles dabei, Kontaminationen in jeder nur denkbaren Form sind allgegenwärtig. Die Arbeiter müssen das Gestein, das sie – teils im Tage-, teils im Untertagebau – fördern, zuerst zerkleinern. Dann sortieren sie es mit unterschiedlichen Verfahren nach Dichte, denn die ist ein Indiz für den Uranoxidgehalt, der zwischen 0,05 und 0,2 Prozent schwankt.

Durch Schwefelsäure oder alkalische Flüssigkeiten müssen die Arbeiter anschließend das radioaktive Metall herauslösen und dann chemisch ausfällen. Am Ende entsteht ein Gemisch, das 70 bis 75 Prozent Uran enthält. Wegen seiner gelben Farbe wird es im Westen „yellow cake" genannt. In Fässer abgefüllt geht der Stoff per Eisenbahn über Frankfurt/Oder und das weißrussische Brest nach Russland.

Vor Ort verbleiben die Schlämme, die über Rohrleitungen in riesige oberirdische Deponien gepumpt werden. Auch die Anwohner kriegen damit eine ordentliche Strahlendosis ab. Und klagen sie dann über Haarausfall, so weiß später der *Spiegel* zu berichten, bekommen sie „einmal im Jahr vom Staat eine kostenlose Perücke".

Ein Zoologe bringt den Staat in Aufruhr

Es ist dieser abgeschottete Komplex der militärischen und zivilen Atomwirtschaft, der Michael Beleites nicht ruhen lässt, als er im Alter von 17 Jahren nach Gera kommt. Er ist in einem Pfarrhaus aufgewachsen, er war in der kirchlichen Jugendarbeit tätig und fand dort zur Umweltbewegung. Er ist naturkundlich interessiert und gelernter zoologischer Präparator – es ist diese ökologische Prägung, die ihn antreibt, in Sachen Wismut zu recherchieren.

Und so beginnt er – noch keine 20 Jahre alt – im Jahr 1983 im Umfeld der Wismut zu fotografieren, was streng verboten ist. Kaum ist ein Jahr vergangen, erfährt Beleites, dass die Stasi, die Staatssicherheit, ihn überwacht. Doch das lässt ihn kalt. Er lernt vielmehr mit der Beschattung umzugehen, agiert pragmatisch: „Ich fuhr mit dem Fahrrad, da konnte die Stasi nicht folgen", sagt er rückblickend mit einem spitzbübischen Lächeln. Und resümiert sodann: „Eigentlich war die Wismut eine Nummer zu groß für mich."

Das stimmt natürlich, doch der junge Mann kann nicht anders, das Thema lässt ihn nicht mehr los. Fragt ihn in den Weiten des Geländes jemand nach seinem Tun, recherchiert er zu Vögeln und Schmetterlingen, was ihm bei der Stasi den Tarnnamen Entomologe,

Soll die Arbeit erträglich machen: Bergarbeiterschnaps

Arbeiterästhetik der DDR: 192 Quadratmeter großes Wandbild von 1974 am Wismut-Gebäude in Paitzdorf

Schlammtümpel und Abraumhalden: Wismut-Gelände

Zoologe mit „nicht genehmigtem Druckerzeugnis": Michael Beleites

Uranstaub in der Luft: Sprengung im Tagebau Lichtenberg, im Hintergrund Schachtanlage Schmirchau, 1964

Insektenkundler, einträgt. Hat das Gespräch über die Fauna aber ausreichend Vertrauen geschaffen, spricht er manchmal auch das Uran an. So trägt er mit der Zeit kleine Bausteine eines großen Ganzen zusammen.

Dann explodiert im April 1986 der Tschernobyl-Reaktor. Beleites recherchiert nun noch intensiver, nutzt vielfältige Quellen: Er befragt ehemalige Mitarbeiter der Wismut (die aktuell tätigen sagen natürlich nichts), und er besorgt sich ein Fachbuch aus Westdeutschland über den Uranbergbau in Kanada und Frankreich. Da solche Lektüre es nie über die innerdeutsche Grenze schaffen würde, fotografiert ein befreundeter Physiker aus dem Westen ihm ein entsprechendes Werk Seite für Seite ab, steckt die unentwickelten Filme wieder in ihre Originalverpackung, verschweißt sie, und gibt sie einer als Touristin getarnten Kurierin mit auf ihre Reise in die DDR. Diese enge Anbindung an die westliche Umweltbewegung ist für Beleites unendlich viel wert.

Außerdem macht sich der junge Mann seine Position im Kreisvorstand der Gesellschaft für Natur und Umwelt zunutze. Diese wurde als Vereinigung innerhalb des Kulturbundes im Jahr 1980 gegründet, um den Umweltschutz im Sinne des Regimes zu kanalisieren. In dieser Funktion recherchiert Beleites Anfang 1987 auch in Behörden zur Uranbelastung des Flusses Weiße Elster, die durch das Bergbaugebiet und durch Gera fließt.

Natürlich ist auch das ein Tabuthema, doch auch in Ämtern sitzen Menschen. Eines Tages gelangt Beleites – für ihn selbst überraschend – bis zu einem Mitarbeiter im Wasserwirtschaftsamt Gera, der sich dort in einem Hochsicherheitstrakt ohne Klinken an den Türen verschanzt hält. Der Mann ist so erfreut über das Interesse an seiner Arbeit, dass er „zweieinhalb Stunden ohne Punkt und Komma redet", wie sich Beleites später erinnert. Mit diesem Tag hat der Rechercheur genug Informationen, um an die Öffentlichkeit zu gehen.

Er sucht den Weg über den Westen: 1987 dreht Beleites auf den Flächen der Wismut Filme für das Westfernsehen, produziert zwei Stunden Bildmaterial – und dies, ohne aufzufliegen. Denn das Betriebsgelände ist zu groß, um stets vollständig überwacht zu werden. Die Abbauareale erstrecken sich über eine Fläche, die halb so groß ist wie das Saarland; auf einem Terrain von 168 Quadratkilometern wird in 24 Bergwerken Uranerz abgebaut und in drei Aufarbeitungsanlagen verwertet.

„Antisozialistisches Vervielfältigungserzeugnis innerer Feinde"

Beleites kommuniziert mit dem westdeutschen Fernsehen über Zettel, die von Kurieren auf dem Umweg über einen österreichischen Journalisten der Nachrichtenagentur AP und die Berliner Umweltbibliothek (eine 1986 gegründete Einrichtung DDR-Oppositioneller) transportiert werden. Anders geht es nicht: Briefe werden von der Post geöffnet, Telefone abgehört.

Von strahlender Schönheit: Uranmineralien

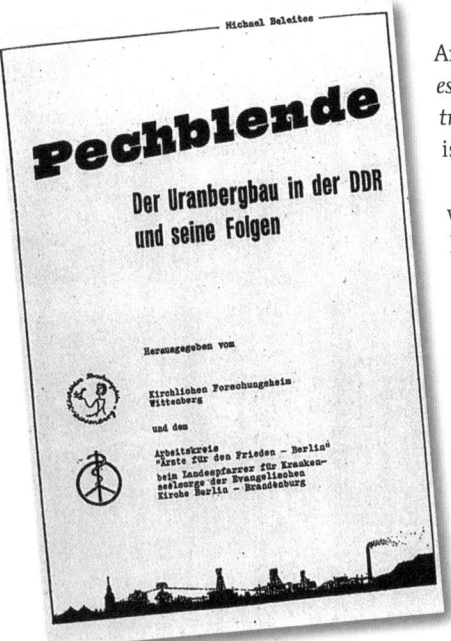

„Antisozialistisches Vervielfältigungserzeugnis innerer Feinde": Pechblende

Gefährliches Terrain: Wismut-Gelände

Anfang November 1987 strahlt der westdeutsche *Sender Freies Berlin* den Beitrag über die Wismut im Politmagazin *Kontraste* bundesweit aus. Wer der Urheber der Filmaufnahmen ist, weiß die Stasi in diesem Moment noch nicht.

Eigentlich sollte dem Film eine Publikation in der DDR vorangehen, eine Broschüre mit dem Namen *Pechblende* (so heißt eines der Uranerze). Nach deren Veröffentlichung, so das ursprüngliche Kalkül des Wismut-Kritikers, falle es nicht mehr auf ihn zurück, wenn das Westfernsehen die neuralgischen Punkte im Film dokumentiert. Doch die Publikation verzögert sich, weil der Druck stockt. Und *Kontraste* will nicht länger warten. Also kann der Sender nur jene Filmsequenzen nutzen, die jeder beliebige Kameramann hätte drehen können, die also keinen Hinweis auf die Urheberschaft Beleites´ geben. Denn sollte die Stasi ihn als Urheber der Filme enttarnen, drohen ihm einige Jahre Haft. „Die Stasi ist unberechenbar", weiß der Rechercheur.

Doch der junge Mann scheut den Konflikt nicht und druckt seine Broschüre. Wichtigster Unterstützer ist der Ost-Berliner Physiker Sebastian Pflugbeil. Die beiden besorgen sich Wachsmatrizen und Druckfarbe aus dem Westen, historisches Arbeitsmaterial für Druckmaschinen aus der Zeit vor dem Zweiten Weltkrieg.

Die beiden drucken und binden zum Teil in Pflugbeils Wohnung und bringen das Werk im Jahr 1988 in einer Auflage von 1000 Exemplaren in Umlauf. Die Kirche trägt die Publikation am Ende sogar mit, Herausgeber ist unter anderem das Kirchliche Forschungsheim Wittenberg. Das wird möglich, weil sich durch die Perestroika (die Öffnung Russlands unter Michail Gorbatschow) auch in der DDR die Lage seit 1985 etwas entspannt hat.

In seiner 64-seitigen Publikation bleibt Beleites betont sachlich. Er schreibt von der Belastung der Region durch die Abraumhalden, von denen der Wind den Uranstaub fortträgt und der Regen die Isotope in Flüsse und Grundwasser spült. Er verweist auf die Gefahren für die Arbeiter durch strahlenden Staub und radioaktives Radon, und darauf, dass die Daten über die Krankheiten in den Wismut-Krankenhäusern „streng geheim gehalten" würden – ehe er dann die besonders häufigen Krankheiten auflistet, wie Lungenkrebs und Leukämie.

Trotz all ihrer Schnüffelei wird die Stasi von der *Pechblende* überrascht. Sie erfährt davon erst im Zusammenhang mit einem Beitrag, der unter dem Namen des Präparators am 29. Februar 1988 in der *Frankfurter Rundschau* erscheint. Er handelt von den „Langzeitbelastungen, die für kaum vorstellbare Zeiträume bestehen" bleiben, und davon, dass die DDR durch ihren Uranbergbau „ganz konkret am Zustandekommen der globalen Bedrohung beteiligt" ist.

Vernarbte Landschaft: Wismut-Gelände in Sanierung

Im Volksmund „Ronneburger Titten" genannt: Abraumhalden mit nahegelegenen Wohnhäusern

„Mit staatlichen Interessen kollidierende Umweltdiskussion"

Für Beleites ist der Bericht in der Zeitung ein Glücksfall: „Die Präsenz in der westlichen Öffentlichkeit hat mich geschützt", sagt er später. Denn das Regime ist nach der Publikation aufgebracht – natürlich.

Für die DDR-Obrigkeit ist die *Pechblende* ein Skandal, nicht nur ihres Inhalts wegen. Bereits die Fertigung des Druckwerks an sich gilt als schweres Vergehen, denn es darf in der DDR ohne staatliche Genehmigung überhaupt nichts gedruckt werden. Ein „nicht genehmigtes Druckerzeugnis" zu fertigen, ist in diesem Regime eine Straftat.

Der Fall beschäftigt sogar die höchsten Repräsentanten des Staates. Von einer „Hetzkampagne" spricht der Vizepräsident der DDR-Atombehörde SAAS, Hans Scheel. Staatssicherheitsminister Erich Mielke ordnet die Schrift in die Reihe der „antisozialistischen Vervielfältigungserzeugnisse innerer Feinde" ein. Und die Stasi dringt in der Folge zwei Mal heimlich in Beleites´ Wohnung ein, wie dieser nach dem Mauerfall beim Sichten seiner Stasi-Akte erfährt.

Über die *Pechblende* hält die Staatssicherheit fest: „Der politisch-operativ relevante Charakter der Schrift ergibt sich insbesondere aus ihrer Zielstellung, eine einseitig orientierte, mit den staatlichen Interessen kollidierende Umweltschutzdiskussion auszulösen." Die Publikation sei von „feindlich-negativer Erscheinung" und „entsprechend ihres Charakters bei ihrer Verbreitung zur Auslösung von Unruhe, Angstzuständen und unkontrollierbaren Reaktionen unter der Bevölkerung geeignet". Somit sei die Schrift „grundsätzlich als schädigend mit hoher politischer Brisanz einzuschätzen".

Teil der Sanierung: geflutete Grube Schlema-Alberoda

Teil der behördlichen Arbeit sind auch Psychogramme ihrer Zielpersonen. „Sehr willensstark" sei er, wird Beleites später in seiner Stasi-Akte lesen. Aber das muss man wohl auch sein, um zu Zeiten des DDR-Regimes eine Broschüre zu publizieren, die sich kritisch mit den Risiken des Uranbergbaus auseinandersetzt.

Das Ministerium für Staatssicherheit führt nun „Disziplinierungsgespräche" mit dem jungen Autor. Und am Ende muss jener Mitarbeiter im Wasserwirtschaftsamt Gera, der Beleites einst so treuherzig von den Folgen des Uranabbaus erzählte, auch noch das staatliche Gegengutachten zur *Pechblende* schreiben.

Doch die DDR zeigt um diese Zeit schon erste Auflösungserscheinungen. Und als im November 1989 die Grenzen fallen, ist für Beleites sofort klar, dass dies auch das Ende der Urangewinnung im Erzgebirge ist. In der Tat wird der Bergbau Ende 1990 eingestellt. Zurück bleibt der größte ökologische Sanierungsfall Deutschlands, von mindestens 15 Milliarden Mark an Sanierungskosten ist die Rede.

Beleites schließt das Thema Uran für sich persönlich nun ab: „Ich bin Wismut angegangen wie ein Journalist, das war ein Thema, eine Phase", sagt er. Fortan wird die Aufarbeitung der Stasi-Machenschaften zu seinem Thema – denn auch damit kennt er sich jetzt schließlich aus.

Sanierung erfolgt nach DDR-Recht

Die Altlasten, mit denen sich nun die Bundesrepublik konfrontiert sieht, sind gigantisch: Das Wismut-Gelände umfasst 48 Abraumhalden, Absetzbecken mit 160 Millionen Kubikmetern Schlämmen, 2500 Kilometer Stollen und einen ehemaligen Tagebau nahe dem thüringischen Ronneburg.

Über die Jahrzehnte hinweg sind hier 231.000 Tonnen Uran abgebaut worden, zeitweise war die DDR das drittgrößte Uranförderland der Welt, nach den USA und Kanada. Hunderte Quadratkilometer Landschaft sind nun radioaktiv verseucht. „Die wohl größten Atommülldeponien der Welt befinden sich in Sachsen und Thüringen – und zwar unter freiem Himmel und auf nicht abgedichtetem Untergrund", schreibt Michael Beleites im Jahr 1992 in seinem Buch „Altlast Wismut". Es ist eine Art persönlicher Abschlussbericht zu diesem Thema.

Auch das nun als Wismut GmbH firmierende Sanierungsunternehmen in Händen der Bundesrepublik Deutschland kann die Zustände von damals nicht schönreden: „Schlechte Arbeitsbedingungen, rigorose Eingriffe in die Natur der dichtbesiedelten Gebiete und nicht zuletzt der rücksichtslose Gebrauch der Ressourcen kennzeichneten die ‚wilden' Anfangsjahre des Uranerzbergbaus in Sachsen und Thüringen." Ein Zitat aus dem Jahr 2014.

Amerikanische Werbung der 1950er Jahre

Widersprechen mag dem niemand. Inzwischen sind Sanierungskosten von sechs Milliarden Euro aufgelaufen und es werden noch deutlich mehr werden. Erst nach dem Jahr 2020 werden die „Kernsanierungsarbeiten" nach Einschätzung der Bundesanstalt für Geowissenschaften und Rohstoffe (BGR) beendet sein. Dann werden sich Langzeitaufgaben anschließen – Sickerwässer zum Beispiel müssen noch auf Jahrzehnte hinaus überwacht werden.

Die bizarre Geschichte der Wismut ist damit aber noch nicht zu Ende: Für die Sanierung der Altlasten gilt weiterhin das laxe Strahlenschutzrecht der DDR, nämlich die „Verordnung über die Gewährleistung von Atomsicherheit und Strahlenschutz" vom 11. Oktober 1984. Damit können Genehmigungen ohne Beteiligung der Öffentlichkeit erteilt werden. In der Amtssprache des Bundeswirtschaftsministeriums heißt es dazu: „Das so etablierte Regelungsregime geht den allgemeineren Vorschriften des Atomgesetzes und der Strahlenschutzverordnung vor, die nicht anwendbar sind."

Uran – ein „Wort von magischem Klang"

Doch nicht nur der deutsche Osten hat seine Geschichte des Uranbergbaus, auch der Westen. Denn überall ist in den Nachkriegsjahren das

Die Tage des Uranbergbaus in Ostdeutschland sind nun gezählt: Nahe Ronneburg im Jahr 1990

Proteste nach dem Fall der Mauer: Robin Wood auf dem Wismut-Gelände (1990)

Interesse an dem spaltbaren Rohstoff riesig. „Nach Uran laufen sich die Atombombenfabrikanten in aller Welt die Hacken ab", schreibt im August 1951 der *Spiegel*. Wenige Jahre später formuliert die *Zeit*: „Uran ist ein Wort von magischem Klang in allen Sprachen der Erde geworden." Die Zeitung berichtet von modernen Schatzsuchern, die durchs Land ziehen, allerdings mit veränderter Ausrüstung: „An Stelle von Hacke, Schaufel und Sieb tragen sie heute den Geigerzähler bei sich, die Wünschelrute des Atomzeitalters."

Frühe Hoffnung keimt in der westdeutschen Atomszene bereits 1951, als in der ehemaligen Kobaltgrube „Sophia" bei Schenkenzell-Wittichen im Schwarzwald das Uranerz Pechblende gefunden wird. Im damals noch selbstständigen Land Baden ist die Begeisterung jedoch eher gering. „Noch ist nicht zu entscheiden, ob das Schürfen nach Uran im Schwarzwald lohnend sein wird", lässt das Geologische Landesamt in Freiburg wissen. Auch Badens Staatspräsident Leo Wohleb zögert, weil eine Uranwirtschaft die Region zu einem militärischen Angriffsziel machen könnte.

Was Wittichen betrifft, erweist sich das Uranvorkommen bald ohnehin als nicht abbauwürdig. Gleiches gilt auch für eine Lagerstätte der Bayerischen Braunkohlenindustrie AG bei Schwandorf in der Oberpfalz. Und so stellt sich die westdeutsche Atomwirtschaft zunehmend darauf ein, auch künftig allein auf Uranimporte angewiesen sein.

Doch dann rückt unerwartet ein neuer Standort im Schwarzwald ins Blickfeld: Menzenschwand bei St. Blasien. Im Krunkelbachtal am Fuße des Feldbergs spüren im Jahr 1957 zwei Geologie-Studenten uranhaltiges Granitgestein auf. Das Vorkommen erweist sich später als das größte in der Bundesrepublik. Der Urangehalt im Erz von durchschnittlich 0,7 Gewichtsprozent, im Spitzenfall gar 1,4 Prozent, ist hochattraktiv.

Also erteilt das Land Baden-Württemberg im Jahr 1961 der im niedersächsischen Uetze ansässigen Bergwerksgesellschaft „Gewerkschaft Brunhilde" eine Schürfgenehmigung. Diese ist allerdings befristet und sie erlaubt nur die Rohstoffsuche, nicht die Ausbeutung.

Von radioaktiver Strahlung haben die Menschen in dem Schwarzwalddorf noch nicht viel Ahnung, und dennoch lehnen sie das Projekt entschieden ab. Vor allem aus drei Gründen: Sie fürchten die Zerstörung ihrer Heimat durch die mit dem Abbau einhergehende Industrialisierung; sie sehen daraus resultierend Gefahren für den Fremdenverkehr, der seit den fünfziger Jahren erfolgreich aufgebaut wurde; und sie stören sich in ihrem urdemokratischen Denken an der „Vergewaltigung des Selbstverwaltungsrechts der Gemeinde", indem diese zum Spielball der Landes- und Bundespolitik zu werden droht. Die Bundesregierung nämlich

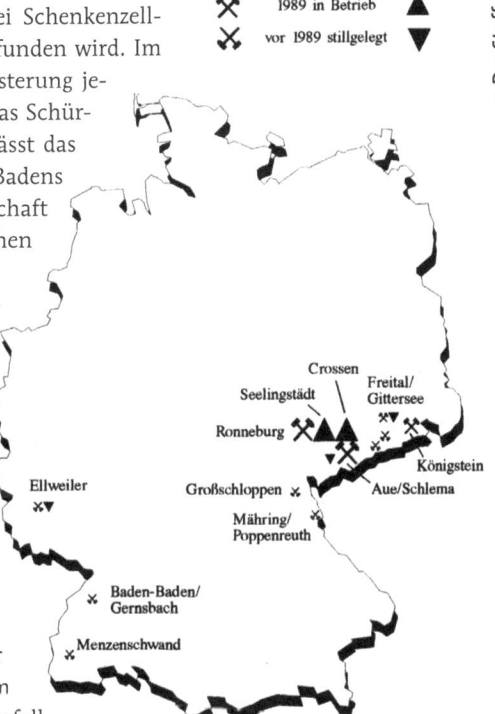

Deutsche Uranlandschaft

strebt zwischenzeitlich an, Deutschland zur „Kernbrennstoffautonomie" zu verhelfen. Und eine solche kann – wenn überhaupt – nur der Standort Menzenschwand gewährleisten. Doch die Menschen vor Ort kämpfen erfolgreich: Im Jahr 1963 beendet eine Klage der 600-Seelen-Gemeinde den Abbau.

Allerdings nur vorübergehend. Im Laufe der Jahre bröckelt der Widerstand vor Ort, die Landesregierung und die Kurbetriebs-GmbH kommen im September 1972 überein, der Firma bis Ende 1974 den Abbau von Uranerz wieder zu gestatten – allerdings wiederum nur zu Forschungszwecken.

Und doch beginnt die Gewerkschaft im Jahr 1975 mit dem gewerbsmäßigen Uranabbau. Bald erstrecken sich die Stollen über eine Länge von 3,8 Kilometer und gehen bis zu 250 Meter in die Tiefe. Geologen gehen bald von einem Bestand von mindestens 1000 Tonnen Uranoxid aus, vielleicht sogar bis zu 5000 Tonnen, das wäre dann die größte Fundstätte Westdeutschlands. Der Abbau basiert – offiziell – alleine auf wissenschaftlichen Ambitionen.

Die Stadt, und auch die Wirtschaftsministerien in Land und Bund, halten sich diskret zurück. Zum einen haben sich die kommunalen Mehrheiten zwischenzeitlich zugunsten des Uranabbaus verschoben, seit Menzenschwand nach St. Blasien eingemeindet wurde und nicht mehr eigenständig entscheiden kann. Zum zweiten hat die Ölkrise 1973 den Drang nach der Nutzung heimischer Energierohstoffe in Deutschland nochmals beflügelt.

Echte Versuchsbergwerke gibt es unterdessen an anderen Orten – zum Beispiel in Mähring und Poppenreuth im Oberpfälzer Landkreis Tirschenreuth, am Schirmberg bei Girnitz im Landkreis Schwandorf, in Großschloppen im oberfränkischen Landkreis Wunsiedel. In der Schweiz – im Kanton Wallis – findet man ebenfalls Uran. Über ein Forschungsprogramm kommt man an diesen Standorten nie hinaus.

Strahlendes Schwarzwaldmädel: Protestaufkleber

Auch die Lagerstätte Müllenbach zwischen Baden-Baden und Gernsbach wird vom Jahr 1973 an erkundet. Die Saarberg-Interplan Uran GmbH legt zwei Probestollen an und startet Versuche zur Auslaugung des Stoffs. Doch als die Firma eine Erweiterung der Abraumhalden beantragt, verbietet die Stadt Baden-Baden ihr dies aus Sorge um die örtlichen Thermalquellen, und aus Sorge um ihr Renommee. Uran und Fremdenverkehr, das passt schließlich gar nicht zusammen. Zwar unterliegt die Stadt im Jahr 1985 vor dem Verwaltungsgerichtshof Mannheim, doch zu diesem Zeitpunkt hat die Firma den Abbau wegen gefallener Uranpreise – der Urangehalt im Erz liegt hier mit nur 0,2 Prozent ohnehin niedrig – längst eingestellt. Es bleiben strahlende Halden.

Unterdessen gibt es in Menzenschwand noch immer keine Genehmigung für den industriellen Abbau der Erze. Als zum Jahresbeginn 1982 das neue Bundesberggesetz in Kraft tritt, sieht die Firma ihre Chance, endlich eine Abbaugenehmigung zu erhalten. Das Land ist den Plänen gegenüber anfangs aufgeschlossen.

Dezenter Protest: Grenzstein Waldbachtal Gernsbach

Formal nur ein Forschungsbergwerk: Menzenschwand im Schwarzwald

Skandalklitsche: Anlage zur Uranaufbereitung im rheinland-pfälzischen Ellweiler

Doch die Bürger sind dagegen, gründen eine Bürgerinitiative, berufen eine Einwohnervollversammlung ein. Als diese einstimmig gegen den kommerziellen Abbau votiert, ändert auch das Wirtschaftsministerium in Stuttgart seine Meinung; die Pläne seien unvereinbar mit dem Fremdenverkehr, zumal das Abbaugebiet in einem Natur- und Landschaftsschutzgebiet liegt.

Strahlendes Flussbett des Krunkelbachs

Faktensammlung von 1995

Peter Diehl ist einer der Gründer der Bürgerinitiative von Menzenschwand. Mehr als 30 Jahre später empfängt der Ingenieur in einem Vorort von Dresden. In den neunziger Jahren ist er aus privaten Gründen nach Sachsen umgezogen. Die Nähe zur Wismut war dann eher Zufall, aber nicht unpassend.

Das Uran beschäftigt Diehl noch immer. Im Keller hat er sein Büro eingerichtet, von hier aus versorgt er, obwohl Menzenschwand längst Geschichte ist, noch immer die Welt mit umfassenden Informationen zum Uran, pflegt Datenbanken, entwickelt Rechenwerkzeuge, erklärt Zusammenhänge. Er ist die Uran-Abteilung von Wise, dem World Information Service on Energy; er ist der Uranexperte schlechthin, in Deutschland allemal, aber auch darüber hinaus.

„Eigentlich wollte ich die Bürgerinitiativen im Land mit den nötigen Informationen versorgen", sagt Diehl, während er mit dem Projektor historische Dias an die Wand wirft. Bilder von Uranlagerstätten, von Aufbereitungsanlagen, von Protesten. Nur wollten die Initiativen gegen den Uranabbau es so genau dann doch nicht wissen. Peter Diehl, grauer Vollbart, ein akribischer Mensch, wirkt in diesem Moment etwas enttäuscht.

Aber weil er sich so enormes Wissen rund um das Uran angeeignet hatte, zollte ihm bald die Atomwirtschaft großen Respekt. Professoren interessierten sich für seine Datenbank, Medien, auch aus Übersee, kontaktierten ihn. Nur die Bürgerinitiativen gegen den Uranabbau zapften sein Wissen nur spärlich an. Auch als es später an die Sanierung der Abbaustätten geht, ändert sich das nicht.

Im Menzenschwand der achtziger Jahre jedoch prägte Diehl die Debatte, auch wenn er das heute nie für sich in Anspruch nehmen würde. „Umweltkrimi am Krunkelbach" steht auf einem seiner damaligen Flugblätter, „Uranabbau-Halden: Die unterschätzte Strahlengefahr" auf einem anderen. Er selbst hatte 1982 erhebliche Strahlmengen im Flussbett des Krunkelbachs gemessen, die später von der Landesanstalt für Umweltschutz bestätigt wurden.

Es sind die Jahre, als der Fall durch die gerichtlichen Instanzen geht. Das Land will die Ende 1984 auslaufende Schürfgenehmigung nicht verlängern, die Firma klagt und verliert in erster Instanz, gewinnt dann aber 1988 in der zweiten. Das Land zieht nun vors Bundesverwaltungsgericht.

Und das Unternehmen baut weiterhin in großem Stil Uran ab, stets darauf beharrend, dies alleine zu Forschungszwecken zu tun. Dennoch

Immer wieder für Aktionen gut: Robin Wood vor dem Tor der Urenco in Gronau (2012)

Ätzende, strahlende Fracht auf Reisen: Transport von Uranhexafluorid

3. Der Stoff, aus dem die (Alb-)Träume sind

verfrachtet die Firma bald bis zu 10.000 Tonnen Erze jährlich per Bahn von der Station Schluchsee-Seebrugg zur Weiterverarbeitung ins rheinland-pfälzische Ellweiler, um daraus Uranoxid, den „Yellow Cake", zu extrahieren.

In Ellweiler ist seit 1961 eine Anlage zur Uranaufbereitung in Betrieb, die einzige ihrer Art in Westdeutschland. Auch sie wird von der Gewerkschaft Brunhilde betrieben, auch sie ist formal nur eine Versuchsanlage. Und dennoch liefert sie alljährlich 50 Tonnen Uranoxid an die Atomfabriken.

Anfangs hatte sie Uranerze aus dem nahe gelegenen Tagebau Bühlskopf verarbeitet, bis dieser 1964 – weil zu unergiebig – eingestellt wurde. Dann bezog sie Uranerze aus kleinen Gruben in den Vogesen und schließlich aus Menzenschwand.

Strahlend schönes Pulver: Yellow Cake

Aber die Skandale häufen sich. Im Umfeld der Anlage wird erhöhte Strahlung gemessen, was – kein Wunder – mit drastisch vermehrten Leukämiefällen einhergeht. Es tauchen Fässer aus der belgischen Aufbereitungsanlage Mol mit Plutoniumspuren auf, es fliegt auf, dass uranverseuchte Erde illegal verarbeitet wurde. Landesbehörden finden Fässer mit Urankonzentrat, die völlig verrostet sind. Und dann stellt sich auch noch heraus, dass der Betrieb der Halden nicht ordnungsgemäß genehmigt ist. Das ist zu viel: Im Mai 1989 macht das rheinland-pfälzische Umweltministerium die Klitsche dicht.

Da sie die einzige Anlage ihrer Art in der Bundesrepublik ist, gibt es nun auch für das Schwarzwalduran keinen einheimischen Abnehmer mehr. Erzreste werden noch in die Tschechoslowakei gebracht, was auf Dauer aber unwirtschaftlich ist – und damit kommt auch Menzenschwand endlich zur Ruhe. Und sowohl in Ellweiler als auch in Menzenschwand muss der Staat die strahlenden Reste abräumen und das Ganze bezahlen. Die Gewerkschaft Brunhilde ist inzwischen insolvent.

Wenn Peter Diehl nun Jahrzehnte später zurückblickt auf den deutschen Uranabbau und auf Ellweiler, dessen Bürger er natürlich auch beriet, dann klingt er wieder etwas desillusioniert. Oder einfach nur realistisch: „Zum Ende des Uranbergbaus in Deutschland haben die Bürger wenig beigetragen." Vielmehr seien die leichtfertigen Machenschaften der Branche Ursache gewesen, die durch Recherchen des *Spiegel* aufflogen. Und dann natürlich der Verfall des Uranpreises in den achtziger Jahren.

Der Rohstoff für die deutschen Reaktoren wird fortan komplett importiert. Das hält das Bundeswirtschaftsministerium allerdings später nicht von steilen Thesen ab: „Da Urananreicherung und Brennelementfertigung inländische Wertschöpfungsstufen sind, ist die Kernenergie praktisch eine heimische Energieform." Ein Spruch von Oktober 2009.

Faktisch kommt der Energieträger für die Reaktoren fortan aus Kanada und aus Australien, zunehmend auch aus Kasachstan, Niger und Namibia. Die Arbeitsverhältnisse zumindest in den armen Ländern, kann man sich ausmalen.

Gronau: Die Zentrifugen und der Atommüll-Wertstoff

Ortstermin im westfälischen Gronau. Schon Kinder kennen hier „Richie", das Maskottchen der Firma Urenco. Man sieht das Männchen an Hüpfburgen, man kennt es als Schlüsselanhänger, an ihm kommt im Münsterland keiner vorbei. Richie, wie enrichment, Anreicherung.

Diese ist das Metier der Gronauer Firma Urenco. Anreicherung bedeutet, dass die Konzentration des Uran 235 im Rohstoff erhöht wird, die natürlicherweise bei nur 0,71 Prozent liegt. Mehr als 99 Prozent macht das schwer spaltbare Uran 238 aus. Damit die Kettenreaktion in den klassischen Leichtwasserreaktoren ablaufen kann, muss der Gehalt an leichter spaltbarem Uran 235 auf drei bis vier Prozent gesteigert werden.

Urenco ist eine trinationale Firma. Sie wurde 1971 von Deutschland, den Niederlanden und Großbritannien auf Basis des Vertrags von Almelo gegründet. Dies geschah „in der Erwägung, dass es wichtig ist, in Europa eine erhebliche Kapazität für die Anreicherung von Uran zu entwickeln". In jedem der Länder baute Urenco eine Anlage auf, eine im britischen Capenhurst, eine im niederländischen Almelo, eine in Gronau. Die deutschen Anteile gehören heute Eon und RWE.

Gebürtiger Gronauer gegen Urananreicherung: Udo Lindenberg

Die Anreicherung ist nicht nur Physik, es ist auch Chemie im Spiel. Zur Trennung der Isotope muss das Uranoxid, der „Yellow Cake", zuvor in gasförmiges Uranhexafluorid (UF6) umgewandelt werden. Diese Konversion findet in Frankreich im Nuklearkomplex Tricastin am Unterlauf der Rhone statt. Kommt der Stoff dann zur Urenco, werden die beiden Arten von Uran in Gaszentrifugen bei bis zu tausend Umdrehungen pro Sekunde getrennt: Am Rand sammelt sich mehr vom schwereren Uran 238, in der Mitte saugt man das leichtere Uran 235 ab.

Zwar gab es in Gronau schon im Oktober 1976 eine Bürgerinitiative gegen die Fabrik, doch der Widerstand vor Ort war zu schwach, um sie stoppen zu können. Alle Bedenken wurden – nach dem Niedergang der hier traditionell starken Textilindustrie – überstrahlt vom Argument Arbeitsplätze. Und so spricht sich Ende November 1976 der Kreistag in Borken ohne Gegenstimme für das Projekt aus. „Hauptsache das Ding kommt in unsere Region" sagt Oberkreisdirektor Raimund Pingel. Und er will beruhigen mit dem Satz: „Auf jeden Fall wird es einen anständigen Zaun geben."

Im August 1985 startet die Produktion. Forschungsminister Heinz Riesenhuber kommt persönlich zur Einweihung und drückt den „roten Knopf", allerdings erst im Juni 1986. Das ist sechs Wochen nach Tschernobyl. Warum er nicht absagt in diesem von Strahlen geprägten Frühsommer? Die Einladungskarten, so heißt es, seien schon gedruckt gewesen.

Konsequent gegen die Uranfabrik: Udo Buchholz

Die Jahreskapazität der Anlage – man spricht von Urantrennarbeit – liegt bis 1997 bei 520 Tonnen, dann wird sie auf 1000 Tonnen gesteigert. 2011 baut Urenco sogar noch eine zweite Fabrik daneben, womit die Kapazität auf 4500 Tonnen steigt. Seither deckt Gronau den Uranbedarf von drei Dutzend Reaktoren. Das ist mehr als Deutschland je in Betrieb hatte.

Eine gemeinsame Tochter der Firmen Urenco und Areva, die Enrichment Technology Company, baut die Zentrifugen am Standort Jülich. In Gronau werden dann Hunderte dieser Geräte zu Kaskaden zusammen geschaltet; technisch durchaus eine Herausforderung.

Und politisch ein heikles Unterfangen. Denn wenn man das spaltbare Uran noch deutlich stärker anreichert, kann man es für Atombomben nutzen. Es ist daher ein brisantes Thema, als im Sommer 2013 bekannt wird, dass die niederländische Regierung in Abstimmung mit der Bundesregierung und der britischen Regierung einen möglichen Börsengang der Urenco plant. Von einem „Bieterkampf um den Schlüssel zur Atombombe" schreibt im Oktober 2014 die *Süddeutsche Zeitung*, RWE und Eon wollten ihre Anteile „möglichst diskret" verkaufen. In diesen Tagen interessierten sich „Geheimdienste, Spitzenpolitiker, Hedgefonds und selbst Schurkenstaaten" gleichermaßen für die Firma, schreibt die Zeitung, „auch niederländische und britische Geheimdienste und Terrorismusbekämpfer sollen eingebunden sein." Es ist ein Fall, der deutlich macht, wie sehr zivile und militärische Atomkraft eben doch zusammenhängen.

Ob zivil oder militärisch: „Nee" zur Uranfabrik, Ostermarsch 1989

Vor Ort in der Firma herrscht demonstrative Gelassenheit. „Die Internationale Atomenergiebehörde kommt immer wieder zur Kontrolle", sagt eine Urenco-Mitarbeiterin im Infozentrum des Unternehmens, das vor den Werkstoren steht, „auch sonntags und in der Nacht, unangemeldet, manchmal mehrmals im Monat". Was sie sagen will: alles bestens überwacht hier.

Udo Buchholz sieht das anders. Er wohnt in Gronau, arbeitet für den Bundesverband Bürgerinitiativen Umweltschutz (BBU), und kämpft seit Jahrzehnten gegen die Anlage. Die *Westfälischen Nachrichten* schrieben einmal über ihn, er sei „einer von diesen Leuten, über die man nach Fukushima denkt, dass man ihnen vielleicht doch öfter hätte zuhören sollen". In Gronau warnt er schon lange vor den Risiken: vor Unfällen in der Fabrik, vor Katastrophen beim Transport, vor den Mengen an Strahlenmüll. Immer wieder fordert er, Land und Bund mögen der Uranfabrik die Betriebsgenehmigung entziehen.

Es ist ein harter Überzeugungskampf, wie überall, wo örtliche Arbeitsplätze durch Umweltgefahren erkauft werden. Wie überall, wo eine ortsansässige Firma auch die Vereine großzügig sponsert. Auf diese Weise, klagt Buchholz immer wieder, sichere sich das Unternehmen Wohlwollen in der Stadt. Er selbst ist Mitglied des Stadtparlaments und war in dieser Funktion auch schon in die Fabrik eingeladen. Doch wenn die Firma Speisen und Getränke anbietet, lehnt er ab, da ist er konsequent.

Die Urenco liegt ein wenig abseits der Stadt, am Rand von Wäldern und Äckern des Münsterlandes. Von der Straße aus kann man hinter dem Werkszaun einen gelben Kranausleger erblicken. „Darunter befindet sich das Freilager", erklärt Buchholz. Hier lagern in diesem Moment 13.000 Tonnen Uranmüll unter freiem Himmel. Eine Zahl, die auch schon in den Zeitungen stand. Und jedes Jahr fallen weitere 7000 Tonnen an.

In den Fässern befindet sich das Resturan, genannt Tails. Denn wo angereichert wird, bleibt auch abgereichertes Uran übrig. Es enthält noch 0,3 Prozent des spaltbaren Isotops 235. Besonders kritisch ist die Verbindung des Urans mit dem Fluor, weil im Kontakt mit Wasser gefährliche Flusssäure entstehen kann.

In den Jahren 1996 bis 2009 wurden Fässer aus Gronau ins russische Angarsk verfrachtet. Dort lagern sie unter sibirischem Himmel, ihr Zustand ist heute unklar. Andere gingen ins südfranzösische Tricastin, das Uranfluorid soll dort wieder zum chemisch weniger aggressiven Uranoxid umgewandelt werden und dann zurück kommen. Strahlen werden die Fässer trotzdem.

Und dennoch galten die Tails in der offiziellen Betrachtung in Deutschland lange als „Wertstoff", tauchten in keiner Statistik der nötigen Endlagerkapazitäten auf. Erstmals wurden sie dann im November 2014 von der Bundesregierung auf Basis des „nationalen Entsorgungsplans" formal als Atommüll eingestuft. Wohin damit, weiß trotzdem keiner. „Für uns ist das immer noch ein Wertstoff", sagt die Frau im Infocenter der Urenco, ungerührt.

Hinter ihr steht auf einem Tresen groß das Wort „UF6-Theke" geschrieben; das steht für Uranhexafluorid. Dieses Gas ist hochgiftig, radioaktiv, sehr aggressiv. Es ist eine bizarre Welt, in der an einer solchen Theke bei Veranstaltungen die Getränke ausgeschenkt werden.

Atomfabriken, so klinisch rein, wie ein Labor?

Ist das Uran angereichert, geht es in eine Brennelementefabrik. Dass eine solche Anlage im badischen Heitersheim keine Chance hatte, ist auch Manfred Schlegel zu verdanken. 40 Jahre später empfängt der pensionierte Kaufmann im Heiterheimer Römermuseum „Villa urbana", das er ehrenamtlich leitet. Er ist in der Historischen Gesellschaft aktiv, er ist Ehrenbürger der Stadt, ein lokal engagierter und vielseitig interessierter Mensch.

Plutonium im Kalibergwerk unerwünscht: Protestkarte von 1974

Er hat einen Ordner mit Zeitungsartikeln mitgebracht, von damals. Aus jener Zeit, als die Mannheimer Babcock-Brown Boveri Reaktor GmbH (BBR) auf das 12 Hektar große Gelände eines Kalibergwerks bei Heitersheim schielte, das 1973 seinen Betrieb eingestellt hatte. Die Salzstöcke, so hoffte die Firma, könnten genutzt werden, um Plutonium aus Atomkraftwerken zu deponieren. Bei dem Gedanken daran schaudert es Schlegel noch immer.

Er ist schon im März 1974 dabei, als sich die örtliche „BBR-Nein"-Gruppe gründet. Während der Bürgermeister noch immer einzig und allein die neuen Arbeitsplätze sieht – die Kali und Salz AG hatte zuvor fast 500 Kumpel entlassen müssen –, gelingt es der Gruppe, vor

Überschaubar, aber engagiert: Protest in Hanau

Gefahrgut: Fässer für den Urantransport lagern vor dem Firmensitz von Nukem in Hanau (1988)

Ort eine große Mehrheit gegen die Ansiedlung der Fabrik zu organisieren. Es ist ein bürgerlicher Protest: Schlegel hat eine verantwortliche Position in der Raiffeisen-Zentral-Genossenschaft, auch 40 Weingüter und Winzergenossenschaften unterzeichnen eine entsprechende Resolution.

Vor allem fürchten die Bürger das Plutonium. Denn die Firma weigert sich, vertraglich auf die Herstellung von Plutonium-Brennelementen – so genannte Mischoxid-Elemente (Mox) – zu verzichten. Und deswegen lehnt der Heitersheimer Gemeinderat das Projekt im Juni 1975 ab.

Da hilft es der Firma BBR auch nicht, dass sie frech behauptet, die örtliche Ziegelei stoße mehr Schadstoffe aus als die Brennelementefabrik. Da hilft es auch nicht, dass der Bürgermeister nach einem Besuch der Brennelementefirma Alkem in Hanau schwärmt, das ganze wirke so klinisch rein „wie ein Labor". Manfred Schlegel und seine Gruppe haben in ihrem Widerstand die Mehrheit der Bürger hinter sich.

Stratege des Hanauer Widerstandes: Elmar Diez

Anderthalb Jahre später startet BBR einen zweiten Vorstoß, nun mit der Zusage, auf die Verarbeitung von Plutonium zu verzichten – doch das Vertrauen in Firma und Technik ist zerstört, das Projekt endgültig nicht durchsetzbar. Dass die Hanauer Atomfirmen ohnehin keine gute Referenz waren, wird sich später zeigen.

Gemischtwarenhandlung für Nukleares: Das Atomdorf Hanau

Im Hanauer Stadtteil Wolfgang erinnert heute wenig daran, dass hier einst das „Herz der deutschen Atomindustrie" schlug. Als solches betrachtete man sich auch selbst, nicht ohne Hochmut. Sprach stolz vom „Atomdorf".

Im Jahr 2015 ist dieses längst abgewickelt. Nur der Atommüll ist – branchentypisch – noch da. Er lagert in zwei Hallen, der künftige Verbleib ist unklar. Es sind die gefährlichen Rückstände eines schwer durchschaubaren Firmengeflechts, das die Konzerne Degussa, Siemens und RWE seit 1960 an der Rodenbacher Chaussee aufbauten.

Unterschiedliche Firmen stellten unterschiedliche Brennelemente her: Nukem kümmerte sich um die Bestückung der Forschungsreaktoren, Alkem fertigte Plutonium-Brennelemente für den Brüter und plutoniumhaltige Mox-Elemente für Leichtwasserreaktoren. Hobeg stellte Kugelbrennelemente für Hochtemperaturreaktoren her, und die Reaktor-Brennelement-Union (RBU) die klassischen Uranstäbe für kommerzielle Leichtwasserreaktoren. Zeitweise arbeiteten im Atomdorf mehr als 3000 Menschen.

1960 kamen die Anlagen zu früh, um während der Bauphase Widerstand hervorzurufen. „Erst im Zusammenhang mit den Protesten gegen das AKW Brokdorf 1976 ist mir bewusst geworden, was hier am Ort für Firmen tätig waren", erzählt 40 Jahre später Elmar Diez in seiner Hanauer Wohnung bei einer Tasse Grünem Tee. Er war einer der Strategen des Widerstands, Lehrer von Beruf, ein Analytiker.

Wegweiser ins Atomdorf Hanau-Wolfgang

Dass er erst spät auf die skandalösen Vorgänge im Stadtteil Wolfgang stößt, ist kein Wunder, in einer Zeit, in der selbst Politik und Behörden den Firmen im Umgang mit Plutonium auf naive Weise freie Hand lassen. In einer Zeit, da der Wahn von der so unproblematischen und grenzenlos beglückenden Atomkraft die Gesellschaft noch fest im Griff hat.

Nur vor diesem Hintergrund ist erklärbar, dass es bis Oktober 1974 dauert, ehe jemand die beängstigende Leichtfertigkeit aller Beteiligten publik macht. Es ist der SPD-Bundestagsabgeordnete und Umweltexperte Harald B. Schäfer. Ihm fällt auf, dass Bau und Betrieb von Brennelementfabriken im Atomgesetz nicht geregelt sind. Die Fabriken werden genehmigt wie harmlose Gewerbebetriebe, auf einfachem Verwaltungsweg. Und so liegen in den Hallen der Alkem zu diesem Zeitpunkt mehr als 300 Kilogramm Plutonium, abgesichert lediglich durch „Maschendraht und ein paar alte Männer der Wach- und Schließgesellschaft", wie ein Fraktionskollege Schäfers nach einem Besuch berichtet.

Schäfers Entdeckung führt zur 3. Novelle des Atomgesetzes, die am 1. Oktober 1975 in Kraft tritt. Fortan ist für die „Bearbeitung oder Verarbeitung von Kernbrennstoffen" eine neue Genehmigung nötig. Diese bindet erstmalig die Öffentlichkeit ein, bei Erörterungsterminen kann sie Einwendungen erheben. Solche Transparenz ist neu für die Hanauer Atomfirmen.

Aufkleber der 1980er Jahre

Und natürlich unternehmerisch gefährlich. Dennoch: Die Firmen können sich auf den Gesetzgeber verlassen, denn der räumt ihnen unbegrenzte Übergangsfristen ein. Das hat zur Folge, dass die Firmen zwar fristgerecht ihre Anträge bis zum 15. Dezember 1975 auf Neugenehmigung einreichen, es aber unterlassen, die nötigen Unterlagen beizubringen. So ruht das Verfahren über viele Jahre und die Firmen können weiter arbeiten wie bisher in ihren „Wellblechbaracken", als die der einstige Atommanager Klaus Traube die Gebäude später in seinem Buch „Der Atom-Skandal" beschreibt. Und die Firmen bauen ihre Fabriken sogar noch aus und um. Sie ignorieren dabei das neue Atomgesetz – und bleiben unbehelligt von den Landesministerien.

„Kernkraft und Kohle, das ist die Parole."

Es sind diese Machenschaften, die Elmar Diez nicht mehr ruhen lassen. Im Februar 1977 gründet er die „Initiativgruppe Umweltschutz Hanau" (IUH). Schon dieser Schritt verunsichert die Firmen in der „Hanauer Plutoniumküche" (*Die Zeit*) so sehr, dass diese ihre Belegschaften umgehend zu einer Demo auflaufen lassen; während der Arbeitszeit, versteht sich. Vorneweg marschieren einmütig die beiden örtlichen Bundestagsabgeordneten von SPD und CDU, lauthals skandierend: „Kernkraft und Kohle, das ist die Parole."

Diez steigt bald in die Kommunalpolitik ein, sitzt von 1985 bis 2006 für die Grünen im Hanauer Stadtparlament. „Ich habe diesen Pos-

Noch sind sie relativ harmlos, später entstehen teuflische Stoffe: Uranoxidpellets vor dem Einbau in die Brennstäbe

1400 Kilowattstunden aus einer Tablette: Von den Risiken und dem Strahlenmüll liest man hier nichts

ten immer als verlängerten Arm der Bürgerinitiativen verstanden" sagt er. Zeitweise reduziert er seinen Beruf auf Teilzeit, um sich intensiv dem Atomwiderstand widmen zu können und wird so zum Repräsentanten des Hanauer Protestes.

Später wird er zu dessen Gedächtnis. Auch nach Jahrzehnten hat er noch alle Details der Hanauer Historie, alle Jahreszahlen parat. Und für alle Fälle hat er noch eine Broschüre aus den Achtzigern neben sich auf dem Wohnzimmertisch liegen mit den wichtigsten Fakten aus dem Hanauer Atomdorf. An einigen Stellen hat er Notizen gemacht. Wenn er spricht, kann man sich ihn gut als Lehrer vorstellen.

Seine IUH bleibt nicht alleine, der Protest gegen die Hanauer Fabriken – von Kritikern als Nukleargemischtwarenhandlung bezeichnet – wird über die Jahre immer vielfältiger. Nach Tschernobyl gründet sich die Gruppe „Christliche Frauen für das Leben". Es gibt die „Besorgten Bürger Klein-Auheim" und schließlich noch eine Gruppe namens „Kettenreaktion Hanau".

Ausgabe vom 30. März 1987

Als nach sechs Jahren im Hanauer Atomdorf die Genehmigungsverfahren noch immer nicht vorangehen, wird es dem Bundesinnenminister, der zu dieser Zeit Gerhard Baum heißt und der FDP angehört, zu bunt – er droht mit der Stilllegung der Betriebe. Es muss viel passieren, um in dieser Zeit solche Reaktionen zu provozieren.

Aber Baum hat Widersacher, selbst innerhalb der Regierung. Forschungsminister Hans Matthöfer (SPD) nämlich stützt Alkem, wo immer er kann. Als das Unternehmen seine Umgangsgenehmigung für Plutonium von 460 auf 6700 Kilogramm aufstocken will, finden alle Beteiligten eine schaurig-pragmatische Lösung: Man zieht eine Linie in der Fabrikhalle. Auf der einen Seite gehört das Plutonium der Firma Alkem, auf der anderen ist es fortan im Besitz der Bundesrepublik Deutschland in Gestalt der Physikalisch-Technischen-Bundesanstalt. Munter wird die hochgefährliche Substanz von einer Seite auf die andere gebracht. So kann Alkem ohne formale Genehmigung mit weitaus größeren Mengen hantieren.

Von den selbstgefälligen Umtrieben in Hanau aber hat irgendwann auch die Staatsanwaltschaft genug. Bald ermittelt sie aufgrund einer Strafanzeige der IUH wegen unerlaubten Betriebs kerntechnischer Anlagen einerseits gegen Firmenmanager und andererseits gegen Verantwortliche im hessischen Umweltministerium. In Ministerien, Behörden und Unternehmen beschlagnahmt sie Ende 1984 rund 2000 Aktenordner und verfasst anschließend eine Anklageschrift von 658 Seiten.

Bei den Verantwortlichen in den Firmen hingegen ist die Sensibilität dafür, dass der Umgang mit gefährlichen Stoffen staatliche Regeln braucht, dünn gesät, die Selbstherrlichkeit grenzenlos: „Illegaler Betrieb von Anlagen, das klingt so ein bisschen nach NSDAP", zitiert die *Zeit* später Alkem-Geschäftsführer Wolfgang Stoll.

Und doch werden die Beschuldigten im November 1987 freigesprochen. An der Sache gibt es zwar keine Zweifel, nur für eine Strafe rei-

Von der Realität weit entfernt: die Atom-Propaganda. Faktencheck 4 (von 12)

Wirkt so harmlos: Fertig montiertes Brennelement

Transportverpackung: Brennelement wird im Castor-Behälter verstaut

Brennelemente auch für Schrottreaktoren: Protest in Lingen (2014)

chen die Vorwürfe nach Ansicht des Gerichtes nicht aus – ein Vorsatz, so heißt es, sei den Managern und ihren ministerialen Helfern nicht nachweisbar.

Zwischenzeitlich finden die Erörterungstermine statt, wahre Mammutveranstaltungen: Allein vier Tage lang müssen die Einwendungen gegen Nukem verhandelt werden, eine gute Woche jene gegen RBU (Reaktor-Brennelement-Union). Ein engagierter Mitstreiter ist Eduard Bernhard. Diez nennt ihn „die Seele der bundesdeutschen Anti-Atom-Bewegung". Bernhard trägt im Jahr 1983 drei Tage lang seine Einwendung vor. Die Nervosität steigt entsprechend in den Hanauer Vorstandsetagen.

Denn längst prägen die Vorgänge – wie kein anderes Thema – auch die hessische Landespolitik. Die Grünen, die seit 1982 eine Minderheitsregierung der SPD tolerieren, erklären im November 1984 ihre Zusammenarbeit für beendet, weil die SPD sich der Forderung, die Hanauer Nuklearbetriebe stillzulegen, nicht beugen will. Es gehe hier „schließlich nicht um Puddingpulver", sagt ein Grüner.

Als die beiden Parteien sich dann doch wieder zusammenraufen, kommt es im Dezember 1985 in Hessen zur ersten rot-grünen Landesregierung. Joschka Fischer wird in Turnschuhen zum ersten grünen Minister vereidigt. Er nennt die Nuklearbetriebe die „gefährlichsten Schwarzbauten der Republik".

Doch abermals platzt die Regierung wegen der Hanauer Fabriken. Im Februar 1987 drohen die Grünen, aus der Koalition auszusteigen, wenn SPD-Ministerpräsident Holger Börner die inzwischen beabsichtigte Neugenehmigung für Alkem nicht revidiert. Daraufhin entlässt Börner seinen Umweltminister.

Zwar profitieren die Grünen bei den im April folgenden Neuwahlen von ihrer konsequenten Haltung, doch weil zugleich die SPD massiv Stimmen verliert, gelangt nun eine CDU/FDP-Regierung ins Amt. Ministerpräsident wird Walter Wallmann.

„Schlampereien im Umgang mit radioaktivem Material"

Noch sind die alten Skandale nicht aus der Welt, da tut sich schon ein weiterer auf. Denn es gibt noch eine Firma im Atomdorf, die 1966 gegründete Nukem-Tochter Transnuklear. Sie ist für die Transporte zuständig. In der nuklearen Prozesskette muss Uran ständig durch die Republik und auch ins Ausland gekarrt werden, sei es als Erz, als „Yellow Cake", als Uranhexafluorid, als angereichertes Uranoxid, als Brennstab, oder am Ende als Atommüll.

Im April 1987 wird plötzlich bekannt, dass Transnuklear Mitarbeiter von deutschen Atomkraftwerken und Elektrizitätskonzernen bestochen hat, um lukrative Entsorgungsaufträge zu erhalten. Geschäftspartner des Unternehmens reichten gar Wunschzettel ein, auf denen sie zum Beispiel einen Videorecorder orderten, den die Einkaufsabteilung der Mutterfirma Nukem dann prompt lieferte. Zudem bezahlte

Ausgabe vom 18. Januar 1988

Transnuklear bis zu 30.000 Mark im Monat für Bordellbesuche von Geschäftspartnern und Atomforschern. Bestechung gehöre „zur Routine im Atomgeschäft" schreibt die Zeit unter der Überschrift „Prassen mit schwarzen Kassen".

Doch kann alle Korruption nicht verschleiern, dass die Firma deutsche Atommüllfässer, die sie im belgischen Kernforschungszentrum Mol verarbeiten ließ, falsch deklariert hat. Eigentlich sollten die Abfälle in Belgien lediglich komprimiert oder die Menge durch Verbrennung reduziert werden, doch es kommen Fässer unbestimmten Inhalts zurück.

Deren Zahl summiert sich schließlich auf 2000. Bundesumweltminister Klaus Töpfer (CDU) entzieht daraufhin im Dezember 1987 der Firma Transnuklear die Genehmigung zum Transport radioaktiver Abfälle. „Selbstmord des Atoms" steht kurz darauf auf einem Transparent am Zaun der Firma. Vom „größten Atommüllskandal in der Bundesrepublik" schreibt später die *Frankfurter Allgemeine Zeitung*.

Mit dem Ende des „Atommüllkutschers" (Klaus Traube) kippen dann auch die ersten Atomfabriken. Anfang 1988 entzieht der hessische Umweltminister Karl-Heinz Weimar (CDU) der Mutterfirma Nukem die Genehmigung zur Herstellung von Brennelementen. Und ebenso fliegen bei der RBU (Reaktor-Brennelement-Union) in dieser Zeit Schlampereien im Umgang mit radioaktivem Material auf. Unter anderem findet jemand 1,5 Kilogramm Uran in einem Staubsaugerbeutel.

Nur Alkem besteht in Hanau einstweilen weiter. Doch als es 1991 in Hessen zur Neuauflage der rot-grünen Koalition kommt, nimmt Umweltminister Fischer sich auch diese Firma vor, die inzwischen unter dem Namen Siemens-Plutonium firmiert. Sie macht es dem Grünen leicht; wiederholt werden in den Hallen Arbeiter kontaminiert, gravierende Sicherheitsmängel werden offenbar.

So lässt Fischer die Fertigung von Mox-Brennelementen im Juni 1991 stilllegen. Eine neue Mox-Fabrik, zu diesem Zeitpunkt längst im Bau, wird nie fertig. Erst hebt der hessische Verwaltungsgerichtshof einige Teilgenehmigungen auf, dann verliert der Bauherr das Interesse.

Vom Atomdorf Hanau spricht heute niemand mehr, heute gibt es dort einen „Technologiepark". Und die nuklearen Altlasten.

Lieblingsfeind der Hanauer Atomwirtschaft: Joschka Fischer

Lingen: „Das Brennelement hat den Atomausstieg verpennt"

Die Brennelemente kommen heute aus Lingen im Emsland, der nunmehr einzigen Fertigung in Deutschland. Strukturschwach nennt man diese Gegend gerne. Auch deswegen war vor Ort wenig Widerstand zu erwarten, als ab dem Jahr 1975 der US-Energiemulti Exxon eine Brennelementefabrik aufbaute. Vier Jahre später ging sie in Betrieb.

Die Anlage darf pro Jahr bis zu 650 Tonnen Uran zu Brennelementen verarbeiten, zudem liefert sie Uran-Pulver und -Tabletten an Schwesterfirmen im Ausland. 1987 verkauft Exxon die Fabrik an Siemens, später wird sie Teil des französischen Areva-Konzerns.

Der Widerstand vor Ort ist mäßig – aber regelmäßig. Dann blockieren einige Dutzend zumeist junge Leute die Zufahrt zur Fabrik. „Das Brennelement hat den Atomausstieg verpennt" ist einer ihrer Slogans. Meistens bleiben die Aktionen friedlich, in der Regel beeinträchtigen sie den Betrieb in den Hallen kaum. „Ein lächelnder Polizeibeamter und eine nicht minder entspannte Anti-Atom-Aktivistin an der ‚Klampfe' beim Gitarrenspiel – Demokultur made in Lingen" beschreibt diese Ereignisse im Herbst 2015 die Neue Osnabrücker Zeitung. Und schiebt nach: „Nach dem Ende der Demo sind nur die Aktivisten gegangen. Die Sorgen bleiben."

Denn die Fabrik macht durch Störfälle von sich reden, die Tageszeitung taz nennt sie „marode". Atomkraftgegner Buchholz aus Gronau sagt, das Land Niedersachsen habe alle Mittel in der Hand, die Betriebsgenehmigung aufzuheben. Zumal schon alleine das fehlende Endlager „ein triftiger Grund zur Schließung der Anlage" sei.

Ins Gerede kommt die Fabrik auch wegen ihrer Abnehmer. Sie liefert Brennelemente auch nach Belgien, für die Uralt-Reaktoren Doel und Tihange mit ihren schweren Sicherheitsmängeln. Ebenso versorgt sie den nicht minder gefährlichen französischen Pannenreaktor Fessenheim. Um die Sicherheit der grenznahen Reaktoren sorgen sich viele deutsche Politiker – den Export der Brennelemente lassen sie trotzdem zu. „Heuchlerisch" findet das der Bundesverband Bürgerinitiativen Umweltschutz.

Ikonen der Atomgeschichte: Die Suche nach Uran als Gesellschaftsspiel (um 1955)

Getragen vom alemannischen Dialekt: Widerstand gegen das Atomkraftwerk Wyhl, November 1974

KAPITEL
04

Der Erfolg von Wyhl – als Blaupause taugt er nicht

Der Widerstand beginnt – und lehrt die Politik, dass Bauplatzbesetzer keine Radikalen sein müssen

In seinem Wohnzimmer stehen Kartons voller Unterlagen. Holger Strohm schreibt mal wieder – und zwar mehrere Bücher parallel. Eines handelt von der „Euro-Mafia", eines von der „Bankenmafia", eines von Gewalt an Schulen. Er hat viele Themen, die ihn umtreiben, er ist ein schneller und fleißiger Schreiber. Doch keines dieser Bücher wird auch nur annähernd die Bedeutung seines einstigen Bestsellers erlangen.

Dieser heißt „Friedlich in die Katastrophe", und ist im Jahr 1973 erschienen. Das Buch handelt von der Atomkraft und wurde bald zu einer Art Pflichtlektüre auf den besetzten Bauplätzen. Anfangs waren die Exemplare rar, sie wurden herumgereicht innerhalb einer noch jungen, nach Informationen dürstenden Protestbewegung. Denn kritische Literatur über Atomkraft gab es bis dato kaum. „Bibel der Anti-Atomkraft-Bewegung" nennt der Stern das Werk einmal bewundernd – kein unpassender Vergleich, bei 1300 Seiten.

Freund der deutlichen Sprache: Holger Strohm

So wird Strohm zur Ikone der frühen Anti-Atom-Bewegung, obwohl er keiner ist, der aus der Szene kommt, keiner, der in Studenten-WGs sozialisiert wurde, keiner, der mit den 68ern revoltierte. Strohm, Jahrgang 1942, ist Ingenieur, arbeitete als Industrieberater, als Rationalisierungsingenieur, verdiente gutes Geld in Nordamerika bei Firmen wie IBM und Honeywell, ehe er 1969 nach Deutschland zurück kommt.

In dieser Zeit liest er erste Bücher über den Umweltschutz. Ihm scheint klar: „Wenn die Menschen erst wissen, was da auf sie zukommt, dann werden sie sich ändern." An dieser Aufklärung will er mitwirken und beginnt zu schreiben. Sein erstes Buch „Umweltschutzreport" erscheint 1973, Strohm ist der Herausgeber. Viele große Namen der frühen

Umweltbewegung sind darin vertreten. Die Menschen im Land ändern ihr Leben trotzdem nicht.

Gleichzeitig arbeitet der Ingenieur seit 1971 an einem Buch über Atomkraft, eine Technik, die er für unvereinbar hält mit der Ethik eines verantwortungsbewussten Menschen. Doch zunächst will niemand sein Werk „Friedlich in die Katastrophe" drucken. „80 Verlage haben abgelehnt", sagt der Autor später. Am Ende bringt ein kleiner Verlag das Buch heraus. Er heißt Association, sitzt in Hamburg und nennt sich sozialistisch.

Die Erstauflage liegt im Jahr 1973 bei 4000 Stück, weitere folgen. Doch der ganz große Durchbruch gelingt erst 1981: Der Verlag Zweitausendeins bringt das Werk neu heraus und verkauft 130.000 Exemplare. Weil Strohm maximale Aufmerksamkeit erzielen will, schickt er jedem Bundestagsabgeordneten ein Exemplar per Einschreiben – damit keiner später sagen kann, er habe von nichts gewusst.

Fortan tourt Strohm durchs Land und hält Vorträge. Auch noch Jahre, Jahrzehnte nach seinem Bestseller. Da steht er dann in den Uni-Hörsälen und wirkt wie ein Versicherungsvertreter. Er trägt Anzug und Krawatte und malt den Menschen die Katastrophe aus. Er beschreibt Szenarien, kalkuliert Risiken, spricht von Strahlenwolken, die ganz Europa unbewohnbar machen würden. Und davon, dass keine Versicherung helfen könnte.

Die Säle sind gut besucht. Strohm zeigt Dias mit Deutschlandkarte: alles verseucht, wenn Biblis hoch geht. Zeigt Dias von Atommüll: keiner weiß, wohin mit dem Zeug. Zeigt Dias von Atomtransporten: in den USA in dieser Form verboten, weil zu unsicher. Er braucht kein Mikrofon, wenn er vorträgt – er ist ein Freund der deutlichen Sprache, nicht nur inhaltlich gesehen.

Seine Vortragsreisen führen ihn auch nach Schwandorf, wo in der Nähe die Wiederaufarbeitungsanlage Wackersdorf bereits im Bau ist. Die hier tätige Atomfirma DWK ist durch den Auftritt des prominenten Atomkraftgegners so verunsichert, dass sie wenig später eine Anzeige in der *Mittelbayerischen Zeitung* schaltet. Überschrift: „Jenseits des Erträglichen – die Horrorgeschichten des Holger Strohm". Der Mann, so ist zu lesen, sei ein „Horrorschriftsteller", zu dessen Aussagen man „im Interesse der Öffentlichkeit nicht schweigen" könne. Seine Störfallszenarien seien „Schreckensvisionen ungeheuren Ausmaßes". Eine der Anzeigen erscheint am 26. April 1986 – an jenem Tag, als in Tschernobyl der Reaktor in die Luft geht.

Mittelbayerische Zeitung, 26. April 1986 (am Tag, als der Reaktor Tschernobyl explodiert)

Von der Realität weit entfernt: die Atom-Propaganda. Faktencheck 5 (von 12)

„Glauben zu machen, dass mit Hilfe der alternativen Energien Kernenergie überflüssig gemacht werden kann, ist der ganz zentrale und fundamentale Irrtum der ‚Soft'-Denkschule. Daran wird sie schlussendlich scheitern."

Walter Seifritz, Leiter der Physikabteilung im EIR Würenlingen, 1980

Ein Vierteljahrhundert später öffnet Strohm im Blaumann die Tür seines Hauses in Mölln. Jetzt wirkt er eher wie ein Handwerker, nicht mehr wie der Versicherungsmakler. Er ist ein vielseitiger Mensch. Und er ist verbittert. Darüber, dass die Atomkraft weltweit noch immer genutzt wird. Auch darüber, dass man ihn nicht hört.

Im Gespräch kommt er auf seine früheren Kontakte zum Künstler Joseph Beuys und zum Anführer der Studentenproteste, Rudi Dutschke, zu sprechen. Er zeigt Bilder, auf denen er neben dem Rockmusiker Udo Lindenberg steht oder auch neben der 68er-Ikone Uschi Obermaier. 1978 trat er als Spitzenkandidat für die Bunte Liste in Hamburg an, eine Vorgänger-Organisation der Grünen.

Holger Strohm ist ein umtriebiger Mensch – immer gewesen. Und dann erzählt er noch, wie einst der Hamburger Energieversorger HEW über ihn sagte, er sei ein „Radikalkommunist, der aus Moskau bezahlt wird". Für manche ist er ein Linker, für andere ein Rechter. Das alles geht freilich nicht zusammen – ein Holger Strohm passt in keine Schublade.

Das einzige, was er unbestritten ist: Ein Urgestein der Anti-Atom-Bewegung. Denn als er die politische Bühne der Republik betritt, ist Widerstand gegen die Atomkraft noch ungewöhnlich.

Widerstand als Heimatschutz: der Weltbund

Vereinzelte Kritiker gab es freilich schon vor Holger Strohm. Eine kleine Gruppe taucht Mitte der sechziger Jahre am Bauplatz in Würgassen auf. Sie nennt sich „Weltbund zum Schutze des Lebens" (WSL), eine konservative Vereinigung, die ihren Kampf gegen die Atomkraft auch als Heimatschutz versteht. 1958 wurde sie in Salzburg vom Schriftsteller und ehemaligen SA-Offizier Günther Schwab gegründet, in Deutschland steht der Arzt und Naturheiler Max-Otto Bruker an ihrer Spitze.

Der Weltbund ist die erste grenzüberschreitende Organisation, die in Mitteleuropa gegen die Atomkraft kämpft. Einer ihrer bekanntesten Köpfe ist der Physik-Professor Karl Bechert. Der Mainzer sitzt von 1957 bis 1972 für die SPD im Deutschen Bundestag und leitet dort lange Zeit den Ausschuss für Atomenergie und Wasserwirtschaft; als überzeugter Atomkraftgegner ist er in dieser Zeit noch ein Exot im Bonner Politgeschehen.

In Deutschland gibt es seit Juni 1956 außerdem den Kampfbund gegen Atomschäden, der sowohl gegen militärische Atomtests, als auch gegen die zivile Atomkraft opponiert. Initiator ist der Arzt Bodo Manstein aus Detmold, der bereits 1961 in seinem Buch „Im Würgegriff des Fortschritts" als einer der Ersten die Risiken der Radioaktivität thematisiert.

Noch sind die Atomkraftgegner ein versprengter Haufen, aber ihre Zahl nimmt langsam zu. Jeweils dort, wo Atomanlagen gebaut werden sollen, trifft man sie, auch in Karlsruhe, wo in der zweiten Hälfte der fünfziger Jahre die Reaktorstation entsteht.

Pioniere des Atomwiderstands: Logo des WSL

Karlsruhe: „Deutschlands dienstältester Atomkraftgegner"

Wilhelm Knobloch ist hier der Pionier, der Revierförster aus dem Karlsruher Hardtwald. Fünfzig Jahre später sitzt er an einem heißen Julitag des Jahres 2015 bei einem Fachkongress der Grünen in Karlsruhe auf der Bühne. 91 Jahre ist er nun alt, für ein paar Anekdoten ist er immer noch zu haben.

Und so sprudelt er los. Reichlich unvermittelt sei er im Jahr 1956 mit dem Thema Atom konfrontiert worden, sagt er: „Ich hatte einen Tag Urlaub und arbeitete barfuß im Garten." Plötzlich hält ein Auto mit Stuttgarter Kennzeichen. Vier Herren steigen aus, sie stellen sich nicht vor, sie stellen nur Fragen. Es geht ihnen um das angrenzende Waldgebiet und Knobloch antwortet brav. Freimütig zeigt er den Unbekannten den Forst. Den Mut, sie nach ihrer Mission zu fragen, hat er nicht. Noch ist er nur ein einfacher Förster, der mit der großen Politik wenig am Hut hat.

Ein Förster und die große Politik: Wilhelm Knobloch

Am Abend dämmert es ihm: „Ich habe heute einen großen Fehler gemacht", sagt er zu seiner Frau. Denn er begreift, dass an diesem Standort etwas im Busch ist. Seine Frau sieht´s gelassen: „Sei froh, dass Du nicht weiter gefragt hast", sagt sie, „wenn die Herren sich nicht offiziell vorgestellt haben, trifft Dich auch keine dienstliche Schweigepflicht".

Wenige Tage später liest Knobloch es dann in der Zeitung: Das Atomforschungszentrum soll nahe seines Forstes gebaut werden. Der bislang geplante Standort in Karlsruhe-Maxau ist gestrichen – zu viele Menschen leben dort im Umkreis. Im Hardtwald sind es weniger.

Knobloch will nun die Region vor der Atomanlage bewahren und gründet im selben Jahr zusammen mit seinem Forstamtsleiter und einem Karlsruher CDU-Stadtrat die „Arbeitsgemeinschaft der Hardtwaldfreunde", die wohl erste Umweltinitiative der Region. Und er ruft die „Aktionsgemeinschaft Heimatschutz Friedrichstal" ins Leben. Die *Zeit* nennt ihn später „Deutschlands dienstältesten Atomkraftgegner".

Schnell ist der Förster mit den Atomkritikern in ganz Deutschland vernetzt. Es sind ja nur wenige und man kennt sich. Seine Mitstreiter werden der SPD-Bundestagsabgeordnete Karl Bechert, sowie Bodo Manstein, der spätere Mitgründer des Bund für Umwelt und Naturschutz. Auch den österreichischen Zukunftsforscher Robert Jungk lernt Knobloch kennen, ebenso den Friedensnobelpreisträger Albert Schweitzer. Der Widerstand ist überparteilich.

Mittendrin der Karlsruher Förster, ein rühriger Mann. Er kooperiert mit den Nachbargemeinden Friedrichstal und Linkenheim bei einer – letztlich vergeblichen – Klage gegen den Bau der Reaktorstation. Wenige Jahre später kämpft er – abermals ohne Erfolg – gegen eine Pilotwiederaufarbeitung auf demselben Gelände.

Gleichwohl nimmt die Atomwirtschaft ihn sehr ernst. Der Bauherr, die Deutsche Gesellschaft für Wiederaufarbeitung von Kernbrennstof-

Die Aussagen der Atomlobby

VOLKSVERDUMMUNG

>> **Kernenergie – weltweit im Aufwind. Positive Geschäftsaussichten weltweit angesichts der Perspektiven auf dem globalen Nuklearmarkt.**
Ralf Güldner, Geschäftsführer Areva NP, April 2006

Aktienkurs AREVA in Euro
Quelle: Onvista

Atomstromerzeugung weltweit in Milliarden kWh
Quelle: World Nuclear Association

Von der Realität weit entfernt: die Atom-Propaganda. Faktencheck 6 (von 12)

fen, lässt sogar Flugblätter gegen den „Förster aus dem Kernkraftwald" drucken und sie den örtlichen Zeitungen beilegen, wo auch immer der Kritiker zum Vortrag auftaucht.

Später erst wird manch einer nachdenklich. Zum Beispiel der Karlsruher Landrat Joseph Groß, den sie hier „Atom-Sepp" nennen, weil er stets für den Bau der Atomanlagen war: Als später die Probleme der Technik offenbar werden – einmal fließen radioaktive Abwässer in einen angrenzenden Kanal, ein anderes Mal werden auf der Müllkippe in Leopoldshafen radioaktive Abfälle gefunden –, nennt er das Forschungsgelände eine „Aufopferungslandschaft". Ein bemerkenswertes Wort, findet Knobloch.

Jahre später, 1992, wird der Förster aus dem Hardtwald für sein Engagement mit dem Bundesverdienstkreuz ausgezeichnet. Ausgerechnet er, der Landesbeamte, der so oft gegen Entscheidungen der Landesregierung opponierte. Auch deswegen ist es Wilhelm Knobloch an diesem Sommertag in Karlsruhe wichtig, diese Auszeichnung hervorzuheben.

Obrigheim: Kein Straßenlicht und nur ein einziges Telefon

Während Knobloch bereits kämpft, bleibt es an anderen Atomstandorten noch ruhig. Zum Beispiel in Obrigheim am Rande des Odenwaldes, wo der Bau des Reaktors im Jahr 1965 beginnt. Bewusst haben Landesregierung und Stromwirtschaft diesen Standort in ländlicher Umgebung gewählt. Obrigheim hat noch keine Kanalisation, die Straße ist nicht befestigt, es gibt keine Straßenbeleuchtung und nur ein einziges Telefon am Ort, nämlich in der Post. Da erscheint ein Reaktor, der Hunderte von Arbeitsplätzen bringt und Gewerbesteuer einspielt, vielen als Verheißung.

Auch in der Schweiz, wo 1965 die Bauarbeiten am Reaktor Beznau starten, ist von Widerstand noch wenig zu spüren. Ebenso ruhig bleibt es im norddeutschen Stade, wo es 1967 losgeht.

Heftig wird der Protest erstmals im westfälischen Würgassen. Dort beginnt PreußenElektra im Januar 1968 mit dem Bau und sieht sich dabei mit 700 formalen Einsprüchen konfrontiert – das ist Rekord in der noch jungen deutschen Atomgeschichte. Angeführt wird die Bürgerinitiative vom Karlshafener Rechtsanwalt Horst Möller. Später wird der Historiker Joachim Radkau resümieren, der erste Widerstand gegen die Atomkraft sei „nicht im Stil der 68er mit Happenings und Massendemonstrationen, sondern vorwiegend mit juristischen Mitteln geführt" worden.

Einen Baustopp kann Möller in Würgassen zwar nicht bewirken, aber er erzielt – wenngleich erst nach Inbetriebnahme des Meilers – im Jahr 1972 vor dem Bundesverwaltungsgericht das legendäre „Würgassen-Urteil". Es gilt fortan als Markstein der Umwelt-Rechtsprechung: Während in Paragraph 1 des Atomgesetzes von 1959 die Förderung der Kerntechnik und die Gewährleistung der Sicherheit noch gleichrangig

"Da bisher für die Nutzung der Sonnenenergie keine derart aufwendige Sicherheitsanalyse wie für die Kernenergie gemacht wurde, entsteht leicht der Eindruck, dass diese scheinbar sicherer ist."

*Walter Seifritz,
Leiter der Physikabteilung
im EIR Würenlingen,
1980*

Widerstand vor allem mit juristischen Mitteln: Reaktor Würgassen

Ehrliche Angst um die Lebensgrundlage: Demo am Kaiserstuhl, August 1974

benannt werden, erhält nach der Auslegung durch das Gericht nun die Sicherheit den Vorrang.

Später wird sich übrigens zeigen, wie sehr die Sicherheitsbedenken begründet waren. 1994 entdeckt der TÜV bei einer routinemäßigen Revision Risse im Kernmantel des Reaktors. Sie sind so gravierend, dass PreußenElektra das Kraftwerk stilllegt. Aus wirtschaftlichen Gründen, wie es heißt: Eine Sanierung hätte mindestens 200 Millionen Mark gekostet und zwei Jahre Stillstand bedeutet.

Im Rückblick ist Würgassen zum Auftakt des organisierten Atomwiderstandes geworden. Dieser setzt sich bald im niedersächsischen Esenshamm fort, wo 1972 der Spatenstich für das Atomkraftwerk Unterweser erfolgt. Eine Bürgerinitiative sammelt 40.000 Unterschriften gegen den Reaktor, kann ihn aber nicht verhindern. Durch Klagen kann sie aber die Inbetriebnahme der bereits Ende 1976 fertig gestellten Anlage bis September 1978 hinauszögern.

Damit ist die Kernspaltung nicht mehr die weitgehend unumstrittene Energiequelle, die sie in den Jahren zuvor noch war. Sie ist zu einer Technik geworden, die die Gesellschaft zu spalten beginnt.

Allerdings verlaufen die Fronten bis in die frühen siebziger Jahre hinein diffus. Selbst Naturschützer sind zeitweise noch erfasst von der Atomeuphorie, die das Land in den fünfziger Jahren im Griff hatte. So propagiert auch der Schweizerische Bund für Naturschutz im Jahr 1965 die Atomkraft: Die Luftverunreinigung durch thermische Kraftwerke sei gefährlich, die Wasserkraft wegen der Eingriffe in die Flussökologie schädlich. Da kommt der so vermeintlich saubere Strom aus Uran gerade recht.

Ähnlich ticken die Naturschutzverbände in Österreich: Peter Weish, einer der Pioniere des Widerstandes im Land, erinnert sich, wie Anfang der sechziger Jahre prominente Naturschützer in der Kernspaltung noch eine „akzeptable Alternative zu den landschaftszerstörenden Wasserkraftwerken" sahen.

Ausgabe vom 21. Juli 1975

Aber die Euphorie der Naturschützer geht schnell vorbei. Der Schweizerische Bund für Naturschutz zum Beispiel verfasst im Sommer 1974 ein „energiepolitisches Manifest", in dem es nun heißt, es könne „nur eine Lösung geben: Weniger Energieverbrauch statt weitere Atomkraftwerke". So bröckelt langsam die Akzeptanz der Bürger gegenüber der Kernspaltung.

Erfolgreicher Widerstand: Breisach schreibt Geschichte

An manchen Standorten gab es diese Akzeptanz nie. Südbaden im Frühjahr 1971: Die Kernkraftwerk-Süd GmbH, eine Tochter des Badenwerks, gibt Pläne zum Bau eines Reaktors in Breisach bekannt. Und sofort schwappt – ausgerechnet aus dem heutigen Atomland Frankreich – der Widerstand über den Rhein nach Deutschland hinüber.

Denn unweit von Breisach, auf der anderen Rheinseite in Fessenheim, gibt es bereits seit 1962 Pläne zum Bau eines Atomkraftwerks. Zwischenzeitlich hat der Bau dort begonnen und auch der Protest. Die erste Großdemonstration Europas gegen ein Atomkraftwerk – mit immerhin 1300 Teilnehmern – findet ausgerechnet in Frankreich statt, nämlich am 12. April 1971 in Fessenheim. Am 10. Juli 1971 folgt eine weitere in Frankreich, am Bauplatz von Bugey an der Rhône. Sie ist noch größer.

Die Bürger aus Breisach und den umliegenden Weinorten am Kaiserstuhl gründen nun das „Oberrheinische Komitee gegen Umweltgefährdung durch Kernkraftwerke Breisach und Fessenheim". Eine erste öffentliche Informationsveranstaltung zu den Gefahren der Atomenergie findet im Februar 1972 im Evangelischen Gemeindehaus von Weisweil am Kaiserstuhl statt. Es referiert der Atomphysiker Hans Klumb, ein Schüler von Otto Hahn und Professor an der Universität Mainz. Er hält die Atomkraft für nicht beherrschbar.

Werbebroschüre der Kernkraftwerk Süd GmbH (1971)

Die Veranstaltung ist der Start einer ganz großen Geschichte – das Gemeindehaus wird fortan zum zentralen Treffpunkt des Widerstandes am Kaiserstuhl. Die *Südwestpresse* nennt Weisweil später „die Keimzelle der Ökobewegung".

Wenig später, im Juni 1972, gründen 15 Organisationen aus der oberrheinischen Anti-AKW-Bewegung den Bundesverband Bürgerinitiativen Umweltschutz (BBU), als Dachverband von später einigen hundert Initiativen. Der langjährige Vorsitzender, Hans-Helmut Wüstenhagen, ist FDP-Mitglied, doch das hat für den Verband keine Bedeutung. „Durchweg waren und sind die Bürgerinitiativen Umweltschutz parteipolitisch neutral", schreibt er im Jahr 1975. Er definiert die Grundhaltung des Verbandes sehr liberal: „Jeder der bereit ist, über eine etwaige parteipolitische Einstellung hinweg ehrlich mitzuarbeiten, ist willkommen." Dieser Pragmatismus wird über all die Jahrzehnte hinweg eine Stärke der Umweltbewegung sein.

Das zeigt sich speziell im Südwesten, wo sich in den Monaten nach der BBU-Gründung im ländlich-konservativen Milieu ein Protest entfacht, wie es ihn in der Geschichte der Atomkraft noch nicht gegeben hat. Eine beeindruckende Treckerdemo führt im September 1972 über den Münsterberg in Breisach, Bürger sammeln mehr als 60.000 Unterschriften. Das Badenwerk kapituliert und gibt am 19. Juli 1973 bekannt, dass der Reaktor Breisach nicht gebaut wird. Erstmals hat damit Bürgerprotest in Deutschland ein Atomkraftwerk verhindert.

Zeitgleich präsentiert das Unternehmen jedoch einen neuen Standort: die Gemeinde Wyhl am Kaiserstuhl. Sie zählt 2700 Einwohner und

Friedlicher Aufstand am Kaiserstuhl: Die Winzer werden rebellisch

Ausflug für die ganze Familie: Sternmarsch nach Wyhl, August 1974

liegt 15 Kilometer nördlich von Breisach. Die Region ist dünn besiedelt, Politik und Wirtschaft rechnen hier mit weniger Protesten.

Schlicht und selbstbewusst: „Nai hämmer gsait."

Den Bürgermeister von Wyhl, Wolfgang Zimmer, hat das Badenwerk schon für das Projekt gewonnen, denn hinter den Kulissen hat das Unternehmen den Schwenk seit langem vorbereitet. Siegfried Göpper, Müllermeister im Nachbarort Weisweil, ist einer der wenigen, der frühzeitig davon erfährt. Bereits am zweiten Weihnachtstag 1971 erhält er einen anonymen Anruf: „Ich will Sie darüber informieren, dass der Bürgermeister (von Wyhl) dem Ministerpräsidenten den Wyhler Wald als Alternativstandort zu Breisach anbietet", sagt jemand am anderen Ende der Leitung. Aber Göpper ist zum Schweigen verdonnert. Wer es war, der ihn anrief, wird er nie erfahren.

Als der Standort offiziell wird, sind die Bürger nicht zu bremsen. Schon zwei Tage später findet in Wyhl die erste Protestveranstaltung statt. Winzer und Landwirte demonstrierten in den folgenden Monaten mit Traktoren auf der Straße, Fischer mit ihren Booten auf dem Altrhein. Und die Jagdgenossenschaft stellt sofort 50.000 Mark zur Verfügung für den Kampf gegen das Atomkraftwerk. Der Slogan der Kaiserstühler ist schlicht und selbstbewusst. Und natürlich in alemannischer Mundart: „Nai hämmer gsait." – Nein haben wir gesagt. Die Atomstrategen haben sich offenkundig verrechnet, ihre Hoffnung, in Wyhl auf weniger Widerstand zu treffen als in Breisach, erweist sich als abwegig.

Die Atompläne von Badenwerk und Landesregierung flößen den Menschen Angst ein. Das Dörfchen Wyhl soll das zu diesem Zeitpunkt weltgrößte Atomkraftwerk bekommen, zwei Druckwasserreaktoren mit jeweils 1290 Megawatt elektrischer Leistung und zwei Kühltürme von 160 Meter Höhe. In Zeitungsinseraten wirbt das Badenwerk: „Mehr Energie. Damit der Fleiß im Land sich lohnt."

Doch die Weinbauern fürchten das Gegenteil – ihr Fleiß könnte sich bald nicht mehr lohnen. Dann nämlich, wenn die Nebelschwaden der Kühltürme das Lokalklima verändern und sich an den Reben der Mehltau breit macht. Von der Radioaktivität wissen sie noch wenig. Umweltschützer der Freiburger Universität sind da schon weiter und entwerfen ein neues Etikett für den Badischen Wein: „Kaiserstühler Nebelfelsen – Isotopenauslese".

Nicht alleine der Reaktor bereitet den Menschen Sorge, es ist die damit einhergehende Zerstörung einer ganzen Region. Unverhohlen formuliert das im September 1972 der baden-württembergische Staatsanzeiger: „So wird das Rheintal zwischen Frankfurt und Basel die Wirtschaftsachse überhaupt werden." Nach Vorstellung von Sachverständigen solle „die Ebene freigegeben werden für die gewerbliche und industrielle Nutzung, während die Funktionen ‚Wohnen', ‚Erholung' und so weiter in der ‚Vorbergzone' und in den Seitentälern angesiedelt

Selbstbewusst im Dialekt:
Ein Slogan schreibt Geschichte

Heimatschutz statt Revolutionspläne: am Kaiserstuhl

Musterfall künftiger Bürgerwehr gegen Atomkraft? Blockade in Wyhl, Februar 1975

4. Der Erfolg von Wyhl – als Blaupause taugt er nicht

werden sollten". Starker Tobak für die Menschen, die ihre heimische Natur lieben.

In ihrer Verzweiflung schreibt eine der Kämpferinnen vom Kaiserstuhl, Maria Zieser heißt sie, sogar dem Papst einen Brief und bittet um Hilfe im Kampf gegen das Projekt. Nach mehreren Anschreiben kommt eine enttäuschende Antwort von Paul VI.: Sie solle dem Fortschritt nicht im Wege stehen.

Doch diese Art von „Fortschritt" ist nicht das, was die Menschen wollen, weder diesseits noch jenseits des Rheins. Die gemeinsame Bedrohung, sowie die gemeinsame alemannische Sprache lassen die Menschen beider Länder zusammenrücken. Am 25. August 1974 gründen 21 Bürgerinitiativen aus Deutschland und Frankreich in Weisweil die „Badisch-Elsässischen Bürgerinitiativen".

Keine vier Wochen später kommt es im elsässischen Marckolsheim zu einer „Generalprobe für Wyhl". Bürger besetzen am 20. September den Bauplatz einer geplanten Blei-Chemiefabrik. Mit erstaunlichem Erfolg: Fünf Monate später wird das extrem umweltbelastende Projekt abgeblasen.

Traditionsbewusst: Anlehnung an die badische Revolution

Ganz nebenbei erlangt dieser Zusammenschluss von Badenern und Elsässern auch eine europäische Dimension. Auf den Bauplätzen von Marckolsheim und Wyhl findet – 30 Jahre nach dem Ende des Zweiten Weltkriegs – ein wichtiger Teil der deutsch-französischen Aussöhnung statt. „In Marckolsheim", sagt später der elsässische Schriftsteller André Weckmann, „haben wir die Grenze gesprengt".

Während die Besetzung in Marckolsheim noch anhält, wird in Wyhl der Druck auf Bürgermeister Wolfgang Zimmer so groß, dass er einem Bürgerentscheid über den Verkauf des städtischen Geländes zustimmt. Am 12. Januar 1975 dürfen die Bürger des Ortes an die Urnen.

Mit vielen Versprechen versucht das Land die Wähler zu ködern: Ein Hallenbad werde Wyhl bekommen, eine Kläranlage und ein Gemeinschaftshaus für Vereine – und natürlich viele Arbeitsplätze. Das Rathaus nimmt sogar schon Bewerbungen an.

Die Gemeinde Wyhl, per Ratsbeschluss mehrheitlich für den Atomreaktor, verspricht zudem die „Herabsetzung von Gebühren, Beiträgen und Steuern" im Falle des Kraftwerksbaus. Zugleich sollen die Bürger aber das Gefühl bekommen, ohnehin keine Wahl zu haben, und so erklärt das Land den Bürgerentscheid kurzerhand für überflüssig; im Falle eines Sieges der Gegner werde man die Gemeinde ohnehin enteignen und dann statt der versprochenen fünf Mark pro Quadratmeter nur 50 Pfennig für das Gelände bezahlen.

Dieses eine Mal gehen die Rechnungen der Atomlobby tatsächlich auf. 55 Prozent der Bürger von Wyhl lassen sich durch die Versprechun-

Auch die Hausfrauen können nicht schweigen: Protest am Kaiserstuhl, 1975

Standort der Volkshochschule Wyhler Wald: das Freundschaftshaus. Oder auf alemannisch: Frendschafts Hüs

Viel zu lernen: Ein buntes Programm belebt den Bauplatz auch in den Abendstunden

gen beeindrucken, und stimmen für den Verkauf der Flächen. Die Wahlbeteiligung ist mit 92,3 Prozent ausgesprochen hoch. Sofort veräußert die Gemeinde die 40 Hektar am Rhein mit ihrem Ahorn-, Eschen- und Ulmenwald für zwei Millionen Mark an die Badenwerks-Tochter Kernkraftwerk-Süd GmbH. Schon zehn Tage nach dem Bürgerentscheid erhalten die Kraftwerksbauer die erste Baugenehmigung.

„Widerstand mit Witz und nüchterner Sachlichkeit"

Für die Bürger unerwartet starten bereits am 17. Februar 1975 die Vorbereitungen für den Bau, es ist ein Montag. „Die Arbeiten wurden nicht behindert" vermeldet anderntags die *Badische Zeitung*. Doch das soll sich schnell ändern. Am Dienstag schon besetzen einige hundert Menschen den Bauplatz und erzwingen damit einen Abbruch der Arbeiten. Motto: „Besser heute aktiv, als morgen radioaktiv."

Waldsterben als weiteres Thema: Plakat der 1980er Jahre

Als auch am Mittwoch die Atomkraftgegner den Bauplatz besetzt halten, beschließt Baden-Württembergs Ministerpräsident Hans Filbinger durchzugreifen. Er lässt am frühen Donnerstagmorgen 600 Bereitschaftspolizisten anrücken, mit Hundestaffel, Wasserwerfern und gepanzerten Fahrzeugen.

Als die Räumung beginnt, fährt noch vor Sonnenaufgang Werner Mildebrath – er ist als Elektromeister bei den Kraftwerksgegnern für die Lautsprecheranlage zuständig – durch den Ort und lässt die Filmmusik von „Spiel mir das Lied vom Tod" erschallen, damit die Menschen wissen, was gerade passiert. Das Telefonnetz in den Orten Weiswil und Endingen ist in diesen Stunden nämlich abgeschaltet; nur der Notruf funktioniert noch.

Auch solche Übergriffe der Staatsmacht in den Alltag heizen die Stimmung am Kaiserstuhl weiter an. So kommen am Sonntag darauf Menschen aus der gesamten Region zusammen. Statt einigen Hundert kommen diesmal 28.000. Die Menschen stürmen – inzwischen mit Unterstützung von einigen kommunistischen Kadermitgliedern, manche flugs aus norddeutschen Großstädten angereist – den Bauplatz. Sie schieben den Stacheldraht zur Seite, fahren Baumaschinen vom Platz und zwingen die Polizei zum Rückzug. Die Polizei berichtet später von Hinweisen, ein ehemaliger Angehöriger der französischen Armee habe das taktische Konzept entwickelt. Aber auch Bauernschläue ist den örtlichen Besetzern nicht fremd. Jemand hat eine läufige Hündin mitgebracht – sie bringt die Polizeihunde aus dem Konzept.

Erste Suche nach Alternativen: Windrad in Wyhl, 1978

Völlig perplex angesichts der Masse an Menschen und deren friedlicher Entschlossenheit stellt das Badenwerk die Bauarbeiten ein. Die Atomkraftgegner haben damit Zeit gewonnen, sich zu etablieren. Sie organisieren eine ständige Platzwache, und bauen – um das Gelände zu beleben – das „Freundschaftshaus", eine Holzhütte für 500 Leute. Sie wird zum Standort der „Volkshochschule Wyhler Wald", die mit regelmäßigen Vorträgen zu unterschiedlichsten Umweltthemen Leben auf den Bauplatz bringt, auch in den Abendstunden. Um zu zeigen, dass es hier am Kaiserstuhl nicht um das St.-Florians-Prinzip geht, steht hinter dem Satz „Kein AKW in Wyhl" stets der Zusatz „und auch nicht anderswo".

Um sicherzustellen, dass der Platz immer besetzt bleibt, übernehmen die Gemeinden des Umlandes im Wechsel für jeweils eine Woche die Verantwortung – Verpflegung durch die Frauen aus dem jeweiligen Dorf inklusive, unterstützt von den Feuerwehren, Gesangs- und Musikvereinen. So wird der Wald am Rheinufer zu einem beliebten Treffpunkt. Auch Schüler kommen nachmittags her, um gemeinsam ihre Hausaufgaben zu machen. Die Studenten aus Freiburg helfen dabei gerne.

Es ist ein bunter Haufen, der sich im Wyhler Wald versammelt. Hier treffen sich, wie ein Zeitzeuge später berichtet, „Akademiker und Handwerker, Winzer und Studenten, Bärtige und Schlipsträger, Langhaarige und Kurzhaarige, Studierte und Bauernschlaue, Alte und Junge". Sie alle wollen ein „Ruhrgebiet in der Freiburger Bucht" (so steht es auf einem Flugblatt) verhindern. „Wyhl könnte zum Musterfall künftiger Bürgerwehr gegen Atomkraft werden", schreibt am 31. März 1975 der *Spiegel*.

> „Auf den besetzten Plätzen in Marckolsheim, Wyhl oder Kaiseraugst trafen sich nicht mehr nur die üblichen Verdächtigen aus der linken Szene, auf die sich Polizei und Justiz längst eingeschossen hatten, vielmehr kamen dort Leute zusammen, die eigentlich gar nicht zusammen gehörten, deshalb ging es ja auch in Wyhl viel lustiger zu als bei den Parteimeetings der Moskau- oder der Peking Kommunisten."
>
> *Walter Mossmann, 2010*

Das Erfolgsrezept des Widerstandes in Wyhl ist damit schon zu einem guten Stück erklärt. Er repräsentiert einen Querschnitt der örtlichen Bevölkerung. Es sind, wie das *Zeit-Magazin* später einmal formuliert, „vor allem Kleintierzüchter und katholische Landfrauen, Angehörige der freiwilligen Feuerwehr, die Genossenschaften der Winzer". Und die Bürger wissen, wie wichtig es ist, ihre Verwurzelung im Dorfleben offen zu zeigen: „Ich kam deswegen oft mit meiner Bäckerkleidung auf den Bauplatz", erzählt einer von ihnen, Bernd Nössler, später.

Die Bodenständigkeit des Widerstandes zeigt sich auch daran, dass auf dem Platz vor allem in Mundart gesprochen und gesungen wird. Wolfgang Sternstein, langjähriges Vorstandsmitglied des BBU formuliert es später so: „Mir fiel im Unterschied zu allem, was ich in der 68er-Bewegung erlebt hatte, der praktische Sinn, das handwerkliche Geschick und die konstruktive Einstellung der Landbevölkerung auf, ihre nüchterne Sachlichkeit, ihr Witz und ihre sprachliche Meisterschaft im alemannischen Dialekt." Und der ehemalige Atommanager Klaus Traube sagt später: „Wyhl war der Ursprung des modernen Widerstandes, er hatte was Handfestes."

Was Zukunftsweisendes hatte er obendrein: Im Mai 1976 finden unweit von Wyhl auf dem Hof der Winzergenossenschaft Sasbach die ersten „Sonnentage" statt. Die Atomkraftgegner haben damit die größte Solarmesse der Welt auf die Beine gestellt. Mit zwölf Ausstellern.

Die ständige Mär von den Radikalen

In den Zentren der Regierungsmacht kennt man bürgerlichen Protest bislang nicht. In der Weltsicht der Stuttgarter Staatskanzlei ist Wider-

Harte Worte: Stuttgarter Beschlüsse als schwäbisches Diktat, Januar 1975

4. Der Erfolg von Wyhl – als Blaupause taugt er nicht

stand gegen den Staat das Metier allein randständiger Gruppen. Entsprechend erklärt die Landesregierung in einer Zeitungsanzeige vom 26. Februar 1975, sie erwarte, „dass sich jeder vernünftige Bürger von den Radikalen distanziert". Wenn das Beispiel Wyhl Schule mache, werde das Land „unregierbar"; die Bauplatzbesetzer seien „Extremisten, die unseren demokratischen Rechtsstaat angreifen".

Ob nun durch Unkenntnis der wirklichen Lage, oder durch Kalkül – Ministerpräsident Hans Filbinger manövriert sich durch seinen Versuch, die Atomkraftgegner als Radikale zu diffamieren, immer weiter ins Abseits. Denn viele der Gegner haben einst seine CDU gewählt; der Kaiserstuhl war für die Partei immer eine Hochburg.

Auch mit der Kirche verscherzt es sich der Landesvater. So weisen 17 Pfarrer und kirchliche Mitarbeiter unmittelbar nach der Platzbesetzung in einem Telegramm an den Ministerpräsidenten darauf hin, dass der Protest „zum großen Teil von Gliedern der Kirchengemeinden des Kaiserstuhls und der Umgebung" ausgeht: „Wir verwahren uns gegen die Unterstellung, dass die Besetzung des Baugeländes von bundesweit organisierten Extremisten gesteuert ist." Einer der führenden Kraftwerksgegner ist Günter Richter, Pfarrer in Weisweil.

Die Geistlichen unterstützen den Widerstand in dem Bewusstsein, dass der „Schutz der Landschaft und der Gesundheit noch mehr im Interesse der Bevölkerung liegen als eine weitere Steigerung der Energieproduktion." Und sie stellen auch ihre Infrastruktur zur Verfügung: In den Dörfern läuten die Glocken, wenn die Leute auf dem besetzten Bauplatz Unterstützung brauchen.

Die Trabantenstadt in Neufassung: Plagiat aus der Szene

Filbinger ficht das alles nicht an. Er will nicht wahrhaben, dass hier nur harmlose Bürger ihre Heimat verteidigen wollen. Er hält weiter daran fest, es mit Gegnern des politischen Systems zu tun zu haben – und lässt führende Köpfe der Bewegung abhören. Einer davon ist der Rheinfischer Balthasar Ehret, in dessen Gaststätte „Fischerinsel" sich die Kraftwerksgegner oft treffen. In seinem Telefon wird eines Tages eine Wanze gefunden, ebenso im Schlafzimmer.

Mit aller Macht will Filbinger das Projekt durchziehen. Am 27. Februar 1975 in einer Sondersitzung im Landtag spricht er jenen Satz, der später legendär wird: „Ohne das Kernkraftwerk Wyhl werden bis zum Ende des Jahrzehnts in Baden-Württemberg die ersten Lichter ausgehen."

Auf die Wirkung eines kurzfristigen Stromausfalls setzt unterdessen Wirtschaftsminister Rudolf Eberle. Während einer Großveranstaltung der CDU sagt er über die Atomkraftgegner: „Es müsste nur mal das Licht ausgehen bei einer großen Fußballveranstaltung, dann würden die aufwachen."

Und – welche Überraschung – ein solches Fußballspiel kommt. Sehr bald sogar. Am 12. März 1975 spielt Deutschland gegen England, und

Bunter Protest: Auch Krawattenträger tragen Schilder, Mai 1975

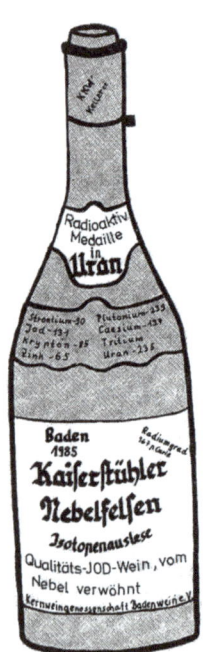

Die Angst der 1970er: Isotopenauslese

Die Realität der 2010er: Energiewendewein

kaum hat das Länderspiel begonnen, wird es dunkel in ganz Südbaden. Erst zum Spielende ist der Strom wieder da. Offiziell ist anfangs von einer „technische Panne" im nahegelegenen Umspannwerk Eichstetten die Rede, doch das fällt schon zu diesem Zeitpunkt schwer zu glauben. Später gibt ein Mitarbeiter des Badenwerks zu, er habe auf Anweisung von oben „den Hebel umgelegt".

Offenburger Erklärung: Ein Vertrag schreibt Rechtsgeschichte

Für die Wyhler Bauplatzbesetzer ist der nächste Erfolg juristischer Art. Am 21. März 1975 ordnet das Freiburger Verwaltungsgericht per Eilentscheidung einen vorübergehenden Baustopp an. Es kreidet den Kraftwerksbauern unter anderem an, die ökologischen Folgen ihres Tuns nicht hinreichend beachtet zu haben. Es sei möglich, „dass die Lebensbedingungen der gesamten Einwohnerschaft" durch das Atomkraftwerk „unzumutbar beeinträchtigt werden".

Die Bürger halten den Bauplatz trotzdem besetzt, nicht zuletzt, weil der Fall nun nach Mannheim vor den Verwaltungsgerichtshof geht. Dieser allerdings befindet am 15. Oktober 1975, ebenfalls per einstweiliger Verfügung, dass in Wyhl sehr wohl gebaut werden darf.

Das Badenwerk versucht derweil die Bürgermeister der Region auf Linie zu bringen. Die Firma organisiert einen Flug von Straßburg nach Lyon, führt dort Atomanlagen vor und lädt zum Essen bei Starkoch Paul Bocuse. Am Abend bittet die Führungsriege des Unternehmens die Bürgermeister der Wyhler Nachbargemeinden – Weisweil, Endingen und Sasbach – ins Separee, wo sie ihr Angebot unterbreitet: Schaffen die Herren es, ihre Gemeinden von dem Projekt zu überzeugen, lässt das Badenwerk für jeden Ort mehr als eine Million Mark springen. Aber die drei bleiben hart, sie sind nicht käuflich.

Wenn das Zuckerbrot für die Bürgermeister nicht hilft, dann womöglich die Peitsche für die Platzbesetzer? Die mit der Ausführung beauftragte Baufirma verlangt nun 55 Millionen Mark Schadensersatz aufgrund des Baustopps. Der Bauherr hat Siegfried Göpper, den Müllermeister aus Weisweil, kurzerhand als Rädelsführer ausgemacht. An ihm soll ein Exempel statuiert werden.

Göpper agiert mit kühlem Kopf, kauft sich eine kleine Farm in Kanada, um dort die Chance für einen Neuanfang zu haben, sollte man ihm am Kaiserstuhl alles nehmen. Die offizielle Einwanderungsgenehmigung hat er alsbald in der Tasche.

Aber die braucht er am Ende nicht, es beginnen Verhandlungen. Die Bürgerinitiativen sagen zu, den Bauplatz zu räumen, wenn bis zum Abschluss des Hauptverfahrens vor dem Mannheimer Gericht nicht weitergebaut wird, und wenn außerdem alle an der Platzbesetzung beteiligten Bürger straffrei blieben. Auf das Angebot lassen sich die Bauherren schließlich ein, und so verlassen die Bürgerinitiativen am 7. November 1975 das Areal. Wachmannschaften bleiben im Wechsel

Alt und Jung vereint: Demo am Kaiserstuhl

4. Der Erfolg von Wyhl – als Blaupause taugt er nicht

Sänger von Wyhl:
Walter Mossmann

vor Ort, auch die Hütten bleiben stehen. Und man hängt ein Schild auf: „Während der Dauer der Verhandlungen bleibt der besetzte Bauplatz verlassen."

Die Räumung des Platzes hat die Landesregierung zur Voraussetzung für Verhandlungen gemacht. Nach vier Gesprächsrunden kommt es am 31. Januar 1976 zur „Offenburger Vereinbarung", einem Staatsvertrag zwischen Land, Bürgerinitiativen und der Betreiberfirma. Ein absolutes Novum der Rechtsgeschichte. Kernpunkte: Strittige Fragen werden durch Gutachter geklärt, die Firma verzichtet auf Schadensersatz, die Bürgerinitiativen räumen den Bauplatz und beschränken sich auf politischen Widerstand und den Rechtsweg.

Längst motiviert der Erfolg der badischen Rebellen bundesweit. „Wyhl, das ist jetzt unser Motto" heißt es im bayerischen Grafenrheinfeld, wo der Bau eines Atomkraftwerks 1975 beginnt. Auch in Brokdorf, wo es 1976 losgeht, hört man immer wieder: „Wir machen es wie in Wyhl".

Kaiseraugst: Antwort auf eine juristische Notlage

Vor allem aber nimmt man sich in der nahegelegenen Schweiz den Widerstand von Wyhl zum Vorbild, speziell in Kaiseraugst im Kanton Aargau. Nur wenige Wochen nach der Platzbesetzung im Badischen, am 1. April 1975, nehmen auch östlich von Basel Atomkraftgegner ein Baugelände in Beschlag.

Genau 40 Jahre später hat Ernst Born in ein altes Grenzwärterhäuschen in Basel geladen zur Eröffnung der Dokumentationsstelle Atomfreie Schweiz. Seit 2015 fungiert sie nun als das nationale Gedächtnis der Bewegung, mit Filmen, Bildern, Plakaten, Briefen und allem, was der Protest so hervorgebracht hat. Ernst Born ist der Vater des Archivs.

Wenig später an diesem 1. April steht er dann auf der Bühne, nennt sich in dieser Rolle Aernschd Born und singt. Wie einst auf dem Baugelände. „Haussänger der Schweizer Anti-AKW-Bewegung" haben ihn die Medien genannt, auch „Galionsfigur". Und er hat sich beides erhalten, das Singen und den Protest gegen die Atomkraft. „Aufmüpfig und kreativ" nennt ihn ein Schweizer Radiosender.

Vor allem hat er in der langen Zeit geschafft, was nicht allzu viele Liedermacher vermochten: den Politsong durch eine zeitgemäße Form in die Gegenwart zu retten. Und so singt Aernschd Born an diesem Frühjahrstag seinen „Fukushima Shuffle". In bester Basler Mundart, versteht sich: „Es git e Bääbe s git e Wälle s git e Riss" – ein Beben, eine Welle, ein Riss. Damit macht die „ahnigslosi Schiss-Natur" den AKW-Ingenieuren einen fatalen Strich durch die Rechnung.

Im Publikum sind viele Menschen, die damals in Kaiseraugst dabei waren. Die geschafft haben, was sich ab 1975 viele wünschten und nur wenige schafften: ein zweites Wyhl. Kaiseraugst ist das Wyhl der

Kapitulation vor der friedlichen Respektlosigkeit: Polizei in Wyhl

Nur mäßig gesichert: Bauplatz im Wyhler Wald

„Hier wird heute nicht gebaut": Bauplatzbesetzung in Kaiseraugst, 1. April 1975

Wie in Wyhl: Freundschaftshaus in Kaiseraugst, Frühjahr 1975

Schweiz. Per Luftlinie sind die beiden Orte auch nur etwa 80 Kilometer voneinander entfernt. Ohnehin ist man in der Nordwest-Schweiz den Südbadenern recht verbunden – hier wie dort pflegt man einen gewissen Eigensinn gegenüber den jeweiligen Regierungen.

Keine gute Idee eigentlich, in einer solchen Region ein Atomkraftwerk bauen zu wollen. Aber das erkennt die Motor-Columbus AG noch nicht, als sie am 22. März 1966 die Bevölkerung von Kaiseraugst ins Hotel Löwen einlädt, um ihre Pläne vorzustellen: Am Ort soll ein Atomkraftwerk entstehen, anstelle eines bislang geplanten Ölkraftwerks.

Tatsächlich bleibt die Stimmung ruhig – für den Anfang. Wie schon bei den früheren Projekten in Beznau und Mühleberg sieht manch einer die Atomkraft gegenüber dem bislang dominierenden Öl noch als sauberen Fortschritt. Nur langsam kommt erste Kritik auf. Erst im Mai 1970 gründet sich das Nordwestschweizer Aktionskomitee gegen das Atomkraftwerk Kaiseraugst (NAK).

Kaiseraugst, April 1975

Im März 1971 kippt die Stimmung dann richtig. Wie anfangs auch in Wyhl stehen die Strahlenrisiken nicht so sehr im Vordergrund, sondern vielmehr die geplanten Kühltürme. Ursprünglich waren sie gar nicht geplant, doch dann werden sie notwendig, weil die Regierung sich um die Wärmebelastung des Rheins sorgt. Sie verbietet die Kühlung von Industrieanlagen mit Flusswasser aus dem Rhein und seinem Nebenfluss Aare.

Zwei Kühltürme, jeweils 115 Meter hoch, bringen die Bürger nun mehr denn je auf die Barrikaden. Ende 1973 gründet sich eine weitere Widerstandsgruppe, die Gewaltfreie Aktion Kaiseraugst (GAK). Mit einem „Probehock" auf dem Bauplatz testet sie schon mal die Besetzung.

Aernschd Born singt unterdessen noch nicht gegen Atomkraft. Er macht engagierte Straßenmusik, tritt in Jugendzentren auf. Singt zu Themen, die „unter die Haut gehen", wie er sagt. Über Krieg und Elend, „keine Liebeslieder". Die Hippiebewegung, die Beatles und die Rolling Stones hätten ihn geprägt, sagt der gelernte Reproduktionsfotograf.

Eines Tages, nach einem seiner Konzerte, kommt ein Atomkraftgegner auf ihn zu. Ob er wohl auch mal gegen AKW singen würde? Auf dem Bauplatz in Kaiseraugst? „Ich habe nichts gegen AKW", sagt Born spontan. Dann informiert er sich – und ist fortan beim Widerstand dabei. Er singt erstmals auf einer großen Demo im Herbst 1974.

Das Betreiberkonsortium, die Kernkraftwerk Kaiseraugst AG, lässt sich von den Bürgern allerdings noch nicht beindrucken. Nach Ostern 1975 soll der Bau beginnen, und so telefonieren sich die Gegner am Ostermontag zusammen. Als am nächsten Morgen, kurz vor sechs Uhr, die ersten Bauarbeiter kommen, sitzen wenige Dutzend Aktivisten auf dem Platz am Lagerfeuer. Es ist kalt und es regnet. Arnschd Born ist mit dem Zug nach Kaiseraugst gefahren, um zu schauen „ob es Leute hat". Er hat seine Gitarre mitgebracht.

Bald sitzen die Menschen auf den Baumaschinen und erklären den verdutzten Bauarbeitern, heute werde nicht gebaut. Wenig später trifft Ulrich Fischer ein, der Direktor der Kernkraftwerk Kaiseraugst AG. Er

„Mit der technischen Nutzbarmachung der Kernspaltung wurde der Sprung in eine ganz neue Dimension der Gewalt gewagt. Zuerst richtete sie sich nur gegen militärische Gegner. Heute gefährdet sie die eigenen Bürger."

Robert Jungk in seinem Buch „Der Atom-Staat", 1977

105

Sänger von Kaiseraugst: Aernschd Born

Angst vor den Giften: Kaiseraugst, 1975

fordert die Besetzer auf, das Gelände zu verlassen, erntet aber nur, wie er später in seinen Lebenserinnerungen schreibt, „höhnisches Gelächter". Selbst seine Drohung, jeder Tag koste 200.000 Franken, und die müssten die Besetzer bezahlen, beeindruckt nicht.

Stattdessen werden es immer mehr Menschen im Laufe dieses Osterdienstags. Bald sind es 50, dann 100, irgendwann mehr als 200. Es sind Hausfrauen und Familienväter, Rentner und Schüler. Auch Unterstützer aus Wyhl sind dabei, wer Zeit hat, kommt. So können die anrollenden Baulaster den ganzen Tag nicht arbeiten. Und die Polizei? Die ist trotz der überschaubaren Gruppe überfordert, denn solche friedliche Aufmüpfigkeit kennt sie nicht.

Am Wochenende kommen dann mehr als 15.000 Teilnehmer zur Demonstration. Ein Tross zieht vom Bahnhof zum Bauplatz, es sind Menschen aus allen gesellschaftlichen Lagern. „Die Anti-AKW-Bewegung in der Nordwest-Schweiz war eine bürgerliche Bewegung", sagt Born im Rückblick.

Was die Menschen in Kaiseraugst besonders auf die Palme bringt, hat mit dem schweizerischen Verständnis von Demokratie zu tun. Die Bürger haben keine Möglichkeit, ein Referendum über das Projekt herbeizuführen. Besetzer sprechen daher von einer „juristischen Notlage" und erklären die illegale Besetzung für legitim. Und so etablieren sie sich auf dem Bauplatz nach dem Vorbild von Wyhl: Sie bauen eine Hütte für die Veranstaltungen, nennen diese ebenso „Freundschaftshaus".

Bald gibt es einen Sozialdienst vor Ort, einen Kindergarten, eine Hausaufgabenbetreuung für Schüler, einen Alarmdienst und einen Krisenstab. „Wir waren organisiert wie ein Staatsapparat", sagt später einer der Teilnehmer, „auf dem Bauplatz konnte man mehr politische Bildung erfahren als im Staatskundeunterricht in der Schule."

Und es ist auch immer etwas los. Als „Pfadfinderlager mit politischen Inhalten" beschreibt Born die Besetzung. Jeden Abend kommt man zur Vollversammlung zusammen, Entscheidungen fallen grundsätzlich basisdemokratisch, Gewaltfreiheit ist oberstes Gebot. „Das", sagt Born im Rückblick „war unser Erfolgsrezept."

Auch abseits des Bauplatzes ist gute Organisation wichtig. Hausfrauen haben Telefonlisten der Aktiven in Alufolie im Kühlschrank versteckt – sie dürfen schließlich keinem Fremden in die Hände fallen. Es gibt vorgedruckte Handzettel für den Fall der Räumung. Und die Bauplatzbesetzer haben Leuchtraketen dabei, um Zeichen zu geben, wenn die Räumung bei Nacht stattfinden sollte.

Bald spitzt sich die Lage zu. Die Politik diskutiert einen Militäreinsatz, während Projektbefürworter auf Flugblättern und Plakaten schimpfen: „Ausländische Extremisten unterwandern unsern Rechtsstaat im Sinne der Baader-Meinhof-Gruppe."

Doch der Widerstand hat auch in Kaiseraugst eine breite Basis, er ist ähnlich strukturiert wie jener in Wyhl. Auf dem Bauplatz kommen rund 50 Organisationen zusammen, das politische Spektrum reicht von

Abseits des Bauplatzes Kaiseraugst: Unterstützerdemo im Frühjahr 1975

Baumaschinen arbeitslos: Der Platz in Kaiseraugst ist in festen Händen

links bis rechts. Alle politischen Parteien sind vertreten, mit Ausnahme der PDA, der Partei der Arbeit der Schweiz, einer kommunistischen Gruppierung. Eine Gruppe nennt sich NOB, die „Nicht Organisierten Besetzer" – auch so etwas gibt es.

Sie alle verbindet die Angst vor dem „Ruhrgebiet am Oberrhein", vor dem „Fortschrittswahn", vor der Industrialisierung der Heimat. Und alle wissen, dass es nur eine Einheit auf Zeit ist.

Vertreter der Bauherrenschaft suchen inzwischen das Gespräch, erklären den Kritikern, ihre Ängste vor der Kernspaltung seien unbegründet. Schließlich habe man schon mehr als 100 Jahre Erfahrung damit – wenn man die Betriebszeiten der einzelnen Reaktoren aufsummiert. Die Kraftwerksgegner kontern: „So gesehen haben wir 100.000 Jahre Erfahrung mit Bauplatzbesetzungen."

Fast wie bei der Stasi: Der Skandal mit den „Fichen"

Schreckgespenst Ruhrgebiet: Kaiseraugst, 1975

Peter Scholer ist einer der Anführer des Widerstands. Vier Jahrzehnte nach der Bauplatzbesetzung empfängt er in Rheinfelden in der Schweiz. Er hat heute ein Ingenieurbüro, damals war er Baumeister und anfangs noch von der Atomkraft überzeugt. „Ich hielt selbst Vorträge, warum das Atomkraftwerk Beznau gut ist", erzählt er. Erst mit dem Projekt Kaiseraugst wandelte sich seine Sicht. Als dann sein Arbeitgeber den Reaktor Gösgen baut, kündigt er ganz konsequent seinen Job und gründet ein eigenes Ingenieurbüro. Er konzentriert sich fortan auf Heizsysteme mit erneuerbaren Energien.

Peter Scholer hat eine Fiche. Das ist französisch und bedeutet „Akte". Alle Eidgenossen, die sich im Kampf gegen die Atomkraft exponierten, haben eine Fiche. Diese Akten führten die Schweizer Polizeibehörden in den 1970er-Jahren für mehr als 700.000 Personen und Organisationen. So bespitzelte der Staat seine Bürger, ähnlich wie die Stasi im deutschen Osten. Das offizielle Ziel der Aktion bestand darin, das Land zu schützen vor subversiven Kräften, die den Staat destabilisieren könnten. Es war die Zeit des RAF-Terrors.

Als die Existenz der Fichen durchsickert – und das ist erst in den späten 1980er-Jahren der Fall – hat die Schweiz ihren „Fichenskandal". Zumal bekannt wird, dass der Staat mehr als zehn Prozent seiner Bürger überwachte.

Scholer erfährt von seiner Fiche 1991. Dabei hatte er doch nur gegen die Atomkraft gekämpft. Aber was heißt schon „nur" – das alleine ist dem Staat in den Siebzigern verdächtig genug. Scholers Haus wird beobachtet, sein Telefonanschluss abgehört.

Mitstreitern geht es ähnlich. Aernschd Born kann später sein gesamtes Künstlerleben in seiner Akte wiederfinden, detaillierte Berichte, wie er etwa 1978 beim Festival des politischen Liedes in Ostberlin auftrat. „Das war manchmal ziemlich poetisch formuliert", erinnert sich der Observierte: „Da stand dann: Er spielte auf."

Kaiseraugst macht Mut: Besetzung in Gösgen, Pfingsten 1977

Bauplatz als Bühne: Straßentheater auf dem Gelände Kaiseraugst, August 1981

4. Der Erfolg von Wyhl – als Blaupause taugt er nicht

Das mit den Fichen wissen die AKW-Gegner von Kaiseraugst im Frühjahr 1975 noch nicht. Dass sie abgehört werden, ahnen sie sehr wohl. Aber sie nehmen es gelassen. Rufen sie jemanden an, begrüßen sie ihn humorig mit dem Ausspruch „Grüezi mitenand" – weil man davon ausgeht, dass der angewählte Gesprächspartner nicht alleine in der Leitung ist.

Zeit für Verhandlungen und Abstimmungen

75 Tage lang bleibt der Bauplatz von Kaiseraugst besetzt, bis zum 14. Juni. An diesem Samstag bauen die Atomkraftgegner ihre Hütten und Zelte ab, sie verlassen sich auf die Zusage des für Energie zuständigen Bundesrats Willi Ritschard (SP), der verhandeln will und für diese Zeit einen Baustopp zusichert. Doch die Hoffnung vieler Besetzer auf ein schnelles Ende des Projektes erfüllt sich nicht – es steht eine lange Phase der Unsicherheit bevor.

Diese wird vor allem auf politischer Ebene genutzt. Der Kanton Basel-Stadt leitet die erste Volksabstimmung Europas zur Zukunft der Atomkraft in die Wege. Am 12. Juni 1977 dürfen die Bürger darüber entscheiden, ob sie ihrer Regierung den Auftrag geben, mit allen Mitteln gegen jedwede Atomanlage im Kanton und in der Umgebung zu kämpfen. Das Resultat ist mit 76 Prozent Zustimmung deutlich.

Zusatzmarke für jeden Brief

Der Kanton fixiert nun in § 31 seiner Verfassung, dass der Staat „sich gegen die Nutzung von Kernenergie" wendet, und „keine Beteiligungen an Kernkraftwerken" halten darf. Im Atomschutzgesetz von 1978 konkretisiert der Kanton diese Aufgabe und verpflichtet seine Behörden „mit allen ihnen zur Verfügung stehenden rechtlichen und politischen Mitteln darauf hinzuwirken, dass auf dem Kantonsgebiet oder in dessen Nachbarschaft keine Atomkraftwerke (....) errichtet werden." Ähnliches definiert auch der Nachbarkanton Basel-Landschaft in § 115 seiner Verfassung. Damit sind die beiden nun verpflichtet, auch gegen Kaiseraugst vorzugehen.

Die Bürger unterdessen pflanzen zum dritten Jahrestag der Platzbesetzung auf einer Aushubdeponie 200 Bäume. Die Kraftwerksfirma freilich kann das nicht dulden, einerseits aus psychologischen Gründen, andererseits auch aus formalen, denn später würde womöglich eine Rodungserlaubnis nötig. Aber die Firma will die Pflanzen nicht ausreißen und vernichten lassen, sie teilt daher der Bevölkerung mit, dass auf dem Kraftwerksgelände 200 Bäume kostenlos abgeholt werden können. Wenige Tage später sind sie weg. Niemand kann sich beklagen – und die Firma steht dieses eine Mal auf der Gewinnerseite.

Längst hat die politische Debatte die Bundesebene erreicht. Und weil die Schweiz das Musterland der direkten Demokratie ist, kommt es dort bald zur ersten nationalen Abstimmung. Am 18. Februar 1979 steht die „Atomschutzinitiative" an. Ihr Bestreben: Grundsätzlich sollen Atomkraftwerke nur noch zulässig sein, wenn die Bürger aller Kantone,

„Kampf für Sozialismus": Bannerträger in Brokdorf, 1976

Die Massen strömen: Am Deich von Brokdorf, 1977

4. Der Erfolg von Wyhl – als Blaupause taugt er nicht

Die Mutter der Zwinkersonne
Wie eine Kritzelei der Dänin Anne Lund zum Exportartikel wird

Ein Tag im Frühjahr 1975: Im dänischen Aarhus sitzt die 21-jährige Wirtschaftsstudentin Anne Lund mit Freunden am Küchentisch und kritzelt mit alten Wachsmalstiften ein Logo auf einen Malblock. Mit Grafikdesign hatte sie bisher wenig zu tun.

Aber darauf kommt es auch gar nicht an. Ganz in der Nähe soll ein Atomkraftwerk gebaut werden – und fatalerweise fehlt dem Widerstand ein markantes Symbol. Klar, es gibt einige Zeichen, wie zum Beispiel das Logo einer schwangeren Frau, die von Neutronen bestrahlt wird. Doch das alles gefällt der jungen Frau nicht. Weil keiner in der Gruppe ein Grafiker oder Zeichner ist, macht sie sich selbst an die Arbeit.

Sie malt eine Sonne, weil die Sonne überparteilich ist, weil sie „allen gehört". Die orange Farbe ist ein Erbe der Ästhetik der sechziger Jahre, das Gelb und Schwarz entstammen dem offiziellen Zeichen, das vor atomarer Strahlung warnt. Das Logo sollte nicht Angst einflößend daher kommen, sondern heiter. Es sollte vor allem höflich sein, und darum schreibt sie auch „Nej Tak" darunter, „Nein danke".

In Dänemark hat der Kampf gegen die Atomkraft recht früh Erfolg – obwohl das Land in der Atomforschung weit vorne ist. Der bekannte Atomphysiker Niels Bohr ist Däne, er ist maßgeblich daran beteiligt, dass in Risø bei Roskilde drei Forschungsreaktoren gebaut werden. Und doch beschließt das Parlament im Jahr 1985, Dänemark frei zu halten von Atomkraftwerken. Es ist eine Reaktion auf den enormen Widerstand in der dänischen Bevölkerung.

Vielleicht hat auch die Zwinkersonne dazu beigetragen. Sämtliche Rechte an dem Logo hat Lund längst der dänischen Anti-Atomkraft-Bewegung übertragen. Geld hat sie damit nie verdient. Das Logo wird in den folgenden Jahren und Jahrzehnten in etwa 50 Sprachen übersetzt, es wird weltweit zum Symbol einer selbstbewussten Bewegung – auf Aufklebern, Fahnen, Buttons. Und es findet einen Platz im dänischen Nationalmuseum. Für Anne Lund ein Beleg: Aktionen von Einzelpersonen können viel bewirken.

die weniger als 30 Kilometer entfernt sind, vorher zugestimmt haben. Doch diese Regelung kommt nicht durch, der Vorstoß scheitert knapp mit 48,8 Prozent Zustimmung.

Bitter ist, was in der Nacht nach der Abstimmung geschieht: Auf dem Bauplatz in Kaiseraugst fliegt der Informationspavillon der Kraftwerksfirma in die Luft – ein Anschlag. Der Schaden beläuft sich auf 1,5 Millionen Schweizer Franken, Menschen kommen immerhin nicht zu Schaden. Waren es AKW-Gegner? Oder war es jemand, der den Ruf der AKW-Gegner zerstören will? Geklärt wird das nie, es bleibt viel Raum für Spekulationen.

„Das Restrisiko der Kernenergie akzeptieren"

Trotz dieses Gewaltaktes beginnen im Jahr 1980 Verhandlungen über einen Rückzug in Kaiseraugst – der Bauherr auf der einen Seite, die Politik auf der anderen.

Kraftwerksdirektor Ulrich Fischer will das Projekt noch retten: „Ein Verzicht hätte gravierende Konsequenzen für die Elektrizitätsversorgung unseres Landes", schreibt er im September 1981 an die Regierung. Man müsse die Bevölkerung dazu bringen, „das verbleibende Restrisiko bei der Nutzung der Kernenergie zu akzeptieren". Und er warnt: „Die Demokratisierung darf nicht so weit getrieben werden, dass über einzelne Projekte Plebiszite veranstaltet werden."

Doch angesichts der Widerstände tut die Politik sich immer schwerer, das Projekt zu forcieren. Jahr um Jahr verzögert sich die nötige Rahmenbewilligung, und am Ende ist es ausgerechnet der wortgewaltige Christoph Blocher, Abgeordneter der konservativen Schweizerischen Volkspartei, der die Pläne am 2. März 1988 beerdigt. „Kaiseraugst ist politisch nicht realisierbar und volkswirtschaftlich nicht mehr vertretbar", sagt er.

Ausgabe vom 2. März 1988

Damit erkennt er nach eigenem Bekunden die „Macht des Faktischen" an. „Lieber ein Ende mit Schrecken als ein Schrecken ohne Ende", sagt er und überzeugt den Nationalrat, der Kernkraftwerk Kaiseraugst AG als Entschädigung 350 Millionen Franken zu bewilligen. Jahrzehnte später wird Projektleiter Fischer bilanzieren: „Die Besetzungsaktion muss retrospektiv als voller Erfolg der Kernkraftwerkgegner gewertet werden."

Blochers Strategie unterdessen besteht darin, mit der Aufgabe von Kaiseraugst die Anti-AKW-Bewegung teilweise zufrieden zu stellen, um weitere Projekte umso entschlossener durchziehen zu können. Doch diese Rechnung geht nicht auf. Es wird bei den fünf Reaktoren bleiben, die zu diesem Zeitpunkt am Netz sind. Zum Teil konnten auch sie nur gegen heftigen Widerstand realisiert werden.

Vor allem in Gösgen im Kanton Solothurn kam es zu Protesten. Allerdings noch nicht am Anfang. Als im Juni 1973 die ersten Baumaschinen auf dem Gelände auffahren, bleibt es noch ruhig. Erst angeregt durch die Erfolge in Kaiseraugst gründet sich zwei Jahre später die Überparteiliche Bewegung gegen Atomkraftwerke Solothurn. Als der erste Protestmarsch mit 10.000 Teilnehmern Ende Mai 1977 stattfindet, ist der Bau des Kraftwerks schon weit fortgeschritten.

Die Gegner haben dennoch Hoffnungen. In der Woche darauf wird außerdem das Schweizerische Aktionskomitee gegen das AKW Gösgen gegründet um eine Besetzung des Bauplatzes zu koordinieren. Die Kommunikation übernimmt der illegale Radiosender *Radio Aktiv, freies Gösgen*.

Als dann am 25. Juni 1977 fast 3000 Gegner zum Baugelände ziehen, werden sie gestoppt durch 1000 Polizisten aus der gesamten Schweiz, die auch Tränengas einsetzen. Ebenso misslingt ein zweiter Besetzungsversuch von etwa 6000 Menschen in der Woche drauf, wobei die Polizei diesmal auch Gummischrot und Wasserwerfer einsetzt. Ein umgebauter Armeeflammenwerfer versprüht ein Wasser-Tränengas-Gemisch.

Auch die Polizei hat gelernt. Nachdem sie in Kaiseraugst noch übertölpelt schien von der charmanten Respektlosigkeit der Besetzer, zeigt der Staat im Fall Gösgen nun Härte. Fünf Aktivisten werden im September 1978 zu Geldstrafen verurteilt. Im November 1979 geht das Kraftwerk in Betrieb.

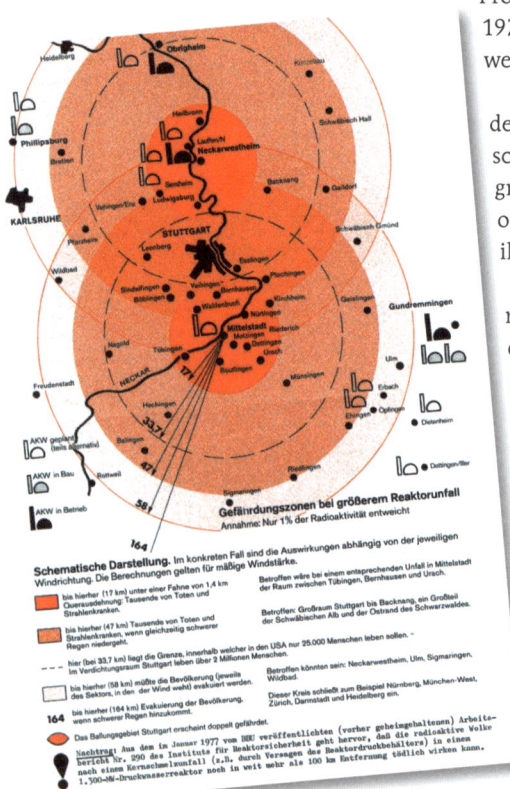

Gefährdungszonen: Flugblatt aus Mittelstadt

Trotz der Machtdemonstration von Gösgen geht es mit der Atomkraft in der Schweiz nicht so voran, wie es die Branche sich vorstellt. Im Ostteil des Landes, wo das Projekt Rüthi geplant ist, kommt der Widerstand vor allem aus dem angrenzenden Österreich. Die dortige Regierung interveniert bei der Schweizer Regierung. So wird das Projekt im Oktober 1976 vorläufig, im Jahr 1980 endgültig aufgegeben. Auch Anlagen in Verbois bei Genf und Inwil im Kanton Luzern scheitern am Widerstand.

Ebenso das Projekt Graben im Kanton Bern. Lange Zeit hatte die Stromwirtschaft dieses als Alternative zu Kaiseraugst gesehen – Bedarf für beide zugleich bestehe nicht, hatte es oft geheißen. Am Ende wird keines der beiden gebaut.

Schwäbische Honoratioren und eine tragische Episode

Der enorme Protest im badisch-schweizerischen Raum mag auch an der Häufung der geplanten Reaktoren gelegen haben. „An keinem Ort der Welt gibt es eine derartige Konzentration von Atommeilern", rechnet

Protest kann auch Entspannung sein: am Elbstrand, 1977

Unter Beobachtung von oben: Menschenkette auf dem Brokdorfer Elbdeich

„Äußerste Form des Protestes"
Hartmut Gründler

Wahlplakat, Anfang 1980er

im September 1975 Hansjürg Weder, Grossrat im Basler Parlament, vor; zwischen Gösgen und Wyhl gebe es Pläne für 14 bis 17 Reaktoren. Von der „gewaltigsten Energieballung auf der Erde" schreibt die *Welt*.

Während in Baden-Württemberg die Vorgänge in Wyhl die Medien dominieren, hegt Ministerpräsident Filbinger noch viele weitere Pläne: 41 Standorte für Atomreaktoren stehen auf seiner Liste, Orte wie Schwörstadt am Hochrhein, oder Meißenheim in der Ortenau. Auch diverse Standorte in Rheinau (Ortenau) werden diskutiert, zudem gibt es Pläne in Lauffen am Neckar, in Ulm und Mannheim.

Ein Atomkraftwerk soll auch in Reutlingen-Mittelstadt südlich von Stuttgart gebaut werde, oder alternativ im nahegelegenen Oberriexingen/Sersheim. In Mittelstadt, wo die Pläne 1974 bekannt werden, ist Wilfried Hüfler einer der Anführer des Protestes. Wobei ihm „Anführer" zu rebellisch klingt. „Ich gehörte nicht zu den revolutionären Studenten", sagt er 40 Jahre später, als er in seinem Wohnzimmer – wohlsortiert – Zeitungsartikel und Flugblätter von damals präsentiert.

Wohlstrukturiert wie sein Archiv, wohlstrukturiert wie Hüfler selbst, war der Widerstand hier im Schwäbischen. In Reutlingen, sagt Hüfler, sei der Widerstand aus einer „Aktionsgemeinschaft der Honoratioren" hervorgegangen. Ein Rektor, ein Pfarrer, ein Bibliothekar seien dabei gewesen. Einer sogar aus der FDP. Hüfler selbst ist Waldorflehrer.

Als studierter Philologe und Sprachwissenschaftler hat Hüfler fünf Jahre lang für den frühen Atomkritiker Karl Bechert von der SPD gearbeitet. Er ist im Weltbund zum Schutze des Lebens aktiv gewesen, er war Mitbegründer der Grünen. Und er ist ein großer Anhänger der Weltsicht Hartmut Gründlers, jenes Tübinger Atomkraftgegners, der den deutschen Atomwiderstand um eine tragische Episode ergänzt. Seit 2006 arbeitet Hüfler an einer Biografie Gründlers, den er gut kannte.

„Kennen Sie diese Schrift von Gründler?" fragt der inzwischen 81-Jährige und reicht am Wohnzimmertisch eine Broschüre herüber. Der Tübinger war ein Anhänger Mahatma Gandhis, überzeugt davon, dass die Bürger den Umweltschutz ernst nähmen, würden sie nur gut genug informiert.

Hüfler möchte an diesem Frühlingstag viel lieber über Gründler sprechen als über den Widerstand damals in Reutlingen. Das Atomkraftwerk ist für ihn abgeschlossen, der Fall Gründler nicht. Der Tübinger war Lehrer und Doktorand. Er gründete in seiner Heimatstadt im Januar 1971 den Bund für Umweltschutz (BfU) und hob nach internen Querelen im Jahr darauf den kleineren „Arbeitskreis Lebensschutz – Gewaltfreie Aktion im Umweltschutz e. V." aus der Taufe. Auch im BBU war er später aktiv.

Gründler ist eigenwillig. Auf dem Bauplatz in Wyhl startet er einen Hungerstreik, er geht stets seinen eigenen Weg, wird dabei immer fanatischer – bis er an einem nebligen Buß- und Bettag in Hamburg eine selbstzerstörerische Tat begeht. Während die SPD in der Nähe ihren Bundesparteitag abhält, übergießt Gründler sich an diesem 16. Novem-

Geballte Staatsmacht: Auf dem Bauplatz in Brokdorf

Wasserwerfer in Bereitschaft: Auf dem Bauplatz in Brokdorf

ber 1977 in der Mönckebergstraße mit fünf Litern Benzin und zündet sich an. Brennend läuft der hagere Mann in Richtung Petrikirche und bricht nach wenigen Metern zusammen.

Fünf Tage später stirbt Gründler mit 47 Jahren an seinen Verbrennungen. Sein letztes Flugblatt ist ein „Appell gegen die atomare Lüge". Reaktionen der Politik auf seinen Tod bleiben aus. Man lasse sich von einem „wohlmeinenden Idealisten" nicht eine Politik kaputtmachen, die viele Arbeitsplätze schaffe, sagt Bundeskanzler Helmut Schmidt. Und der Biograf sagt später, Gründlers Tod sei „weitgehend totgeschwiegen" worden.

Gründler selbst nennt seine Aktion, wie er in einem Flugblatt zwei Tage vor seinem Tod schreibt, „eine Tat nicht der Verzweiflung, sondern des Widerstandes und der Entschlossenheit". Er wolle „dem Sachzwang der Profitgier, des Dummenfangs, der Überrumpelung hier, der Trägheit und Feigheit dort, einen Sachzwang des Gewissens entgegensetzen". Er schreibt, er habe „die letzte und äußerste Form des Protestes" gewählt.

Biograf Hüfler sagt über Gründler, er sei eine „außergewöhnliche Persönlichkeit" gewesen, „ein brillanter Denker". Und er sagt: „Die Lüge der Atompolitik wurde nie so deutlich ausgesprochen wie durch diese Selbstverbrennung." Die Biografie allerdings bleibt unvollendet, Hüfler verstirbt im Mai 2015.

„Fürstliche Inspektionsreisen" des Landesvaters Filbinger

Zurück ins Jahr 1976, zurück nach Wyhl. Der Bau des Atomkraftwerks ruht zwar weiterhin, der Kampf aber ist noch nicht abgeschlossen. Ministerpräsident Filbinger, dessen Fahrten durchs Land bisher „eher fürstlichen Inspektionsreisen als demokratischen Informationsveranstaltungen geähnelt hatten" (*Die Zeit*), wagt sich – gegen den Rat der Polizei – persönlich an den Kaiserstuhl. Im Gasthaus „Stube" in Kiechlinsbergen tritt er am 8. Oktober 1976 auf – und wird beim Weggehen von AKW-Gegnern mit Trester beworfen. Protestierer reißen an seiner Kleidung, einer habe, so heißt es später, als Trophäe einen Hosenknopf mitgenommen. Übel zugerichtet, aber körperlich immerhin unversehrt, muss Filbinger in einem Emmendinger Bekleidungsgeschäft neu ausstaffiert werden.

Aber das ist schon eine der heftigsten Eskalationen am Kaiserstuhl, und so macht der weitgehend friedliche Widerstand auch im Umland Mut. Selbst in Frankreich, in Gerstheim im Elsass, bringen Bürger bald ein Atomprojekt zu Fall.

Dort sollte ein ganzer „Nuklearpark" mitsamt Urananreicherungsanlage entstehen. Doch kaum hat der französische Staatskonzern EDF einen siebzig Meter hohen Messturm auf dem Gelände errichtet, ist am 26. Januar 1977 der Platz von 150 Bürgern besetzt. Zum Bau eines Zaunes kommt es dann gar nicht mehr, die Techniker der EDF ziehen nach einer längeren Diskussion frustriert von dannen. Vier Tage später sind bereits 5000 AKW-Gegner auf dem Bauplatz, darunter auch viele Deutsche.

Nur noch ein Stein erinnert: Am ehemaligen Bauplatz Wyhl am Kaiserstuhl

Unpassierbar: Bau in Brokdorf ist weit fortgeschritten

Feuchte Abwehr: Polizei in Brokdorf sichert den Zaun

4. Der Erfolg von Wyhl – als Blaupause taugt er nicht

Unter strengem Blick der Staatsgewalt: Bauplatzsicherung in Brokdorf

Viele Menschen, wenig Raum: Proteste in Brokdorf

Eine „Festung" sei der Platz bald gewesen, berichtet später der Bund für Umwelt und Naturschutz und vermutet: Der Versuch, diese einzunehmen, hätte „manchen Energieboss umblasen können". Noch im Jahr 1977 ist der Spuk vorbei. Fazit des Umweltverbands: „eine Bilderbuch-Platzbesetzung".

In Wyhl ist hingegen noch nichts entschieden. Dort beginnt im Januar 1977 vor dem Verwaltungsgericht in Freiburg das Hauptsacheverfahren. Die Gemeinden Sasbach, Endingen, Weisweil, Forchheim und Schwanau, die Stadt Lahr, sowie zehn private Kläger treten an, die erste Teilerrichtungsgenehmigung zu Fall zu bringen. Zentrale Frage sind die klimatischen Auswirkungen der Kühltürme.

Doch die Chancen der Atomkraft-Gegner wirken nicht gerade rosig. Viele ihrer Kritikpunkte scheinen vom Gericht abgebügelt zu werden. Als die Richter am 14. März 1977 das Urteil verkünden, fällt dieses dennoch zugunsten der Wyhl-Gegner aus. Es setzt sogar neue Maßstäbe für die Sicherheit von Atomkraftwerken. Die Richter bemängeln, dass „die nach neuestem Stand von Wissenschaft und Technik erforderliche Vorsorge gegen Schäden" nicht getroffen sei, und der vorgesehene Reaktortyp allenfalls als sicher betrachtet werden könne, wenn er eine zusätzliche Berstsicherung erhalte. Denn ein Unfall könne die „Dimension einer nationalen Katastrophe" erreichen. Ferner äußert das Gericht „im Hinblick auf die Effektivität von Evakuierungsmaßnahmen erhebliche Bedenken".

Klassiker auf alemannisch: gesehen in Freiburg

Damit liegt das Atomkraftwerk Wyhl weiter auf Eis. Die *Badische Zeitung* schreibt von einem „überzeugenden Urteil", an dem „künftig niemand vorbeikommen" werde. Es werde „Wirkungskraft entfalten und das Energie-Denken in der Bundesrepublik in andere, menschlichere Bahnen lenken." Der Inhalt des Urteils verrate „nicht nur logische Konsequenz, sondern eine tief humane Lebensauffassung, die hier gegen die Schnoddrigkeit vieler Techniker und die Unbekümmertheit der Technokraten gestellt wird."

Ein eigener Radiosender für den Atomwiderstand

Aber auch dieses Gerichtsurteil ist nur eine Zwischenetappe, der Protest geht daher weiter – und gebiert einen eigenen Radiosender und ein Forschungsinstitut.

Der Piratensender *Radio Verte Fessenheim* geht am 4. Juni 1977 auf Sendung. Er strahlt sein Programm anfangs von einem besetzten Strommast im elsässischen Heiteren in die umliegenden Dörfer. Besetzt ist der Mast, weil über diese Stromtrasse künftig der Reaktor Fessenheim Zentralfrankreich beliefern soll.

Aber fürs erste wird von diesem Mast aus nur gefunkt. Die Reichweite des Senders ist gering, gleichwohl erregt die erste, nur zwölfminütige Sendung viel Aufsehen. Fortan senden die Radiomacher jeden Samstag auf Französisch, Deutsch und Alemannisch. Hauptthema ist der Widerstand gegen Wyhl, Kaiseraugst und Fessenheim.

Aktivisten nennen sich „Strobos": Aufkleber Ende der 1970er Jahre

"Das besondere der Badisch-Elsässischen ist meiner Ansicht nach nicht die Tatsache, dass hier eher die ‚Bürgerlichen' das Bild bestimmten, sondern der föderative Charakter des ganzen Unternehmens. Das haben sie im Norden nicht verstanden."

Walter Mossmann, 2012

Als Piratensender muss er aber immer wieder umziehen, denn die Polizei ist ihm auf den Fersen. Sie sucht mit Hubschraubern, Polizei- und Postfernmeldewagen, es ist ein ständiges Katz-und-Maus-Spiel. Später kann der Kanal dann unter dem Namen Radio Dreyeckland (RDL) von Colmar aus legal senden, ehe er 1988 eine offizielle Lizenz auch für Deutschland erhält. Seither und bis heute sendet RDL aus Freiburg.

Eine andere Gründergeschichte ist das Öko-Institut, denn die Atomkraftgegner haben eine Lücke zu füllen. Es gibt bis dato keine Leute, die Fundiertes zum Thema Atomkraft sagen können, ohne zugleich mit der Atomwirtschaft verbandelt zu sein. Am 5. November 1977 gründen daher 27 Bürger den Öko-Institut e. V.: Ingenieure, Physiker, Chemiker, Juristen und Theologen. Initiator ist eine Anwaltskanzlei, die gegen Wyhl engagiert ist. Und das Öko-Institut ist es schließlich auch, das den Begriff Energiewende prägt – als Titel eines Buches, das 1980 erscheint.

Unterdessen erreicht die Kritik am Projekt Wyhl auch die politischen Parteien. Aus der Stuttgarter FDP sind Ende 1977 erste Stimmen gegen Wyhl zu hören. Das Stuttgarter Wirtschaftsministerium unter CDU-Führung erklärt allerdings auch im März 1978 noch unverdrossen: „Auf Wyhl wird nicht verzichtet". Als Lothar Späth im August 1978 Ministerpräsident wird, ändert sich die grundsätzliche Position der Landesregierung nicht, wenngleich Späth weniger konfrontativ agiert als zuvor Filbinger.

Zugleich beginnt eine neue Form des Protestes populär zu werden: der Stromzahlungsboykott. Zahlreiche Bürger entschließen sich, die monatliche Stromrechnung nur noch zu 90 Prozent zu bezahlen. Zehn Prozent des Rechnungsbetrages gehen auf ein Treuhandkonto. Motto: „Keine Mark für Atomkraftwerke".

In dieser Zeit liegt das Schicksal Wyhls weiterhin in den Händen der Gerichte. Nach seiner Niederlage in Freiburg geht das Land erwartungsgemäß in die nächste Instanz nach Mannheim zum Verwaltungsgerichtshof. Dort wollen die Richter die Bürger nicht dabei haben, der Verhandlungsraum ist bewusst zu klein gewählt. Anfangs müssen selbst Prozessbevollmächtigte vor der Tür bleiben. Entsprechend fällt das Urteil aus: Die Richter weisen die Klagen im März 1982 ab. Formal ist der Bau des Atomkraftwerks damit wieder möglich, obwohl während des Prozesses deutlich geworden ist, dass die Entsorgung des Atommülls ungelöst ist.

Die Mannheimer Richter befinden – anders als die Freiburger –, dass die Risiken des Atomkraftwerks „zumutbar" seien, und erklären, es gebe keinen Grund, den Bau zu verbieten, weil „vor der Inbetriebnahme, die bisher noch nicht genehmigt ist, eine Gefährdung Dritter ausgeschlossen" sei. Auf 548 Seiten, verfasst „wie ein Kompendium der Reaktortechnik", wird die „wohl umfangreichste Urteilsbegründung in der westdeutschen Verwaltungsrechtsgeschichte" (Der Spiegel) verewigt.

Zwar beendet das Bundesverwaltungsgericht nach zehnjährigem Rechtsstreit den Fall im Dezember 1985 zugunsten der Landesregierung, doch diese will ihr formales Recht zu bauen nun nicht mehr wahrnehmen. Sie hat inzwischen Skrupel, gegen eine Protestbewegung vorzugehen, die mehr Mitglieder hat als alle Parteien im Bundestag zusammen. Hinzu kommt, dass die Angstmache, die Filbinger einst pflegte, seine Warnung vor dem Blackout, sich längst als absurd erwiesen hat: Strom gibt es auch ohne Wyhl mehr als genug.

Im Jahr 1987 wird das Projekt am Kaiserstuhl auch offiziell aufgegeben. Die *Badische Zeitung* würdigt die Historie als „Lehrstück" für die Erfolge von Bürgerengagement. Und Umweltaktivist Wolfgang Sternstein bilanziert: „Vielleicht ist es kein Zufall, dass die erfolgreichen Platzbesetzungen allesamt im alemannischen Sprachraum mit seiner immer noch erstaunlich lebendigen Demokratietradition gelangen – in Marckolsheim, Wyhl, Kaiseraugst und Gerstheim."

Ähnlich sieht es Liedermacher Walter Mossmann, der den Wyhl-Widerstand erheblich prägte: „Der alemannische Dialekt hatte etwas Verbindendes über die Staatsgrenzen hinaus." Oder, wie es der Wyhler Naturschutzwart und Kraftwerksgegner Meinrad Schwörer einmal sagte: „Man agierte in der eigenen Sprache, die sie in Paris nicht verstehen, die sie in Bonn nicht verstehen und die sie in München auch nicht verstehen."

Der Protest hält an: Plakat von 1983

40 Jahre nach der Bauplatzbesetzung, ein Abend in der Festhalle in Wyhl: Ein Vertreter der Landeszentrale für politische Bildung nennt Wyhl einen „Erinnerungsort", der grüne Kreisrat Axel Mayer, der auch damals schon dabei war, erinnert an den „Alemannenzorn" und lobt den hier „gelebten Regionalismus" als notwendiges Gegenfeuer zum Nationalismus. Noch immer hört man viel Alemannisch. Der amtierende Bürgermeister berichtet von einem Wyhl, das auch ohne Atomreaktor wirtschaftlich floriert. Und 300 Bürger hören zu.

Das Dorf hat offenkundig seinen Frieden gefunden. Im Wyhler Wald steht – kaum zu finden – seit der Jahrtausendwende ein Gedenkstein. „Nai hämmer gsait" steht drauf, was sonst. Und auch vor dem Gemeindehaus von Weisweil steht ein Stein: „Widerstand der Schöpfung zuliebe – 1. Mose 2,15". Als Zeichen, dass hier am Kaiserstuhl der Widerstand auch aus den Kirchengemeinden kommt.

Ein 1:2000-Modell von Wyhl und Umgebung, gebaut zur Einsatzplanung von der Polizei zwischen November 1980 und März 1981, verstaubt unterdessen im Keller der Freiburger Landespolizeidirektion. Es wurde nie gebraucht.

Baubeginn im Dunkeln: Die brutale Schlacht um Brokdorf

Anders als in Wyhl wird an der Elbe gebaut wie wild. Die Hamburgischen Electricitätswerke HEW ziehen am niedersächsischen Ufer das Atomkraftwerk Stade hoch (Inbetriebnahme: 1972), gegenüber in Dithmar-

Die Aussagen der Atomlobby

VOLKS VERDUMMUNG

>> **Wir sind gut unterwegs in eine nukleare Renaissance.**

William C. Ramsay, Vize-Chef der Internationalen Energie Agentur, Februar 2009 über die Atomkraft in Europa

Atomstromerzeugung EU in Milliarden kWh

1990 — 1995 — 2000 — 2005 — 2010 — 2015

Quelle: Eurostat (Bruttostromerzeugung in EU-28)

Von der Realität weit entfernt: die Atom-Propaganda. Faktencheck 6 (von 12)

schen den Reaktor Brunsbüttel (1977) und bei Geesthacht den Reaktor Krümmel (1984). Und die Nordwestdeutsche Kraftwerke AG (NWK) verkündet: „Die Elbe kann 40 Kernkraftwerke vertragen."

Längst hat die Atomwirtschaft auch Brokdorf im Blick. Während Bürgermeister Eggert Block (CDU) sich im Jahre 1971 noch um die Aufwertung seiner 700-Seelen-Gemeinde zum „Bad" Brokdorf bemüht, empfiehlt die NWK der Kieler Landesregierung bereits – noch geheim – die Elbgemeinde als Reaktorstandort. Als im November 1973 erste Pläne bekannt werden, gründet sich sofort die Bürgerinitiative Umweltschutz Unterelbe (BUU).

Heinrich Voß ist mit dabei. Vier Jahrzehnte später ist er gerade damit beschäftigt seinen Stall zu säubern, als er knapp jenseits der Gemeindegrenze von Brokdorf auf seinem Hof in Wewelsfleth empfängt. Ein Anwesen aus dem Jahr 1750, reetgedecktes Dach, im Stall 60 Kühe, schönste Landidylle. Wenn nur der Blick auf den Atomkoloss nicht wäre.

Und genau das sei damals auch ein Grund für den Widerstand gewesen, sagt der Bauer aus der Wilster Marsch: „Der Reaktor passt nicht in unsere Landschaft." Die Menschen hatten Angst vor der Industrialisierung. Und in der Tat wirkt kaum irgendwo ein Atomkraftwerk so deplatziert, wie hier an der Unterelbe: direkt am Deich, unmittelbar neben malerischen Seemannshäusern.

Als die ersten Pläne bekannt werden, ahnen die wenigsten, welchen Protest das Projekt einmal hervorrufen wird. Die NWK und die HEW, die im August 1974 die Baugenehmigung für das Areal am Rande des Dorfes beantragen, geben sich noch als Freunde der Bürger: Hausfrauen bekommen Topfblumen geschenkt, Kinder ein Eis.

Doch dann ändert Wyhl alles. Die Schmach einer Bauplatzbesetzung, die Kapitulation des Staates vor protestierenden, aber friedlichen Bürgern – das will die schleswig-holsteinische Landesregierung in Brokdorf mit allen Mitteln verhindern.

Sie bedient sich daher einer List. Eines Montags, es ist der 25. Oktober 1976, erteilt sie der NWK gegen 18 Uhr heimlich die erste Baugenehmigung für den Atommeiler und ordnet den Sofortvollzug an. Im Land erfährt niemand davon, mit Ausnahme von sechs Chefredakteuren, die Sozialminister Karl Eduard Claussen am Mittag persönlich informiert hat.

Zwei Stunden nach Mitternacht nehmen 180 Bereitschaftspolizisten die 30 Hektar große Wiese hinterm Deich ein. Der Platz wird eingezäunt, die Baumaschinen rücken an, und das alles in nächtlicher Dunkelheit. Man hört es bis nach Wewelsfleth: „Ich dachte, die Russen kommen", sagt Voß Jahrzehnte später in seiner Bauernstube.

Solche Geheimhaltung provoziert. Am folgenden Samstag, es ist ein nebliger und verregneter Tag, drängen 8000 Menschen auf den Bauplatz. Mit Drahtscheren schneiden sie die Zäune auf, und sie werfen Teppiche – zuvor als Transparente getarnt – auf die Nato-Draht-Barrieren, um diese unverletzt überwinden zu können. Zwar versuchen Werkschützer

„Die Umweltbewegung wird für das gelobt, was sie in der Vergangenheit getan und erreicht hat und sie wird dafür kritisiert, was sie aktuell fordert und durchsetzen will."

Axel Mayer,
BUND Südlicher Oberrhein

Weiser Spruch von Lincoln: in Brokdorf

Immerhin ein kleiner Erfolg: Das Kühlturmgelände in Grohnde wird besetzt

Freundschaftshaus ist obligatorisch: Grohnde 1977

und Polizisten den Vorstoß mit neu angeschafften Reizgas-Sprühgeräten zu verhindern, doch bei Einbruch der Dunkelheit haben 2000 Bürger einen großen Teil des Platzes besetzt.

Dieser Zustand aber währt nur kurz. Noch am selben Abend räumt die Polizei das Gelände mit 750 Beamten. Viele tragen das Sprühgerät Chemical Mace, genannt Chemische Keule. Das Tränengas Chloracetophenon (CN) liegt in der Luft.

Die Brutalität der Räumung macht den Protest stärker. Zwei Wochen später, am 13. November, zieht es mehr als 30.000 Menschen auf das Areal. Sie alle fordern: „Der Bauplatz muss wieder zur Wiese werden". Erneut versuchen die Bürger, das Gelände einzunehmen, probieren mit Drachen die Polizei-Hubschrauber auf Höhe zu halten. Die Situation eskaliert. Selbst bereits abziehende Demonstranten werden noch vom Hubschrauber mit Reizgas traktiert. So steht am Ende einer stundenlangen Schlacht eine brutale Bilanz: mehr als 100 verletzte Demonstranten, 79 verletzte Polizisten.

Der Versuch, Wyhl nachzueifern, ist damit gescheitert. Vor allem, weil die Polizei gewarnt war, und entsprechend aufgerüstet hatte. Zudem hatte sie weniger Hemmungen als die Kollegen anderthalb Jahre zuvor im Badischen. Die Menschen in Brokdorf erfahren damit, dass der Erfolg von Widerstand nicht zwingend reproduzierbar ist.

K-Gruppen wollen Revolution, die Wyhler ihren Frieden

Zumal die Situation in Brokdorf eine ganz andere ist. Die Gegend ist dünn besiedelt, die örtliche Bevölkerung daher alleine zu schwach. So ist man einerseits froh über jede Unterstützung aus den norddeutschen Großstädten, vor allem aus Hamburg und Bremen. „Andererseits zogen sich einige der Einheimischen zurück, als Ortsfremde die Überhand gewannen und der Protest eskalierte", sagt Landwirt Voß.

Es übernehmen bald hierarchisch organisierte kommunistische Gruppen das Ruder, sowie anarchisch denkende Autonome rund um den Bremer Physiker Fritz Storim. Es sind verschiedene K-Gruppen dabei, wie der Kommunistische Bund (KB), der Kommunistische Bund Westdeutschland (KBW) sowie die KPD/AO und die KPD/ML. Und die können professionell vernetzen und organisieren.

Das macht sie andererseits auch angreifbar. Liedermacher Walter Mossmann, der in Wyhl und später auch in Brokdorf demonstrierte, sagte einmal: „In Wyhl hatte der Widerstand keine Führungsstruktur, er war für die Projektbeteiligten unberechenbar, das machte ihn so erfolgreich." Und diesen Aspekt hätten im Norden nicht alle verstanden.

Ohnehin ist für die K-Gruppen der Widerstand oft nur Mittel zum Zweck; sie suchen auf den Bauplätzen Unterstützer zu akquirieren. Auch das ist ein Unterschied zu den bodenständigen Protestierern vom Kaiserstuhl: Die K-Gruppen wollen Revolution, die Bürger in Wyhl nur ihren Frieden.

Plakat von 1980

Strategisches Projekt der K-Gruppen: Grohnde 1977

Keine Berührungsängste: Weltbund zum Schutze des Lebens und Linke arbeiten pragmatisch zusammen

Und auch die Ernsthaftigkeit des Widerstandes steht manchmal in Frage, denn in den K-Gruppen pflegt man mitunter eine eigene Dialektik: Atomkraftwerke im Kapitalismus sind gefährlich, die gleiche Technik im Sozialismus jedoch, wo sie unter der Kontrolle der Arbeiterklasse steht, ist angeblich ohne Risiko.

Vor allem die marxistische Linke hat nichts gegen AKW, weil aus ihrer Sicht die Anlagen der Entwicklung der Produktivkräfte dienen. Entsprechend heißt es in einem Beschluss von März 1976: „Die DKP ist für den wissenschaftlich-technischen Fortschritt. Sie ist deshalb für die friedliche Nutzung der Atomenergie." Doch zugleich kämpfen Parteimitglieder auf den Bauplätzen gegen die Reaktoren.

Entsorgung ungelöst – Gericht verhängt Baustopp

In Brokdorf schreiten als nächstes die Richter ein. Das Verwaltungsgericht Schleswig verhängt am 17. Dezember 1976 auf Antrag von neun Bürgern einen Baustopp – wegen ungeklärten Verbleibs des Atommülls. Da hilft auch nicht, dass Ministerpräsident Gerhard Stoltenberg zuvor in einem Interview erklärt hatte, die Entsorgung des Atommülls, der in Brokdorf anfällt, sei sehr wohl gelöst: Man könne ja zunächst in der Asse lagern und dann in einem Endlager irgendwo in Niedersachsen.

Der Baustopp scheint manchem Befürworter des Projektes nicht ganz ungelegen zu kommen. Das vermuten zumindest die Gegner: „Manch einer hoffte, damit die Luft aus dem Kessel zu lassen, und damit den Widerstand zu brechen", sagt 40 Jahre später Karsten Hinrichsen, einer der engagiertesten Kritiker des Reaktors.

Hinrichsen wohnt direkt am Elbdeich in einem Häuschen mit Solaranlage auf dem Dach. Schon vor dem Haus werden Gäste begrüßt mit Anti-Atom-Symbolen. Hinrichsen ist Meteorologe, er zog 1982 nach Brokdorf, nachdem er zuvor von Hamburg aus meteorologische Gutachten für die Kraftwerksgegner geschrieben hatte. Als es ihn dann aus der Stadt aufs Land zog, lag Brokdorf nahe: „Hier kannte ich eben schon viele Leute".

Diese Verbindung von Großstadt und Land, die Hinrichsen verkörpert, ist ansonsten rar im Brokdorfer Widerstand: „Die Städter und die örtliche Bevölkerung waren auf dem Bauplatz keine Einheit". Zu unterschiedlich waren die Welten der politischen Akteure aus den Metropolen und jene der Landwirte aus der Wilster Marsch.

Und doch zeigt sich der Widerstand einstweilen robust. Trotz Baustopps geht er weiter, nur vorübergehend spaltet er sich auf. Als das Land für den 19. Februar 1977 in Brokdorf ein Demonstrationsverbot verhängt, kommt es zu zwei parallelen Kundgebungen. Die BUU ruft zur Demo am Rande der Verbotszone in der Wilster Marsch auf, der 35.000 Menschen folgen. Die SPD und einige Bürgerinitiativen laden am selben Tag zu einer Kundgebung in der Kreisstadt Itzehoe, zu der 10.000 Menschen kommen.

Daumenkino: Sprengung des Kühlturms in Hamm-Uentrop, September 1991

Plakat um 1980

Der Publizist und Zukunftsforscher Robert Jungk tritt an diesem Tag nahe Brokdorf auf und prägt in seiner Rede den Begriff Atomstaat. Diese Wortschöpfung habe er nicht am Schreibtisch vorbereitet, schreibt er später, sondern sie sei „wie eine plötzliche Eingebung" während der Rede entstanden. Es ist ein Begriff, der Karriere machen wird überall dort, wo Bürgerrechte hinter den Interessen der Atomwirtschaft zurückstehen müssen.

In Brokdorf hebt das Verwaltungsgericht Schleswig im Oktober 1979 den Baustopp wieder auf, wegen angeblicher Fortschritte in der Entsorgungsfrage. Denn zwischenzeitlich haben Bund und Länder sich darauf geeinigt, dass es zum Nachweis der Entsorgung reicht, wenn der Verbleib des Strahlenmülls für sechs Jahre geklärt ist. Durch eine geplante Wiederaufarbeitung wäre das der Fall. Als das Oberverwaltungsgericht Lüneburg das Urteil im Januar 1981 bestätigt, kann es weitergehen auf der Baustelle am Deich.

Rädelsführerschaft wird zur Millionenfrage

Auch der Protest geht natürlich weiter. Einer der Akteure von damals hat Jahrzehnte später in die Cafeteria des Europaparlaments geladen: Jo Leinen. Seit 1999 ist er Abgeordneter der SPD in Straßburg. In Brokdorf war er als Vorstandssprecher des BBU einer der führenden Köpfe.

Dabei kam der Jurist eher durch Zufall zur Atomkraft. Für eine kleine Zeitschrift wollte er einst einen Beitrag über das Thema grenzüberschreitende Zusammenarbeit verfassen. Die Badener und Elsässer schienen ihm dafür ein schönes Beispiel, und so fuhr Leinen nach Wyhl, schaute sich um auf dem Bauplatz und schrieb seinen Artikel. Damit war er in der Bewegung angekommen.

Plakat, 1981

In den Gängen des Europaparlaments herrscht an diesem Vormittag geschäftiges Treiben. Auch Leinen muss bald in die nächste Plenarsitzung, aber so viel hat er doch zu sagen: „Ist Bauplatzbesetzung noch das richtige Mittel gegen Atomkraft?", das habe er nach den ersten Aktionen in Wyhl bald gefragt. Oder gibt es bessere Aktionen? „Ihr müsst in Bonn demonstrieren", sagt er bald seinen Mitstreitern, und so kommt es im Juli 1975 zu einer Aktion vor dem Forschungsministerium: „Das gab es noch nie, das war ein Schock."

Minister Hans Matthöfer lädt daraufhin 21 Leute aus den Bürgerinitiativen zu einem dreistündigen Gespräch. „Damit war der Widerstand in Bonn angekommen", sagt Leinen. Er sieht es auch als seinen Verdienst. Zumal Matthöfer im Anschluss seinen „Bürgerdialog Kernenergie" startet, für den er in den nächsten drei Jahren zwei Millionen Mark bereitstellt, um eine gesellschaftliche Diskussion über Nutzen, Risiken und Alternativen der Atomenergie zu führen. Ergebnisoffen ist der Dialog aber nicht, und so trägt er kaum dazu bei, die verhärteten Fronten aufzuweichen.

In Brokdorf eskaliert die Lage sogar bald mehr denn je. Am 28. Februar 1981 kommen mehr als 100.000 Menschen aus der gesamten Republik zu einer Demonstration zusammen und treffen auf 10.000 Sicherheitskräfte, die ebenso aus ganz Deutschland angereist sind. Die Staatsvertreter demonstrieren Macht, die Bürger ihre Unnachgiebigkeit. „Die Helikopter donnerten fünf Meter über unseren Köpfen", erinnert sich Leinen. Die Bilanz am Ende des Tages: 128 verletzte Polizisten und etwa genauso viele verletzte Demonstranten.

Für Leinen hat die Demo noch ein juristisches Nachspiel. Innenminister Uwe Barschel klagt gegen ihn, legt ihm als angeblichem Rädelsführer des Brokdorf-Widerstands Millionenschäden zur Last. Von 17 Millionen Mark ist die Rede. Als Vorsitzender des BBU ist Leinen am ehesten greifbar. Das Verfahren geht durch drei Instanzen, einer seiner Verteidiger ist der spätere Bundeskanzler Gerhard Schröder.

Leinen wird freigesprochen. Das Gericht erkennt an, dass es bei solchen kollektiven Aktionen keinen dirigierenden „Leiter und Führer" gibt. Ausschlaggebend dafür ist auch ein Gutachten des Berliner Politikwissenschaftlers Wolf-Dieter Narr über die Struktur von Bürgerinitiativen. Es zeigt, dass diese über keinen Rädelsführer verfügen.

Und wenn er verurteilt worden wäre? „Ich hätte nie mehr anfangen müssen zu arbeiten, ich wäre fertig gewesen", sagt Leinen. Und entschwindet zur nächsten Abstimmung in den Plenarsaal des EU-Parlaments.

Daumenkino: Sprengung des Kühlturms in Hamm-Uentrop, September 1991

Erste Windräder nach Tschernobyl und ein Kessel im Hamburg

Die eskalierte Demo im Februar 1981 ist ein letztes Aufbäumen in Brokdorf. Zwar gehen bereits einige Politiker auf Distanz, aber auch sie können das AKW nicht mehr stoppen. Hamburgs Bürgermeister Hans-Ulrich Klose (SPD) tritt im Mai 1981 von seinem Amt zurück, nachdem er den von ihm gewünschten Ausstieg der HEW aus dem Projekt nicht gegen seine Hamburger Parteikollegen durchsetzen kann.

In den folgenden Jahren schreitet der Bau voran. Als im April 1986 der Tschernobyl-Reaktor explodiert, flammt der Protest nochmals auf, vor allem aber wird die Suche nach Alternativen nun verstärkt. Der Brokdorfer Ingenieur Helmut Häuser gründet den „Umschalten e.V.", der fortan Windkraftanlagen aufstellt. Auch Meteorologe Hinrichsen kauft eine Windturbine und stellt sie auf den Acker von Landwirt Albert Reimers in Wewelsfleth auf, unweit des Reaktors. In dieser Zeit sind das Pionierleistungen.

Eine letzte Demonstration gegen die Inbetriebnahme des Meilers ist für den 7. Juni 1986 geplant. Aber sie scheitert an einer weiträumigen Polizeisperre im schleswig-holsteinischen Kleve. Weil die Blockade nicht ganz unerwartet kommt, haben die Atomkraftgegner als Ausweichtermin bereits frühzeitig eine Demo in Hamburg auf dem Heiligengeistfeld für den nächsten Tag anberaumt. Dort wollen sie dann für „ein Recht auf Demonstration" und „gegen Polizeiwillkür" eintreten.

"Da mit Hilfe des Brutprinzips die Kernenergie praktisch für Jahrtausende einen erneuerbaren Brennstoffzyklus bietet, ist sie wegen der gegenüber der Sonnenenergie geringeren Materialintensität um rund eine Größenordnung ‚erneuerbarer' als Sonnenenergie."

Walter Seifritz,
Leiter der Physikabteilung
im EIR Würenlingen,
1980

Eskalation: Platzräumung in Grohnde mit Wasserwerfer und Chemischer Keule

5000 Polizisten gegen 20.000 Demonstranten: Grohnde 1977

Auch die Polizei kennt die Alternativpläne. Noch bevor sich an diesem 8. Juni 1986 in Hamburg ein Demonstrationszug formieren kann, stürmt die Polizei den Platz und kesselt mehr als 800 Menschen ein. Bis zu 13 Stunden hält sie diese dann gefangen – ohne Essen, ohne Trinken, ohne die Möglichkeit, Toiletten aufzusuchen. Man spricht vom „Hamburger Kessel".

Später erklärt das Verwaltungsgericht Hamburg den Einsatz für rechtswidrig, das Landgericht verwarnt die vier verantwortlichen Polizeiführer wegen Freiheitsberaubung. Und jeder der Eingekesselten erhält 200 Mark Schadensersatz zugesprochen.

Angeheizt auch durch solche Polizeiaktionen greifen einige Atomkraftgegner in diesem Sommer zu weiteren militanten Mitteln. Speziell in Norddeutschland werden mehr als 100 Strommasten beschädigt – abgeschraubt, angesägt, gesprengt. Die Gruppen tragen Namen wie „Revolutionäre Heimwerker" oder „Verband der Sägefische".

Den Reaktor können auch diese Aktionen nicht mehr stoppen. Am 8. Oktober 1986 geht der Meiler Brokdorf nach einer Bauzeit von rund 10 Jahren ans Netz. Als weltweit erstes Atomkraftwerk nach Tschernobyl.

Daumenkino: Sprengung des Kühlturms in Hamm-Uentrop, September 1991

Bauplatzbesetzung mit Dorfschwein: Grohnde

Eng verknüpft mit dem Kraftwerk an der Unterelbe ist der Widerstand in Grohnde, wo das Kraftwerk zu diesem Zeitpunkt schon seit zwei Jahren in Betrieb ist.

Die Suche nach einem Repräsentanten des Widerstandes an der Weser führt in eine Braunschweiger Etagenwohnung, zu Peter Dickel. Seine Regale sind voll mit Ordnern und Büchern, er hat einen Beamer mit Leinwand aufgebaut. Der Arbeitsraum verströmt den Charme eines langjährigen und noch immer rege genutzten Aktionsbüros.

Dickel studierte Jura in Hamburg, wo er im Oktober 1976 mit dem Brokdorf-Widerstand in Kontakt kam. Interessanter und wichtiger als das Studium fand er das allemal – und so brach er seine akademische Ausbildung ab. Zwischen Brokdorf und Grohnde, Asse und Gorleben wurde Dickel, der sich politisch als Angehöriger der „undogmatischen Linken" sieht, zu einem der Wortführer im norddeutschen Atomwiderstand. Und zu einem der großen Strategen. Wegen der Asse, sagt er, sei er nach Braunschweig gezogen.

In Grohnde war er natürlich auch dabei. Während er Dokumente von damals an die Wand projiziert, beginnt er zu erzählen. Auch bei diesem Projekt beginnt der Widerstand, wie so oft, auf dem formalen Weg: Im Sommer 1974 legen mehr als 12.000 Menschen Einspruch gegen den Bauantrag ein.

Einer der lokalen Vordenker ist Werner Schirr, ein Gartenarchitekt aus Bad Pyrmont. Er ist, wie so viele in den Anfangstagen des Atomprotestes, im Weltbund zum Schutze des Lebens (WSL) aktiv. Wertkonservativ würde man ihn heute nennen. Auch er engagiert sich später in der Grünen Liste Umweltschutz.

Wahlplakat
Baden-Württemberg, 1980

Bald wollen die urbanen Linken aus der Mitte und dem Norden der Republik, vor allem aus Göttingen, im Widerstand mitmischen. „In Grohnde dabei zu sein, war eine strategische Entscheidung der K-Gruppen", sagt Dickel rückblickend. Sie suchten sich zu profilieren, was insofern gut ging, als der Widerstand der örtlichen Bevölkerung überschaubar war. Und mit dem Weltbund arbeiteten alle Gruppen gerne zusammen, ihrer weltanschaulichen Differenzen zum Trotz. Denn der hatte – da war man ganz pragmatisch – ein gemeinnütziges Spendenkonto.

Der formale Widerstand mit Einsprüchen gegen das Projekt scheitert schnell, und so kommt es am 19. Februar 1977 zur ersten Demo. Man verabredet sich, in vier Wochen wieder zu kommen – dann aber mit Macht. So strömen am 19. März nach Aufrufen von fast 40 Bürgerinitiativen annähernd 20.000 Demonstranten auf den Bauplatz. Inspiriert durch den Protest in Wyhl wollen sie ihn dauerhaft in Beschlag nehmen. Aber auch in Grohnde haben Politik und Stromwirtschaft aus den Vorgängen am Kaiserstuhl gelernt. 5000 Polizisten sind vor Ort, Zäune sind errichtet.

Auf der anderen Seite haben auch die Gegner aufgerüstet. Vor allem die K-Gruppen bringen sich in Stellung mit Stahlseilen, großen Enterhaken und Werkzeugen zum Zäuneknacken. Einige haben zuvor – noch ungestört durch die Polizei – in der Nähe Erddepots mit Werkzeugen angelegt. Manche Kontrolle der Polizei, die Kofferräume untersucht, läuft damit ins Leere. So gelingt es Demonstranten mit Schweißbrennern und Bolzenschneidern die Zäune an mehreren Stellen einzureißen.

Die geplante Besetzung des Baugeländes misslingt trotzdem. Denn die Polizei schreitet mit Knüppeln, Tränengas und Chemischen Keulen ein. Aber auch die Demonstranten sind gerüstet, zum Teil mit Helm, mit Gasmaske, zumindest mit Taucher- oder Schwimmbrille. Sie haben Schutzschilde aus Holz oder Plastik, mitunter schlicht Deckel von Mülltonnen.

In einer stundenlangen Schlacht werden die Atomkraftgegner von der Polizei zurückgedrängt. Örtliche Atomkraftgegner sind kaum beteiligt, die Akteure kommen fast alle von außerhalb. Mit Hunderten von Verletzten ist dies die bis dato gewalttätigste Auseinandersetzung in der westdeutschen Demonstrationsgeschichte.

Die niedersächsische Landesregierung kommt auf eine eigenwillige Idee. Unter den Teilnehmern der Demonstration sucht sie 18 heraus, von denen sie gesamthaft 240.000 Mark Schadensersatz einklagt, was schiefgehen muss. Der Bundesgerichtshof entscheidet 1984, dass für Schäden bei Demonstrationen nicht haftet, wer zufällig von der Polizei festgehalten wurde, sondern, wer sie nachweislich angerichtet hat.

Auch Strafverfahren strengt das Land an. „Verbrecher", sagt Ministerpräsident Ernst Albrecht, müssten „ihrer gerechten Bestrafung zugeführt" werden. Doch 110 Ermittlungsverfahren werden bald eingestellt, nur gegen elf Demonstranten wird am Ende Anklage erhoben, acht werden schließlich zu Haftstrafen verurteilt.

Zwischenzeitlich ist den Atomkraftgegnern im Sommer 1977 auf dem Bauplatz immerhin ein kleiner Erfolg gelungen: Fünf Wochen lang besetzen vor allem junge Leute das Kühlturmgelände, bauen 20 Hütten und legen einen Brunnen an, installieren Sonnenkollektoren und errichten einen Backofen. Und sie halten sich ein Dorfschwein.

Am 23. August räumen 1500 Polizisten das Gelände, und der Bau schreitet voran. Zwar müssen im Juli 1977 die Arbeiten auf Entscheidung des Verwaltungsgerichts für fast zwei Jahre gestoppt werden, doch im September 1984 geht das Kraftwerk ans Netz. Beteiligt daran sind auch die Stadtwerke Bielefeld mit 16,7 Prozent. Damit ist Grohnde ein Sonderfall: Eine kommunale Beteiligung an einem AKW gibt es in Deutschland nur noch ein weiteres Mal, nämlich bei den Stadtwerken München, die 25 Prozent am Reaktor Isar 2 halten.

Daumenkino: Sprengung des Kühlturms in Hamm-Uentrop, September 1991

In die Parlamente: „Weder links, noch rechts, sondern vorn"

Als Außerparlamentarische Opposition gestartet, richtet die Anti-Atom-Bewegung zunehmend den Blick auch auf die Parlamente. Nur zwei Wochen nach der ersten Demo in Grohnde verteilt sie bereits Flugblätter: „AKW-Gegner in den Landtag". Und: „Schickt die Atomparteien nach Hause – und zwar schon im nächsten Jahr!" Dann nämlich ist Landtagswahl in Niedersachsen. Die Grüne Liste Umweltschutz (GLU) tritt im Juni 1978 an und erzielt mit 3,9 Prozent aus dem Stand ein beachtliches Ergebnis.

Auch auf Bundesebene verändert sich die Parteienlandschaft. Treibende Kraft ist Herbert Gruhl, der seit 1969 für die CDU im Bundestag sitzt. Er denkt ökologisch, ist Autor des Umweltbestsellers „Ein Planet wird geplündert", und ist von 1975 bis 1977 Vorsitzender des Bund für Umwelt und Naturschutz (BUND). Am 13. Juli 1978 gründet er die bundesweite Grüne Aktion Zukunft (GAZ). „Weder links, noch rechts, sondern vorn" lautet sein Slogan, der ideologische Differenzen überwinden soll. Gruhl behält sein Bundestagsmandat, und ist damit formal der erste Abgeordnete einer grünen Partei im deutschen Parlament.

Doch schon bald gehen die GAZ und die GLU, ebenso wie die zwar noch immer national, aber zugleich schon stark ökologisch ausgerichtete Aktionsgemeinschaft Unabhängiger Deutscher (AUD) in einer einheitlichen Umweltpartei auf. Im September 1979 gründen 700 Anhänger der ökologischen Bewegung in Sindelfingen bei Stuttgart den ersten Landesverband der Partei „Die Grünen". Ebenfalls in Baden-Württemberg – in Karlsruhe – wird im Januar 1980 auch die Bundespartei gegründet. Das Spektrum der Gründungsmitglieder deckt das gesamte Links-Rechts-Spektrum ab, bis hin zum völkisch gesinnten norddeutschen Ökolandwirt Baldur Springmann.

Mit der neuen Partei strebt die ökologische Bewegung, die sich bislang als überparteilich verstand, nun in die Parlamente. Manche Atomkraftgegner sehen darin zwar einen Widerspruch, doch die junge Partei

Nobelpreisträger gegen Zwentendorf: Konrad Lorenz

agiert auf diesem Weg durchaus erfolgreich: Im März 1980 ziehen die Grünen in den baden-württembergischen Landtag ein, im März 1983 auch in den Deutschen Bundestag.

Im gleichen Jahr gründet sich die Grüne Partei der Schweiz. Und in Österreich vereinen sich 1986 die beiden grünen Listen, die Vereinte Grüne Österreichs (VGÖ) und die Alternative Liste Österreichs (ALÖ), zur Grünen Alternative. Ihr Aufstieg führt sie bis ins höchste Staatsamt: Im Mai 2016 wählen die Bürger des Landes einen Grünen, den Wirtschaftswissenschaftler Alexander van der Bellen, zum Bundespräsidenten.

Es ist vor allem ein symbolträchtiger Sieg der Anti-Atom-Bewegung. Denn auch in Österreich hat die Geschichte der Grünen mit der Atomkraft begonnen. Mit dem Projekt Zwentendorf bei Wien.

„Gelebte Demokratie": Bürger stoppen Zwentendorf

Eine der Parteigründerinnen ist Freda Meissner-Blau, natürlich ist auch ihre Biografie durch Zwentendorf geprägt. „Jeanne d´Arc der Grünen" wurde sie oft genannt. Bei der Bundespräsidentenwahl 1986 erzielt sie mit 5,5 Prozent der Stimmen einen Achtungserfolg.

Ein Blick zurück in die frühen sechziger Jahre. In jene Zeit, als Freda Meissner-Blau mitunter die Worte fehlen – im wahrsten Sinne. Sie arbeitet in Paris als Übersetzerin für französische Atomfirmen. Die Unternehmen sind bestrebt ihre Technik auch auf dem deutschen Markt zu etablieren. Solche Übersetzungen sind nicht leicht in dieser Zeit. „Oft gab es kein deutsches Vokabular", sagt sie ein halbes Jahrhundert später, „das musste ich erst prägen".

„Jeanne d'Arc der Grünen": Freda Meissner-Blau

Am Anfang versteht Meissner-Blau gar nichts von der Materie, die Atomfirma stellt ihr daher zwei Ingenieure zur Seite. Und so übersetzt sie diese Texte aus der neuen Welt, vor allem geht es darin um Graphit-Reaktoren. Ein Jahr geht ins Land und die studierte Publizistin lernt nebenbei viel über die Atomkraft.

Dann aber kommen ihr Fragen. Ernste Fragen. „Was passiert eigentlich mit den abgebrannten Brennstäben", erkundigt sie sich eines Tages bei den beiden Ingenieuren. „Dumme Frage", sagt der eine sichtbar genervt – und geht hinaus. „Die werden zersägt", sagt immerhin der andere. Und wie? „Mit Robotern." Und dann? „Die Teile werden in Glas gegossen, mit Stahl ummantelt, dann mit Beton". Aber dann seien sie ja immer noch nicht weg, wendet Meissner-Blau ein. „Wir werfen sie ins Meer", sagt der Ingenieur trocken. „Das dürfen sie nicht tun, das ist ein Verbrechen", entfährt es ihr. Sie bekommt nie wieder einen Auftrag der Atomfirmen.

Jahre später, im Jahr 1972, kehrt die Übersetzerin zurück nach Wien. Dort muss sie erfahren, dass in ihrem Land inzwischen fünf Atomreaktoren geplant sind; der erste in Zwentendorf ist im Bau. Ihr Mann sagt: „Zwentendorf ist entschieden, beim zweiten Projekt, St. Pantaleon, da kann man noch was machen."

Aber Meissner-Blau ist eine entschlossene Frau, sie will auch Zwentendorf nicht akzeptieren. Sie schließt sich den Kraftwerksgegnern an, während die Anlage weiter gebaut wird. 1971 war bereits Baubeginn.

„Der Widerstand war sehr rudimentär anfangs", erinnert sich später Mitstreiter Peter Weish. Am Atomforschungszentrum Seibersdorf arbeitet er in den sechziger Jahren als Biologe und Chemiker, sein Thema sind strahleninduzierte Mutationen. Schon früh stellt er dort „einen leichtfertigen Umgang mit Strahlung" fest. Er schreibt 1969 seinen ersten atomkritischen Artikel und ruft um 1970 zur ersten Demo am Bauplatz Zwentendorf auf. Aber die Umweltorganisationen tauchen hier nicht auf. „Der Österreichische Naturschutzbund hatte die Hoffnung, damit die Wasserkraft zurückzudrängen", sagt Weish später.

1974 nimmt der Widerstand zu. Auf der einen Seite steht eine „Propagandamaschine der Regierung", wie Meissner-Blau sagt. Auf der anderen Seite stehen immer mehr Menschen, die sich in Telefonketten organisieren.

Daumenkino: Sprengung des Kühlturms in Hamm-Uentrop, September 1991

Unter den Gegnern ist inzwischen auch der ehemalige Atommanager Klaus Traube aus Deutschland. Seine Stimme hat Gewicht: „Zwentendorf war mein Kind", sagt er später. Denn bei Siemens hat er einst jenen Siedewasserreaktor entwickelt, der nun in Zwentendorf gebaut wird. Nach seinem Abschied von der Atom-Technik wurde er so „zum Kronzeugen der Gegner", wie er selbst feststellte.

Auch andernorts in Europa eskaliert inzwischen der Protest gegen die Nuklearenergie. Auf dem Bauplatz des französischen Reaktors Creys-Malville tötet am 31. Juli 1977 eine Blendgranate einen der Protestierer. Abgefeuert wurde diese Granate von einer Spezialeinheit der Nationalpolizei. Für Meissner-Blau keine überraschende Entwicklung: „Das ist der Atomstaat, wie ihn Robert Jungk beschrieben hat." Sie ist gerade 50 Jahre alt geworden und auf dem Weg, die Grande Dame des Zwentendorf-Protestes zu werden. Oder, wie Mitstreiter Peter Weish sagt, die „Seele der Anti-Atom-Szene".

Österreichisches Plakat von 1978

Im Jahr darauf ist das Kraftwerk Zwentendorf fertig. Aus Hanau sollen die Brennstäbe kommen – die letzte Möglichkeit, eine Inbetriebnahme zu verhindern, ist die Blockade der Zufahrt. Sie hat zunächst Erfolg, am Ende aber doch nicht: Die Brennstäbe werden schließlich per Helikopter abgeladen.

Doch ein Sternlauf im Sommer 1978 mit 10.000 Menschen hat die Politik aufgeschreckt. Auch Prominenz ist dabei, zum Beispiel der Zoologe und Nobelpreisträger Konrad Lorenz. Initiativen, wie „Frauen gegen Zwentendorf" und „Mütter gegen Atomkraft" setzen die Politik unter Druck.

Auch Naturschützer sind inzwischen dabei. „Erwähnenswert ist, dass die Bewegung zu jener Zeit vorwiegend aus Menschen bestand, die man eher dem konservativen Lager zuzählen konnte", erinnert sich Pe-

Mobilisierung gelingt: Demonstration in Tulln gegen AKW Zwentendorf

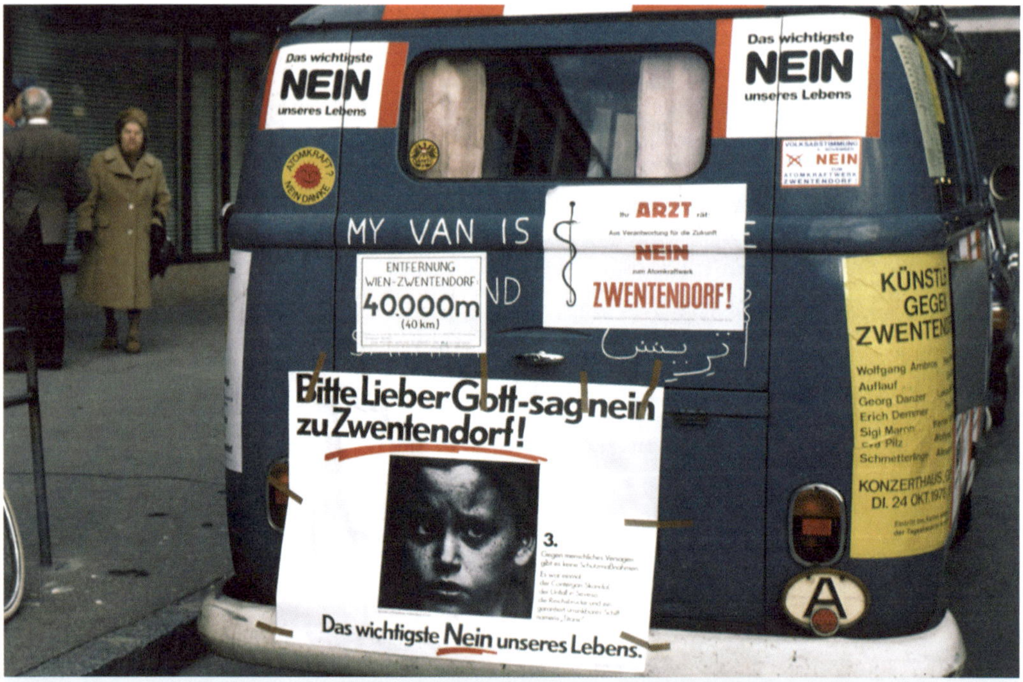

Das Nein ist überall: Vor der Abstimmung in Österreich 1978

ter Weish. Tonangebend seien Vereine wie der Österreichische Naturschutzbund gewesen und – wieder einmal – der Weltbund zum Schutze des Lebens. Aber auch Marxisten und Trotzkisten sind dabei. „Man hat nicht gefragt: woher kommst du?", erinnert sich Meissner-Blau später. Es ist ein gemeinsamer Protest auf Zeit, da ist man pragmatisch.

Diese Zusammenarbeit über das gesamte politische Spektrum hinweg zeigt Wirkung. Bundeskanzler Bruno Kreisky (SPÖ) beschließt, das Parlament über die Inbetriebnahme des startbereiten Meilers entscheiden zu lassen. Mit skurrilen Folgen: Die oppositionelle ÖVP will zwar das Atomkraftwerk in Betrieb nehmen, aber sieht zugleich die Chance, sich gegen den starken Kanzler zu profilieren. Also will sie nur zustimmen, wenn die Entsorgung des Atommülls geklärt ist und treibt damit Kreisky vor sich her.

Die Idee, den Müll im Waldviertel abzuladen, scheitert schnell an protestierenden Bauern – in Österreich, das wird schnell klar, kann es keinen Standort geben. Verzweifelt sucht die Regierung in anderen Ländern. Man kontaktiert den Schah von Persien, der bereit ist den Müll zu nehmen – doch die Zusage zählt bald nicht mehr, weil er von Ajatollah Chomeini abgelöst wird. Man kontaktiert Ägypten – doch das Land winkt ab. Man fragt in China – doch dort will man so viel Geld, dass Österreich ablehnt.

Die Niederlage im Parlament vor Augen schwenkt Kreisky um – jetzt will er das Volk befragen. Der Nationalrat beschließt daher im Juli 1978 ein „Bundesgesetz zur friedlichen Nutzung der Kernenergie", das die Inbetriebnahme des AKW Zwentendorf vorsieht, und bestimmt gleichzeitig, darüber am 5. November das Volk abstimmen zu lassen. Die Regierung rechnet aufgrund von Umfragen fest mit einer Zustimmung der Bürger.

Eine Materialschlacht beginnt. Bei Kerze und Kienspan werde man frieren, warnt die Atomlobby. Man werde zurück zum Waschbrett müssen und Frühchen könnten nicht mehr im Brutkasten gerettet werden – was man halt so anführt, wenn man Angst verbreiten will.

In einer ihrer Werbebroschüren mit dem Titel „Warum wir Zwentendorf brauchen" heißt es, „Strom aus Kernkraftwerken" sei „vorderhand und auf längere Zeit die einzige Möglichkeit, um die Stromversorgung der Industriestaaten vor Engpässen zu schützen." Das Kraftwerk sei nötig, „damit die Lichter in den Wohnungen und Büros nicht verlöschen. Damit Motoren und Fabriken, damit die Verkehrsmittel nicht stehen bleiben. Damit die Arbeitsplätze und die Existenz für Millionen gesichert sind."

Als der Protest gegen das Projekt dennoch zunimmt, setzt der populäre Kreisky alles auf eine Karte – und kündigt für den Fall einer Ablehnung des Volksentscheids seinen Rückzug aus der Politik an. Mit erneut kuriosen Konsequenzen: Parteifreunde seiner SPÖ, die gegen das Kraftwerk sind, wollen nun dafür stimmen um Kreisky zu halten. Anhänger der oppositionellen ÖVP, die für das Kraftwerk sind, wollen zugleich

Daumenkino: Sprengung des Kühlturms in Hamm-Uentrop, September 1991

Initiator der Volksabstimmung: Bundeskanzler Bruno Kreisky

dagegen stimmen um Kreisky abzusägen. Meinungsforscher finden heraus, dass beide Gruppen etwa gleich stark sind.

Die Gegner teilen nun ganz Österreich in Planquadrate auf. Meissner-Blau ist mit dem Fahrrad im Waldviertel unterwegs – und erreicht dort mit ihrer offenen Art die Menschen. „Man muss mit ihnen die Sprache sprechen, die sie verstehen", sagt sie. Die Bauern fragt sie, was sie tun, ehe sie einen Stall bauen. „Einen Platz für den Mist suchen" ist immer die Antwort. „Eben", sagt sie dann – und die Bauern haben verstanden.

Acht Milliarden Schilling sind in Zwentendorf schon verbaut. Aber kann das ein Argument für die Inbetriebnahme des Reaktors sein? Die Gegner ziehen über den Naschmarkt in Wien. Dort fragen sie die Menschen, was sie täten, würden sie zuhause feststellen, dass zwischen ihre teuer gekauften Steinpilze ein hochgiftiges Exemplar geraten ist. Trotzdem essen, weil die Pilze so teuer waren? Auch das Argument kommt an bei den Menschen. Und dennoch scheint den Gegnern ein Abstimmungserfolg nicht greifbar: „Ein Drittel der Stimmen wäre großartig", sagt Meissner-Blau.

Dann kommt der Tag der Entscheidung. Und tatsächlich scheinen bald die Befürworter die Oberhand zu haben, trotz Rekordergebnissen in Vorarlberg mit zum Teil mehr als 80 Prozent Nein-stimmen. Erst zum Schluss kommen die Zahlen aus Wien. Sie erst bringen die Wende und damit den Sieg der Gegner. Das Ergebnis ist denkbar knapp. 50,47 Prozent der Wähler sind gegen die Inbetriebnahme, 49,53 Prozent dafür. Nur rund 20.000 Stimmen geben den Ausschlag. Und Meissner-Blau freut sich über die „gelebte Demokratie".

Beginn des Atomausstiegs in Österreich

So geht der fertiggestellte Reaktor nie ans Netz. Peter Weish sagt: „Damit wurde Österreich von einem der letzten Industrieländer ohne Atomkraft zum ersten Industrieland ohne Atomkraft." Atomkraftgegner frotzeln fortan, in Zwentendorf stehe das weltweit einzige 1:1-Modell eines Atomreaktors. Andere nennen die Anlage ein „Phantomkraftwerk" (so das Wirtschaftsmagazin *brand eins*). Später wird der Bau zeitweise als Unterrichtsgebäude genutzt.

Bundeskanzler Kreisky bleibt trotz seiner Abstimmungsniederlage im Amt – seine Partei überredet ihn zu bleiben. Weil er aber nun das Atomthema für alle Zeiten vom Tisch haben will, schlägt er vor, ein Verbot der Atomkraft in die österreichische Verfassung aufzunehmen. Im Dezember 1978 verabschiedet das Parlament das Atomsperrgesetz.

Damit sind dann auch das Kraftwerk in St. Pantaleon-Erla in Niederösterreich und alle anderen Projekte gestoppt. Das „Ruhrgebiet an der Enns", das die Atomkraftgegner im Gefolge des Projektes St. Pantaleon fürchteten, mit Raffinerie, Acrylwerk und anderen Industrien, ist damit auch verhindert.

Als am 28. März 1979 in Harrisburg der Reaktor Three Mile Island havariert, wird für Wiens Bürgermeister Leopold Gratz deutlicher denn je: Die Österreicher haben richtig entschieden. Zumal Reaktoren der Zwentendorfer Bauart in Deutschland (in Lingen, Gundremmingen, Würgassen und Brunsbüttel) vor allem durch Pannen von sich reden machen.

Weil die Deutschen keine Möglichkeit der nationalen Volksabstimmung haben, tragen sie die Auseinandersetzung über die Atomkraft vor allem juristisch und auf der Straße aus. Auch in Kalkar am Niederrhein, wo es vor allem einen Gegner des Kraftwerks gibt, um den sich der ganze Widerstand aufbaut.

Kalkar: Ein konservativer Bauer wird grün

Sein Vorname taucht selten auf, die meisten nennen ihn schlicht „Bauer Maas", und das sagt schon einiges. „Bauer Maas" ist in all den Jahren fast so etwas wie ein Markenname geworden, eine Art Chiffre für den Widerstand gegen den Schnellen Brüter von Kalkar. Damit es dennoch gesagt ist: Sein Vorname ist Josef.

Daumenkino: Sprengung des Kühlturms in Hamm-Uentrop, September 1991

Die Äcker von Bauer Maas befinden sich in Kalkar-Hönnepel, einem Dorf mit wenigen hundert Einwohnern. Der Hof blickt auf zehn Generationen zurück, es gab Schweine, zeitweise auch Kühe und Puten und von jeher wurde Ackerbau betrieben. Mit 30 Hektar Land ist es ein mittelgroßes Anwesen, für damalige Verhältnisse. Und Maas ist – auf den ersten Blick – ein Landwirt, wie er typisch ist in den siebziger Jahren am Niederrhein: katholisch und CDU-Mitglied, aktiv im örtlichen Kirchenvorstand, Vater von fünf Kindern, ein strenger Vater.

Dann aber kommt der Brüter. Eine Technik voller Verheißungen, schenkt man der Atomlobby Glauben. Brüter, so heißt es, könnten 60mal mehr Energie aus den Uranvorräten gewinnen als die normalen Leichtwasserreaktoren. Denn sie erzeugen ihren Brennstoff gewissermaßen selbst, was immer ein wenig nach Perpetuum Mobile klingt, aber natürlich nicht möglich ist.

Ursprünglich sollte der erste deutsche Brüter in Weiswiler in der Nähe von Aachen gebaut werden. Doch Mitte 1970 wird dieser Standort aufgegeben; zu dicht ist hier die Besiedelung. Der neue Standort soll nun Kalkar-Hönnepel werden. Nur wenige Tage nachdem er benannt ist, beantragt dort am 4. Januar 1972 die SBK (Schnell-Brüter-Kernkraftwerksgesellschaft) bereits eine Baugenehmigung.

Zur Finanzierung des Widerstands

Die Sache mit Weiswiler hat den Landwirt nachdenklich gemacht. Dort, wo viele Menschen wohnen, will man den Reaktor nicht, aber ihm wollen sie ihn direkt vor den Hof setzen? Maas, der im Ort einige Mitstreiter findet, sieht einen Hebel, das Projekt zu verhindern: Das Ge-

Belagerte Festung: Baustelle des Brüters in Kalkar-Hönnepel, 1977

Brüter bewegt die Massen: Auf dem Marktplatz in Kalkar, 1977

lände, auf dem die Anlage entstehen soll, gehört der Kirche. Also weigert sich der Kirchenvorstand von Hönnepel, dem auch Maas angehört, im September 1973 „aus Gewissensgründen", das Land zu verkaufen.

Doch der Münsteraner Bischof interveniert. Kurzerhand setzt er das örtliche Kirchenkollegium ab und einen neuen Kirchenvorstand ein, der nun nichts Eiligeres zu tun hat, als dem Verkauf zuzustimmen. Das bischöfliche Vikariat kassiert dafür 1,1 Millionen Mark. Für Maas ist das ein Affront, der ihn zum führenden Widerstandskämpfer von Kalkar werden lässt.

Leider auch zu einer tragischen Figur. Vier Jahrzehnte nach dem Kampf verfällt der einstige Hof. Teile des Anwesens sind durch Absperrgitter zur Straße gesichert. Direkt gegenüber der Dorfkirche an der örtlichen Hauptstraße zeugt das Ensemble von einem unglücklichen Ende eines einst florierenden Landwirtschaftsbetriebs.

Daumenkino: Sprengung des Kühlturms in Hamm-Uentrop, September 1991

Bauer Mass lebt inzwischen nicht mehr, er ist 2008 verstorben. Seine Tochter Ursula van Dick wohnt noch – oder besser: wieder – in Hönnepel, in einem Neubaugebiet. Sie ist 1969 geboren, war also noch ein Kind, als der Widerstand auf den Äckern ihres Vaters seinen Höhepunkt erreichte. Aber sie kann sich noch an vieles erinnern. Auch an das chinesische Fernsehen, das sich für ihren Vater interessierte.

Plötzlich kamen junge Leute ins Haus, so ganz andere Typen, als die Kontakte, die ihr Vater sonst hatte. Viele hatten lange Haare und lange Bärte. Aber Vater Maas kam gut mit ihnen zurecht, so konservativ er eigentlich war. „Ich fand das aufregend", sagt die Tochter Jahrzehnte später, „es waren friedliche, warmherzige Leute, sie waren weltoffen".

Aber weltoffen muss auch ihr Vater gewesen sein. „Er sprach damals schon davon, dass wir die erneuerbaren Energien brauchen", erinnert sich Ursula van Dick, „er wollte die Natur vor dem großen Eingriff bewahren, hielt die Brütertechnik für nicht beherrschbar. Und er fragte: Wohin mit dem Atommüll?"

Die Bedrohung machte ihn zum Kämpfer. Im Dezember 1972 bekommt der Brüter die Baugenehmigung, im April 1973 beginnt der Bau – und Bauer Maas klagt. Denn einer muss es ja tun. Finanziell erhält er viel Unterstützung, aber er reibt sich auf.

Auch Bürgerinitiativen, die – nur 25 Kilometer entfernt – gegen ein Atomkraftwerk in Bislich-Vahnum kämpfen, unterstützen ihn. Aus Holland kommen viele junge Leute. „Sie waren von ihrer Mentalität her politischer, sie wussten auch mehr von der Atomkraft", erinnert sich die Tochter. Unter all ihren Geschwistern ist sie heute die Hüterin der Familiengeschichte: Im Keller hat sie noch einen Karton stehen, mit Bildern, Zeitungsartikeln und Broschüren der damaligen Auseinandersetzung.

Von der CDU zu den Grünen: Bauer Maas

Zu einer ersten großen Demonstration im September 1974 kommen 10.000 Menschen, es sind überwiegend Holländer. Im Jahr darauf kommen sogar 30.000. Sie zelten auf den Wiesen von Bauer Maas, sie machen Lagerfeuer. Aus manchen Zelten strömt der Geruch von Cannabis.

Vor der Polizeisperre: Besetzung in Kalkar 1977

Stiller Protest: Einzelkämpfer in Kalkar, 1977

Der Melkstall wird unterdessen zum Freundschaftshaus, der Name hat sich seit Wyhl für die Hütten auf und an den Bauplätzen etabliert. Und die Tochter findet das alles einfach nur spannend.

Nur am 24. September 1977, da eskaliert die Lage. Es ist die Zeit, die man später den „Deutschen Herbst" nennen wird. Anfang des Monats hat die RAF den Arbeitgeberpräsidenten Hanns Martin Schleyer entführt, er befindet sich noch immer in der Gewalt der Terroristen. Und so trifft in Kalkar eine zutiefst verunsicherte Staatsmacht auf Demonstranten, die in der überwiegenden Mehrzahl nur ein gefährliches Bauwerk kippen wollen, nicht aber ein gesamtes Staatssystem.

40.000 Menschen lösen an diesem Wochenende das bis dato größte Polizeiaufgebot in der Geschichte der Bundesrepublik aus. Denn längst ist Kalkar überregional zum Begriff geworden. Konvois Hamburger AKW-Gegner geraten in eine Polizeisperre, stehen Beamten gegenüber, die mit Knüppeln und Wasserwerfern ausgestattet sind. Sie blicken auf einem mit Scheinwerfern erleuchteten abgelegenen Terrain in die Läufe von Maschinenpistolen. Am Marktplatz in Kalkar haben die Läden an diesem Wochenende ihre Fenster verbrettert.

Daumenkino: Sprengung des Kühlturms in Hamm-Uentrop, September 1991

Unter den Demonstranten sind auch einige Vermummte. Als sie Steine werfen, setzt die Polizei Tränengas ein. Es ist das einzige Mal, dass Bauer Maas seine Kinder nach Hause schickt.

Demos und Prozesse alleine aber reichen ihm nicht. Und so tritt der Mann, der einst konservatives CDU-Mitglied war, im Mai 1980 bei der Landtagswahl in Nordrhein-Westfalen für die Grünen an – als Spitzenkandidat. Aber die noch junge Partei scheitert an der Fünf-Prozent-Hürde. Maas bleibt Landwirt in Hönnepel, und treibt seine Prozesse voran.

Bald steckt er in Verwaltungsgerichtsverfahren gegen ein rundes Dutzend Teil- und Zusatzgenehmigungen für den Brüter. Viele Komponenten entsprächen nicht dem Stand von Wissenschaft und Technik. Maas lässt ausrechnen, dass man in Kalkar statistisch „alle fünf Jahre auf einen Gau" komme. Seit Harrisburg 1979 weiß man, was das ist. Und er beharrt darauf, dass das Atomgesetz in seiner geltenden Form – für normale Reaktoren geschaffen – für den Brüter nicht ausreiche. Es ist der bislang umfangreichste Atomprozess in der Geschichte der Bundesrepublik.

Große Presseresonanz: Kalkar 1977

Unaufhaltsam ist die Zahl der Kritiker gewachsen. Ein besonderer darunter ist Klaus Traube, ein messerscharf denkender Analytiker, der als Ingenieur den Brüter einst entwickelte und mithin der wohl beste Kenner der Materie ist. Aber er stieg aus und wurde zum Atomkraftgegner. In den achtziger Jahren erscheinen von ihm Bücher, die so nüchterne Titel tragen wie „Plutonium-Wirtschaft" oder „Der Atom-Skandal". Sie leiten mit der Sachlichkeit eines ökonomisch versierten Ingenieurs die Absurdität der Brütertechnik her. Sein Fazit bereits 1984: „Alle Indizien sprechen dafür, dass der Brüter niemals mit dem Leichtwasserreaktor wirtschaftlich konkurrieren können wird." Die Entwicklung des Brüters sei „die kostspieligste aller bisherigen technischen Entwicklungen im nichtmilitärischen Bereich".

Von Niederländern unterstützt: Protest in Kalkar, 1977

Sprüh's auf jede Wand: Fassade in Sichtweite des Brüters, 1980

Teuer ist aber nicht nur der Brüter, teuer ist auch der Widerstand. Und das spürt Bauer Maas zunehmend. Zwar erhält er finanzielle Unterstützung für seine Klagen durch Spender, aber seine Zeit bezahlt ihm niemand. In der Landwirtschaft gehen zugleich die Preise in den Keller, sein einst florierender Hof gerät in Schieflage. Bald ist er mit 1,5 Millionen Mark verschuldet.

Zum Jahresbeginn 1985 – nach 13 Jahren Widerstand - wird es eng für Maas. Er offenbart seinen Mitstreitern, er werde seinen Hof verkaufen müssen. Die *Zeit* beschreibt den scheinbar unermüdlichen Kämpfer inzwischen als „müde geworden, gesundheitlich und nervlich ausgelaugt vom jahrelangen Streit um das Betonmammut vor seinen Scheunentoren".

Als er bis zum Jahresende noch immer keinen Käufer für seinen Hof gefunden hat, kommen die Kraftwerksbauer auf ihn zu. Die Kraftwerk-Union bietet Maas nun einen Betrag zwischen drei und vier Millionen Mark. Vom „objektiven Wert" ist dabei die Rede. Binnen einer Woche muss er sich entscheiden.

Daumenkino: Sprengung des Kühlturms in Hamm-Uentrop, September 1991

Verkauft er, muss er jedoch aus formalrechtlichen Gründen alle Klagen fallen lassen, weil ihm der Rechtsweg nur offensteht, solange der Brüter-Bau ihn unmittelbar betrifft. Ohne Grundstück am Brüterstandort ist sein Klagerecht dahin. Weil Maas mit dem Rücken zur Wand steht, willigt er ein.

Die Klagen sind damit erledigt. Maas zieht mit seiner Familie weg, nach Blomberg bei Bielefeld, wo er einen neuen Hof gefunden hat. Viele Gehöfte hatte er sich zuvor angeschaut, dieser passt ihm. Zum Thema Brüter äußert er sich fortan nicht mehr.

Politisch spitzt sich der Streit um Kalkar zu. Auch weil so manches schief läuft in diesem Reaktor, der mit Natrium gekühlt wird, einer in großen Mengen teuflischen Substanz. 1200 Kubikmeter davon lagern seit einiger Zeit im Reaktor. Als 1984 flüssiges Natrium durch marode Schweißnähte rinnt und in Brand gerät, löscht die Werksfeuerwehr – mit Wasser. Was man nie tun darf, weil dadurch der Brand noch beschleunigt wird.

Alternativen schon im Blick: Plakat am Zaun in Kalkar

Anfang 1985 ist die Anlage fertiggestellt, doch die Landesregierung verweigert die Betriebsgenehmigung. Friedhelm Farthmann, Gesundheitsminister von Nordrhein-Westfalen, nennt den Brüter inzwischen ein „Höllenfeuer". Und die Bundesregierung hat Bedenken, das Land anzuweisen, weil sie gleichermaßen die Verantwortung für das sicherheitstechnisch zunehmend umstrittene Projekt scheut.

Als im April 1986 der Reaktor in Tschernobyl explodiert, geht die Landesregierung noch deutlicher auf Distanz: Beim Bau des Brutreaktors seien Fehler gemacht worden, verschiedene Sicherheitssysteme taugten nichts und es bestünden grundsätzliche Zweifel an der Kontrollierbarkeit des Prozesses. Spätestens mit dem Tschernobyl-Gau, sagt später Ursula van Dick, habe auch ihr Vater nicht mehr mit der Inbetriebnahme gerechnet.

Doch das offizielle Ende kommt erst Jahre später, verkündet am 21. März 1991 durch Bundesforschungsminister Heinz Riesenhuber.

3,5 Milliarden Euro sind damit in den Sand gesetzt. So enden auch alle Pläne zum Bau eines zweiten, größeren Brüters. Bauer Maas erfährt von dem Ende aus der Tagesschau.

Tochter Ursula zieht im Jahr darauf nach Hönnepel zurück. Ihr Vater nicht. Und während sie Jahrzehnte später die alten Unterlagen sichtet, sagt sie: „Auch als klar war, dass der Brüter nie in Betrieb gehen wird, wurde er trotzdem immer wieder gereinigt – man wollte einfach noch keinen Schlussstrich ziehen."

Den zieht dann auf fast schon ironische Art im Jahr 1995 der niederländische Unternehmer Hennie van der Most. Er kauft das 55 Hektar große Gelände, und macht einen Freizeitpark daraus, das „Kernwasser-Wunderland". Für fünf Millionen Mark soll er die nutzlose Ruine bekommen haben. Harmlos ist sie inzwischen, schön aber noch immer nicht – ein Betonkoloss inmitten einer landwirtschaftlich geprägten Gegend.

Wo der Widerstand zur Firmengründungen führt

Während der Freizeitpark von Kalkar nur ein Zufallsprodukt einer fehlgeleiteten Energiepolitik ist, findet man im Land an anderen Orten Firmen, die ursächlich aus dem Widerstand hervorgehen. Im badischen Bleibach baut die Wasserkraft Volk AG heute Turbinen – gegründet von Manfred Volk, der in Wyhl aktiv war. In Oberburg bei Burgdorf in der Schweiz fertigt die Jenni Energietechnik AG heute große solare Wärmespeicher; Josef Jenni protestierte gegen Kaiseraugst. In der Nähe von Marburg produziert die Wagner Solar GmbH heute Kollektoren; auch dieses Unternehmen wurde gegründet von Studenten, die gegen die Atomkraft kämpften. So ist aus den Protesten mitunter Handfestes geworden. Eben weil es auch ein Widerstand der Pragmatiker war.

Karussell im Kühlturm: Freizeitpark Kalkar

Gescheitert ist die Strategie der Gegenseite, Atomkraftgegner zu Gegnern des Wirtschaftssystems schlechthin zu stempeln. Was für Sprüche hatte man sich nicht alles anhören müssen. Der spätere deutsche Bundeskanzler Helmut Kohl zum Beispiel sagte im Jahr 1978: „Die Gegner der Atomenergie sind Reaktionäre. Sie wenden sich gegen den Fortschritt." Und Bundeswirtschaftsminister Otto Graf Lambsdorff behauptete im August 1979, der Widerstand gegen neue Kohle- und Atomkraftwerke komme „aus der politischen Subkultur" und richte sich „in Wahrheit gegen den Staat, gegen unsere gesellschaftspolitische Ordnung, gegen ein politisch und wirtschaftlich funktionierendes Gemeinwesen".

Ähnliche Töne kamen aus der Atomwissenschaft. In einer Antwort auf Veröffentlichungen der Atomkritiker Robert Jungk und Klaus Traube, sowie des amerikanischen Effizienzvordenkers Amory Lovins, schrieb im Jahr 1980 Walter Seifritz, der Leiter der Physikabteilung im Eidgenössischen Institut für Reaktorforschung in Würenlingen, der

Ruf nach erneuerbaren Energien anstelle der Atomkraft sei „funktional als Hebel zu gesellschaftlich fragwürdigen Experimenten ausgedacht" worden.

Auch nach Jahrzehnten ist die Realität für manchen in der Atomwirtschaft noch schwer zu akzeptieren. „Die Kernenergie", schreibt noch im Jahr 2013 der einstige Kaiseraugst-Direktor Fischer, sei „das einzige Thema geblieben, bei dem es den linken Systemveränderern gelungen ist, größere Bevölkerungsschichten hinter sich zu scharen".

Doch in Wahrheit war es ein Protest aus der Mitte der Gesellschaft, der Fischers AKW-Projekt hinweggefegt hat. Seines, und viele andere.

Daumenkino:
Sprengung des Kühlturms
in Hamm-Uentrop,
September 1991

Ikonen der Atomgeschichte:
Schallplatte der späten
1970er-Jahre

Damit das Wendland nicht baden geht:
Bauplatzbesetzung in Gorleben

KAPITEL
05

Volksaufstände in Wackersdorf und Gorleben

Atommülllager und Wiederaufarbeitung – von den militärischen Ambitionen des Franz Josef Strauß und einer Provokation für die „Ostzonalen"

Zeitgeschichte aus der Aktentasche: Tränengas-Wurfkörper

Hans Schuierer greift in seine Aktentasche und holt eine silberne Metallkapsel heraus. „Tränengas-Wurfkörper" steht darauf. Außerdem „Gebrauchsanweisung: Wurfkörper herausnehmen, Reißzünderkopf abschrauben, abziehen und werfen. Verzögerung 2,2 Sekunden." Die Patrone ist noch befüllt, sie ist unbenutzt.

Sie ist ein Stück Zeitgeschichte. Ein Dokument der unnachgiebigen Staatsmacht der 1980er Jahre. Östlich von Nürnberg, in Wackersdorf, setzte die Polizei solche Wurfkörper gegen Demonstranten ein, die den Bau einer Wiederaufarbeitungsanlage (WAA) verhindern wollten. Der Kampf trug Züge eines Bürgerkriegs.

Schuierer verkörperte damals selbst einen Teil der Staatsmacht. Von 1972 bis 1996 war er Landrat in Schwandorf und damit auch für Wackersdorf zuständig. Aber er war erbitterter Gegner der Atomanlage und hatte so seinen Anteil am späteren Ende des Projektes.

25 Jahre nach den Auseinandersetzungen auf dem Bauplatz ist Schuierer zu einem Treffen in Schwandorf gerne bereit. So, wie er auf Anfrage auch immer noch in die Schulen der Region geht, um dort jene Heimatgeschichte zu erzählen, deren Teil er selbst ist. Denn Schuierer war über Jahre hinweg der bekannteste Landrat der Republik.

Ob für Schüler oder auch für Journalisten – für alle hat der gelernte Maurer stets eine Aktentasche gepackt, voll mit Dokumenten jener Zeit. Und anhand derer erzählt er dann vom Widerstand im Taxöldener Forst, spricht auf seine urbayerische Art, charmant, aber in deutlichen Worten.

Gerne nennt er die Geschichte der WAA dann „ein Lehrstück". Jungen Leuten müsse sie immer wieder erzählt werden, sagt er, sie könnten daraus Wichtiges fürs Leben mitnehmen. Nämlich, dass sie Einfluss nehmen können auf die Entwicklung der Gesellschaft. Es stimme einfach nicht, dass man nichts ändern kann – schließlich haben in Wackersdorf die Bürger sogar gegen die mächtige Atomlobby gesiegt.

Freilich: Einen guten Anteil am Erfolg hatte auch der aufmüpfige Landrat, aber das würde der selbst so nie sagen, in seiner bescheidenen Art. Sein Engagement würdigen andere: 2014 wird Schuierer, inzwischen 83 Jahre alt, mit dem international viel beachteten Nuclear-Free Future Award ausgezeichnet.

Denke von 1957: „Radioaktive Folgeprodukte im Berg eingraben"

Um zu verstehen, wie es zum Projekt Wackersdorf kommen konnte, muss man weit zurückgehen in die Anfangszeiten der kommerziellen Atomkraft, in die sechziger Jahre.

So langsam stellt sich da nämlich die Frage der Atommüllentsorgung. Noch ist man ganz unbefangen, hat noch die Worte im Ohr, die 1957 der Physiker Carl Friedrich von Weizsäcker so vollmundig sagte: „Da es möglich gewesen ist, wenngleich mit beträchtlichem Aufwand, das Uran aus dem Berg, in dem es steckte, herauszuholen, so sollte es mit einem Aufwand, der vielleicht nicht kleiner, aber doch wohl auch nicht größer ist, auch möglich sein, seine radioaktiven Folgeprodukte wieder im Berg einzugraben."

Atommüll einfach vergraben? Carl-Friedrich von Weizsäcker

Also sucht die Politik – ziemlich hemdsärmelig – entsprechende Standorte. 1963 empfiehlt der Präsident der Bundesanstalt für Bodenforschung (BfB, die heutige Bundesanstalt für Geowissenschaften und Rohstoffe) eine Endlagerung in Steinsalz. Grundsätzlich, so die Lehrmeinung, kommen außerdem Granit und Ton in Frage. Aber mit Salz fühlt man sich vertraut, darin bohrt man seit Jahrhunderten.

So startet im Jahr darauf die BfB die Suche - zusammen mit der neu gegründeten staatlichen Gesellschaft für Strahlenforschung (GSF) - und benennt kurzerhand einen Salzstock im ostfriesischen Bunde/Jemgum als „erste Wahl". Aber die Einigung mit dem Grundstücksbesitzer misslingt, auch der Kreistag in Leer lehnt das Projekt einstimmig ab. Im Jahr 1967 gibt die BfB den Standort daher auf. Die Alternative ist nun Oldenswort in Schleswig-Holstein, doch auch dieser Standort scheitert. Auch hier wollen die Menschen kein Atommülllager.

Erst Wahn im Emsland, dann Wahn von Gorleben

Man muss also weiter suchen, etwas systematischer, weniger willkürlich. Daher beauftragt das Bundesforschungsministerium im Jahr 1973 die Kernbrennstoff-Wiederaufbereitungs-Gesellschaft (Kewa) damit, einen Standort für ein „Nukleares Entsorgungszentrum" zu su-

Singen gegen den Entsorgungspark: Kundgebung im Wendland

Landbevölkerung und Städter: Kundgebung in Gorleben, 1977

5. Volksaufstände in Wackersdorf und Gorleben

chen, NEZ abgekürzt. Die Kewa ist zwei Jahre zuvor von den Chemiekonzernen Hoechst und Bayer, dem Bergbauunternehmen Gelsenberg und der Atomfirma Nukem für den Bau einer großen WAA gegründet worden. Die Standortsuche obliegt damit zu großen Teilen der Privatwirtschaft.

NEZ – das Kürzel steht für gigantische Pläne. Die Bundesregierung unter Kanzler Helmut Schmidt denkt an einen Komplex, der das gesamte Spektrum des Müllmanagements vereint: eine Konditionierungsanlage zur Verarbeitung und Verpackung des Strahlenmülls, eine WAA, sowie Lager für schwach-, mittel- und hochradioaktive Abfälle.

1974 liegt die Studie vor, sie benennt – in dieser Reihenfolge – drei mögliche Standortregionen: Wahn/Börger/Aschendorf im Emsland, Weesen-Lutterloh bei Unterlüß in der Lüneburger Heide und Lichtenhorst/Lichtenmoor/Ahlden bei Nienburg (Weser). Gorleben steht nicht auf der Liste.

Wieder protestieren die Bürger in den betreffenden Orten, selbst CDU-Anhänger. Für die niedersächsische Landesregierung unter Ernst Albrecht ist das ein Problem. Und dann taucht, ganz plötzlich und irgendwie, Gorleben als Standort auf.

Geologische Gründe liegen der Entscheidung kaum zugrunde, politische umso mehr. Der Standort liegt an der Grenze zur DDR, er ist an drei Seiten von ihr umschlossen. Weil das Wendland zudem dünn besiedelt ist, rechnet Albrecht hier mit dem geringsten Widerstand. In einem Kriterienkatalog, der diese Wahl begründet, sind nur 12,8 Prozent der Punkte geologischer Natur.

Es ist der 22. Februar 1977, als der niedersächsische Ministerpräsident Gorleben als Standort für ein NEZ verkündet. Die *Süddeutsche Zeitung* schreibt: „Selbst der Blinde mit dem Krückstock fühlt: Hier geht es weniger um die Sache als um die Zeit."

Mit dem im Sommer 1976 novellierten Atomgesetz („Entsorgungsnovelle") dürfen Reaktoren nämlich nur noch betrieben werden, wenn die „radioaktiven Abfälle geordnet beseitigt" werden. Und das bringt die Atomwirtschaft in die Bredouille – spätestens seit das Verwaltungsgericht Schleswig im Dezember 1976 für den Standort Brokdorf mit genau dieser Begründung einen vorläufigen Baustopp verhängt hat.

Die Atomwirtschaft braucht also dringend eine Entsorgungsoption, oder zumindest eine halbwegs plausible Perspektive. Entsprechende Strukturen haben jene zwölf Energieversorger, die Atomkraftwerke in Betrieb haben oder dies für die Zukunft planen, bereits im Jahr 1975 geschaffen. Sie haben die Projektgesellschaft Wiederaufarbeitung von Kernbrennstoffen (PWK) mit Sitz in Hannover gegründet, die im Jahr 1981 zur Deutschen Gesellschaft für Wiederaufarbeitung von Kernbrennstoffen (DWK) umfirmiert. Die Wiederaufarbeitungsanlage Karlsruhe (WAK), die auf dem Gelände des Kernforschungszentrums seit 1971 eine entsprechende Pilotanlage betreibt, wird eine Tochter.

„Erfinder" des Standorts Gorleben: Ernst Albrecht

Bauern vorne dabei: Treckerdemo 1979

Wenn demonstrieren nicht reicht: Straßenblockade

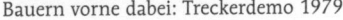
Drastische Worte: Plakat von 1979

5. Volksaufstände in Wackersdorf und Gorleben

Wiederaufarbeitung – dem Entrahmen von Milch vergleichbar?

Atomwirtschaft und weite Teile der Politik werten in dieser Zeit eine WAA als einen tauglichen Entsorgungsnachweis, obwohl sie faktisch nur ein weiterer Prozessschritt der Nuklearwirtschaft ist: Indem der Atommüll nochmals eine Runde dreht, steht er einstweilen nicht zur Endlagerung an. Die Atomwirtschaft hat damit Zeit gewonnen, in der sie weiterhin Kerne spalten und Geld verdienen kann.

Dafür nimmt man das heikle Hantieren mit hochgefährlichen Stoffen auf sich. Die alten Brennelemente werden mechanisch zerkleinert, der Brennstoff wird in Säure aufgelöst, Plutonium und Rest-Uran werden abgetrennt, die verbleibenden Spaltprodukte aufkonzentriert und verglast. Das Plutonium soll dann entweder zusammen mit Uran zu Mischoxid-Brennelementen (Mox) für Leichtwasserreaktoren verarbeitet oder in einem Schnellen Brüter eingesetzt werden. Werner Gries, Physiker bei der DWK, beschreibt das Verfahren so: „Erst werden die Stäbe zu einer Soße zerkocht, dann geht´s so weiter, wie man Milch entrahmt." Neben allen Risiken der Plutoniumverarbeitung verschweigt er auch, dass das Volumen der Abfälle durch die Wiederaufarbeitung zunimmt.

> "Ich habe mir sagen lassen, dass der gesamte Atommüll, der im Jahr 2000 vorhanden sein wird, in einen Kasten hineingänge, der ein Kubus von 20 Metern Seitenlänge ist. Wenn man das gut versiegelt in ein Bergwerk steckt, wird man hoffen können, dass man das Problem gelöst hat."
>
> Carl Friedrich von Weizsäcker, 1960er Jahre

Diese Wiederaufarbeitungs-Technik soll nun nach Gorleben – damit die Atomwirtschaft des Landes ihren formalen Entsorgungsnachweis hat. Das Endlager soll gleich daneben.

Überrascht von der Standortentscheidung ist auch Gerd Lüttig, Vizepräsident des Landesamtes für Bodenforschung in Niedersachsen. Im Auftrag der Kewa hatte er zuvor alle in Norddeutschland befindlichen Salzstöcke – etwa 280 – untersucht und nach deren Eignung klassifiziert. Gorleben, sagt er, sei allenfalls „zweite Wahl" gewesen.

Lüttig konfrontiert den Ministerpräsidenten umgehend mit seinen Bedenken. Worauf der erwidert - so erinnert sich der Wissenschaftler - es gehe hier um keine geologische Frage: „Das ist eine politische Frage. Ich möchte einen Salzstock, der möglichst dicht an der Zonengrenze liegt." Albrecht habe das als Revanche für das grenznahe Atommülllager Morsleben in der DDR gesehen, sagt Lüttig, der sich noch an die Aussage des Ministerpräsidenten erinnert, er wolle „die Ostzonalen mal richtig ärgern".

Für ihn selbst unerwartet, stößt Albrecht aber auch im Wendland auf erbitterten Widerstand. Vorläufiger Höhepunkt ist eine Demonstration von fast 100.000 Bürgern im März 1979 in Hannover. Diese beginnt am 25. März im Wendland, ehe am 31. März mehr als 500 Traktoren in Hannover einrücken. Maxime: „Albrecht, wir kommen!"

Solidarität im ganzen Land: Demo 1979

Die Demo, die unter dem Namen Gorleben-Treck in die Geschichte eingeht, ist eine der größten Protestveranstaltungen, die die Bundesrepublik bis dato erlebt hat. Bittere Ironie der Geschichte: Während des Trecks havariert im US-amerikanischen Harrisburg der Reaktor Three Mile Island, es kommt zur partiellen Kernschmelze.

Besonders durch die Dominanz des konservativen Landvolks hinterlässt der Treck Eindruck. Und weil den Landwirten bewusst war, wie wichtig die regionale Verankerung für den Erfolg ist, hatten sie zuvor Fahnen des Kommunistischen Bundes aus dem Verkehr gezogen.

Albrecht muss nun reagieren und verkündet am 16. Mai 1979, er gebe die Pläne zum Bau einer Wiederaufarbeitung in Gorleben auf. Er sagt: „Die politischen Voraussetzungen sind zur Zeit nicht gegeben."

Was Gorleben aber weiterhin anhängt, ist das Endlager.

Ein Kamin für die gleichmäßige Verteilung der Strahlung

Für die Wiederaufarbeitung wird bald Wackersdorf auserkoren. Im dortigen Landkreis Schwandorf ist Hans Schuierer Landrat. Er ist Mitglied in der SPD, das gibt es selten in Bayern. So selten, dass man nochmals nachzählte, als er 1972 mit 400 Stimmen Mehrheit in der Direktwahl siegte.

Irgendwann im Jahr 1979 stößt Schuierer im *Vorwärts*, der Wochenzeitung seiner Partei, auf die Meldung, in seinem Landkreis solle eine „Atomanlage" gebaut werden. So recht glauben kann er das nicht.

Kurz darauf fragt er auf einer Regionalkonferenz in Regensburg den bayerischen Ministerpräsidenten Franz Josef Strauß. 300 Leute sind anwesend, sie hören, wie Strauß sagt: „Es gibt keine Pläne in Bayern eine Atomanlage zu bauen." Jahre später wird Schuierer sagen: „Das war die Unwahrheit, ich bin überzeugt, dass Strauß das schon wusste."

Aber der Ministerpräsident wollte es offenbar zu diesem Zeitpunkt noch nicht sagen. Erst am 3. Dezember 1980 erklärt er dann, die Staatsregierung sei bereit, zu prüfen, ob es in Bayern einen geeigneten Standort für eine WAA gebe.

Protest gegen den Ministerpräsidenten: Strauß mit Kettensäge

Wenige Monate später wird Schuierer von Bayerns Umweltminister Alfred Dick nach Regensburg eingeladen. Man trifft sich im Hotel Avia, die Verabredung wirkt auf den Landrat konspirativ. In einem Hotelzimmer offenbart Dick, dass der Freistaat sehr wohl im Landkreis Schwandorf eine WAA zu bauen gedenkt. Denn er verfügt dort an mehreren Stellen über Staatsforst, die Bedingungen scheinen also günstig. Und Dick schildert die Atomanlage „in goldenen Farben", wie Schuierer sich erinnert. 3600 „saubere Arbeitsplätze" werde es geben, „vergleichbar einer Fabrik, aber sauber". Man werde darin „nur weiße Kittel" sehen.

Hört sich gut an, denkt der Landrat. „Im ersten Moment habe ich die Anlage befürwortet", sagt er Jahrzehnte später. Denn sein Landkreis hat zu jener Zeit die höchste Arbeitslosenquote in Deutschland. Schwandorf kämpft darum, Industrie anzuwerben. Die Braunkohle, die man hier seit Mitte des 19. Jahrhunderts abbaut, geht zu Ende. Teile des Tagebaus im nahegelegenen Maxhütte-Haidhof sind schon stillgelegt.

Aber Schuierer ist ein kritischer und gewissenhafter Mensch. Daher besorgt er sich nun Informationen über die WAA, sucht Literatur. Die Vorstände der DWK kommen unterdessen regelmäßig nach Schwan-

Der bekannteste Landrat: Hans Schuierer

Bodenständiger Protest: Wackersdorf

Langhaarige und Bürgerliche: der Mix von Wackersdorf

dorf, um über das Projekt zu informieren. Oder vielmehr: um dafür zu werben. Sie heißen Carsten Salander und Günther H. Scheuten, sie sind die Gesichter der Wackersdorfer Atomlobby.

Eines Tages entdeckt der Landrat auf einem der Pläne einen 200 Meter hohen Kamin. Einer der DWK-Männer will ihn beruhigen: „Der ist nur zum Schutz der Bürger, die in nächster Nähe der Anlage leben." Und dann sagt er den entlarvenden Satz: „Der Kamin ist nur dazu da, damit die Radioaktivität möglichst gleichmäßig verteilt wird."

Das ist der Moment, als aus dem braven Landrat, der sich bislang vor allem für die Arbeitsplätze interessierte, ein Gegner der WAA wird. Einer, der nun seinen Landkreis schützen will vor der drohenden Gefahr. Denn plötzlich ist er sicher: „Die Leute von der DWK sagen nicht die Wahrheit."

Doch die Firma ignoriert die Bedenken des Landrats. Im Februar 1982 beantragt sie bei der Regierung der Oberpfalz ein Raumordnungsverfahren in gleich drei Gemeinden. In Teublitz, Steinberg und Wackersdorf. Sie liegen alle im selben Landkreis, in Schuierers Landkreis.

Gleichzeitig prüft die DWK aber auch in anderen Teilen Deutschlands Standorte. In Hessen nimmt sie Wangershausen, einen Stadtteil von Frankenberg (Eder) in die nähere Auswahl, ebenso Merenberg/Waldbrunn im Landkreis Limburg-Weilburg und die Region um Diemelstadt-Wethen und Volkmarsen (Landkreis Waldeck-Frankenberg). Auch die Region Borken-Wabern-Edermünde steht zur Diskussion. Die hessische Landesregierung entscheidet sich schließlich für Wangershausen – wo die Bürger sofort auf die Barrikaden gehen.

In Rheinland-Pfalz unterrichtet die DWK im Februar 1982 die Landesregierung darüber, dass sie drei Standorte in der Eifel untersuche: Saarburg, Meisenheim/Monzingen und ferner das Pommerbachtal zwischen Hambuch und Illerich bei Kaisersesch nördlich von Cochem. Schließlich bevorzugt die Gesellschaft den letztgenannten – und auch hier ist der Widerstand heftig.

Die Standorte sind dann ebenso schnell wieder abgehakt, wie sie benannt wurden. DWK-Chef Scheuten teilt dem rheinland-pfälzischen CDU-Ministerpräsidenten Bernhard Vogel im November 1982 mit, der Antrag für die geplante WAA in der Eifel werde zurückgezogen. Auch in Hessen werden nach Großdemonstrationen die Standorte im Dezember 1982 aufgegeben.

Das hat einen einfachen Grund: Niedersachsens Ministerpräsident Albrecht (CDU) und sein bayerischer Amtskollege Strauß (CSU) haben sich kurz zuvor darauf verständigt, dass ihre beiden Länder die Standortauswahl koordinieren wollen. Somit sind fortan nur noch die bayerischen Orte und der Standort Dragahn im niedersächsischen Landkreis Lüchow-Dannenberg in der Diskussion.

Dragahn war im November 1982 plötzlich aufgetaucht, CDU-Leute aus den nahen Kommunen sollen den Standort vorgeschlagen haben. Im Oktober 1983 legt die DWK einen Detailplan vor für das 12 Quadrat-

Deutlicher Vergleich: gegen CSU und Baufirma

kilometer große Gelände zwischen dem Bahnhof Pudripp und einer ehemaligen Bombenfabrik. Im März 1984 findet in Hitzacker sogar ein Erörterungstermin statt. Albrecht, der im Mai 1979 noch versichert hatte, er werde „einem etwaigen Antrag auf Errichtung einer Wiederaufbereitungsanlage im Landkreis Lüchow-Dannenberg auf keinen Fall zustimmen" bricht damit sein Wort.

Nach erneut massivem Widerstand im Wendland entscheidet sich die DWK am 4. Februar 1985 für die Oberpfalz. Von „Bayerns größtem Industrieansiedlungsprojekt der nächsten zehn Jahre", ist in den Medien zu lesen. Strauß ist Feuer und Flamme, wobei sich manch einer fragt, was den Ministerpräsidenten antreibt. „Er wollte vermutlich Plutonium für Atomwaffen erzeugen", sagt Schuierer später.

Die Bayerische Staatsregierung verkauft das 138 Hektar große Areal nun deutlich unter Wert. Keine 500 Meter vom ehemaligen Kohletagebau entfernt soll die Fabrik von 1992 an abgebrannte Kernbrennstäbe aufarbeiten, anfangs pro Jahr 350 Tonnen, später sogar 700. Die Atomleute versprechen, „alle Anstrengungen zu unternehmen, um das Kernkraftwerk so landschaftsfreundlich wie möglich zu gestalten."

Der „Atom-Bischof" und die Fahrradspeichenfabrik

Keine Frage des Alters: Protest in Wackersdorf

Landrat Schuierer, im März 1984 mit 70 Prozent der Stimmen vom Volk wiedergewählt, weigert sich nun, die aus seiner Sicht unvollständigen und falschen Unterlagen zum WAA-Bau öffentlich auszulegen – und blockiert damit das Genehmigungsverfahren.

Das wiederum bringt die Landesregierung in Rage, speziell den Ministerpräsidenten. Also ändert der Freistaat kurzerhand das Verwaltungsverfahrensgesetz, womit die Staatsregierung fortan alle Anträge selbst genehmigen kann. Man spricht von einer „Lex Schuierer". Eine neue Eskalationsstufe ist erreicht.

In Schuierers SPD ist man gespalten, viele Parteikollegen vor Ort sind für die Atomfabrik. Schließlich umsorgt die Firma die Menschen hier prächtig. Der Gemeinderat und die Vereine werden regelmäßig eingeladen auf das Baugelände, wo die Kantine bestens ausgestattet ist mit Sekt und anderen Getränken. „Zechgelage" habe die DWK veranstaltet, erinnert sich Schuierer.

Unterdessen warnt der ehemalige Atommanager Klaus Traube vor den horrenden Kosten der Technik. Der Bau einer WAA sei eine „ausgeklügelte Kapitalvernichtungsstrategie". Solche Nüchternheit ist vielen Politikern fremd in diesen Jahren, wie Traube als intimer Kenner der Materie weiß: „Es geht um die WAA als Symbol", sagt er im Jahr 1984. Würde dieses Symbol fallen, „dann stürzte das Gebäude ein, das die Kernenergiegemeinde einst aus Verheißungen gezimmert hat."

In der Tat sind aus der Politik ernsthafte Gründe für das Projekt bald nicht mehr zu hören: „Wir brauchen eine Wiederaufarbeitungsanlage, damit wir die Technologie in diesem Bereich erhalten, erweitern und verbessern", sagt Forschungsminister Heinz Riesenhuber – das Projekt ist zum Selbstzweck verkommen.

Aber das kann die politischen Akteure nicht bremsen. Bayerns Umweltminister Dick erteilt im September 1985 die erste Teilerrichtungsgenehmigung und ordnet die „sofortige Vollziehbarkeit" an. Am 11. Dezember beginnt die Rodung im westlichen Taxöldener Forst. Strauß nennt die Anlage „für Natur und Mensch unschädlich", risikolos „wie eine Fahrradspeichenfabrik".

Und dann erklärt der CSU-Mann noch, eine Ablehnung könne „theologisch nicht begründet werden", weil „auch ein Kraftwerk ein Teil des göttlichen Auftrages" sei. Der Regensburger Bischof ruft gleichzeitig dazu auf, nicht auf die Demos zu gehen. Schuierer wird wieder deutlich: „Die Amtskirche war immer auf der Seite der Starken und Mächtigen" – was ihm einen erbosten Anruf des Bischofs einträgt.

Unverhohlen macht sich auch das *Regensburger Bistumsblatt* für die WAA stark, obwohl selbst viele Priester gegen die Anlage eintreten. Wackersdorf, so das Blatt, „sichert unsere Energieversorgung auf Jahrzehnte hinaus". Ohne Atomenergie veröde die Republik: „Daraus wächst keine Kirchensteuer." Unterdessen hat der Bund für Umwelt und Naturschutz dem Bischof von Regensburg längst den Namen „Atom-Bischof" verpasst.

Doch auch die Eingaben der Kirchenoberen können nicht verhindern, dass der Widerstand der Bürger weiter zunimmt. Am 14. Dezember 1985 besetzen 1000 Menschen das WAA-Gelände und errichten ein Hüttendorf. Nach zwei Tagen wird es zwar von der Polizei geräumt, fünf Tage später aber entsteht ein neues Hüttendorf; zeitweise halten sich nun mehr als 15.000 Menschen auf dem Baugelände auf.

Dann kommt der 7. Januar 1986. In den Morgenstunden räumt die Polizei das Gelände, in dessen Hütten noch immer mehr als 3000 Menschen ausharren. Darunter sind inzwischen auch Bundes- und Landtagsabgeordnete von SPD und Grünen. Und selbstverständlich der Schwandorfer Landrat.

Drei Wochen später explodiert über Florida die Raumfähre Challenger, 73 Sekunden nach dem Start. Es sind dramatische Bilder einer Hochtechnologie, die an diesem Tag über die Fernsehschirme flimmern. Schuierer erfährt von der Katastrophe auf einer Fahrt nach München. „Die WAA ist genauso sicher" schießt es ihm durch den Kopf.

Unterstützung aus Österreich: Schuierer am Mikrofon

Die Räumung des Bauplatzes: „Terror in Vollendung"

Bei den Bürgern ist Schuierer beliebt, doch der bayerische Staat will ihm das Leben zur Hölle machen. Als der Landrat etwa sagt, die WAA würde „die Verödung der Oberpfalz bedeuten", weil sich seit dem Baubeschluss keine Betriebe mehr ansiedelten, und er zugleich einen Bevölkerungsschwund um 5000 bis 6000 Einwohner im Landkreis beklagt, wird er vor einen Untersuchungsausschuss des Landtags zitiert. Wie könne er so

Gemeinsame Front: Menschenkette in Wackersdorf

Mit Druck gegen die Bürger: Wasserwerfer in Wackersdorf

etwas behaupten, fragt man ihn. Schuierer bleibt ruhig, holt das Statistische Jahrbuch heraus, da stehen alle Zahlen drin. Nach zehn Minuten ist die Sitzung beendet.

Auch ein Disziplinarverfahren hängt man ihm an, es umfasst mehr als 30 Anklagepunkte. Das Land Bayern setzt erkennbar auf Zermürbung. Nach fast vier Jahren wird das Verfahren eingestellt, doch es kostet den streitbaren Landrat viel Kraft. Die Liste seiner vermeintlichen Vergehen ist lang: Er ist bei einer „versammlungsrechtlich nicht angemeldeten Demonstration als Hauptredner aufgetreten". Er hat die Platzräumung im Januar 1986 als „Terror in Vollendung" bezeichnet. Er hat von „CSU-Demokratur" gesprochen und davon, dass „Zynismus und brutale Durchsetzungsmethoden Strauß´scher Prägung bundesweit bekannt" seien.

Deutlich ist auch dieser Satz zum Umgang des Freistaats mit Demonstranten, den Schuierer nie bestritt: „Hier wird offenkundig, was Strauß bei seinen vielen Besuchen in Südafrika, Chile und all den Militärdiktaturen und den kommunistischen Staaten gelernt hat." Immer geringer sei „der Unterschied zwischen der bayerischen harten Linie und den Besuchs- und Urlaubsländern von Strauß" geworden. Denn „dort wie hier werden Grundrechte der Mehrheit des Volkes nicht beachtet, Kritiker zum Schweigen gebracht, eingeschüchtert, verängstigt, bedroht und schikaniert."

In der Tat kommt es auf dem Bauplatz von Wackersdorf immer wieder zu heftigen Auseinandersetzungen zwischen Demonstranten und der Polizei. „Es gab Einsätze mit 4000 bis 6000 Polizisten", erinnert sich Schuierer später, das Gelände sei im Umkreis von sechs bis acht Kilometern abgeriegelt gewesen, „besser gesichert als die innerdeutsche Grenze".

Mehr als vier Kilometer Zaun säumen inzwischen das Baugelände. Anfangs ist es nur ein Stahlzaun, doch der reicht bald nicht mehr. Man baut einen Graben mit Betonmauer, er wird rund um die Uhr bewacht. 43 Wasserwerfer sind vor Ort, diese Zahl hat Schuierer Jahrzehnte später noch parat.

Auch Journalisten seien verprügelt worden, erinnert sich der einstige Landrat. So habe sich die Presse zunehmend gegen das Projekt gewandt: „Anfangs waren nur 20 bis 30 Prozent der Bürger dagegen, später 80 bis 90 Prozent." Wackersdorf wird zu einem Synonym für den Atomstaat; vom „radioaktiven Zerfall der Bürgerrechte" schreibt später die *taz*.

Die Energiewirtschaft unterdessen hält nicht hinter dem Berg mit ihrem wirklichen Beweggrund. Man habe doch keine andere Wahl, sagt im Jahr 1986 Jochen Holzer, Vorstand des AKW-Betreibers Bayernwerk, schließlich brauche man für den Betrieb der Reaktoren einen Entsorgungsnachweis. Ein Endlager steht noch nicht zur Verfügung, da ist eine WAA die einzige Chance, den gesetzlichen Vorschriften zu genügen.

Nichts für Schlafmützen: die Räumung

> „Bayern wurde gescheit – so gescheit, dass sich das Land der Strauß´schen Atomwirtschaft, deren Symbol die Wiederaufbereitungsanlage Wackersdorf wurde, erfolgreich widersetzte."
>
> *Süddeutsche Zeitung, zum 100. Geburtstag von Franz Josef Strauß*

Damit rechtfertigen sich dann aus Sicht der Stromwirtschaft auch die enormen Kosten des WAA-Abenteuers. Holzers trockenes Fazit: „Eine auch nur zeitweise Stilllegung der Kernkraftwerke mangels Entsorgungsnachweises hätte einen Schaden von mehreren Milliarden D-Mark pro Jahr zur Folge. Gemessen daran sind die etwaigen Mehrkosten einer Wiederaufarbeitung ein ‚Klacks'."

Ein Container für Richter und Staatsanwälte

So ist die Atomwirtschaft in Wackersdorf zum Erfolg verdammt. Bald stehen die Fabrikgebäude im Taxöldener Forst, doch Schuierer kann sich die Inbetriebnahme noch immer nicht vorstellen: „Man kann gegen den Widerstand der Bevölkerung keine solche Anlage errichten."

Zwar glaubt mancher Gegner bereits, das Thema sei gelaufen, der Protest erfolglos gewesen, dennoch lebt der Widerstand weiter. Am Ostermontag 1986, wenige Wochen vor der Tschernobyl-Katastrophe, kommen mehr als 100.000 Menschen zur Kundgebung. Die Polizei geht mit Schlagstöcken gegen die Bevölkerung vor, und setzt das völkerrechtlich geächtete CN- und CS-Gas ein, als Beimischung bei der Befüllung der Wasserwerfer.

Doppelsinn:
Plakat in Wackersdorf

Schuierer bekommt wenig später einen im Einsatz abgebrochenen Schlagstock der Polizei zugespielt. Den Besitzer kann er nicht ermitteln, so sehr der Landrat auch nachhakt. Er hätte gerne gewusst, wer hier so heftig zuschlug. Der Freistaat schafft unterdessen 21 neue Stellen für Richter und Staatsanwälte in Schwandorf, die in Containern die Platzbesetzer im Schnellverfahren verurteilen.

Noch versucht sich der Staat mit Stärke, doch die Stimmung in der Bevölkerung kippt unverkennbar, bestärkt durch den Atomunfall in Tschernobyl Ende April. Am 26. und 27. Juli 1986 kommen mehr als 100.000 Menschen zum bis dato größten Rockkonzert der deutschen Geschichte ins nahegelegene Burglengenfeld. Es nennt sich Anti-WAAhnsinns-Festival, und es spielen die Rockband BAP und Udo Lindenberg, Rio Reiser und Herbert Grönemeyer, sowie die Toten Hosen. Widerstand, das zeigt sich hier, kann auch Party sein.

Die Stimmung erreicht auch die Wahllokale. Im Oktober 1986, noch ganz unter dem Eindruck Tschernobyls, verliert die CSU bei der Landtagswahl ihr Direktmandat im Schwandorfer Raum an die SPD. Die WAA hat ihren Rückhalt vor Ort nun vollends verloren.

Und doch halten Freistaat und Atomwirtschaft weiterhin an dem Projekt fest – bis April 1989. Schuierer ist gerade auf einer Landrätetagung in Viechtach, als ihn ein Journalist anruft und um eine Stellungnahme zum Stopp der WAA bittet. „Das ist mir völlig neu", sagt Schuierer. Aber die Information stimmt. Der Landrat macht sich auf den Weg zur Baustelle, dort tanzen die Menschen bereits. Der größte Befürworter des Projektes erlebt dessen Ende nicht mehr: Strauß ist ein halbes Jahr zuvor verstorben.

Rockkonzert der Superlative: Anti-WAAhnsinnsfestival Burglengenfeld, Juli 1986

100.000 Menschen müssen untergebracht werden: Burglengenfeld, Juli 1986

5. Volksaufstände in Wackersdorf und Gorleben

Damit die Namen niemand vergisst: die Verkäufer der Heimat

Diesmal kommt der Protest von oben: Greenpeace-Aktion im Oktober 1988

Von einem „nuklearen Beben" schreiben nun die Zeitungen. Erstmals Ende Februar hatte Rudolf von Bennigsen-Foerder, der Chef des Düsseldorfer Veba-Konzerns, angedeutet, man könne auch in Frankreich wiederaufarbeiten lassen. Die Veba, die später in der Eon AG aufgeht, ist wichtigster Anteilseigner der DWK.

Fast ein wenig lakonisch teilt der Industrielle der Öffentlichkeit nun mit, man sei mit der französische Staatsfirma Cogema übereingekommen, von 1999 an jährlich 400 Tonnen abgebrannter Brennelemente in deren Wiederaufarbeitungsanlage in La Hague behandeln lassen. Und es gebe die Option, diese Menge um weitere 200 Tonnen aufzustocken.

Offiziell geschieht dieser Schwenk allein aus wirtschaftlichen Gründen, faktisch hat natürlich der Protest den Bauherren das Projekt verleidet. 3,5 Milliarden Mark sind zu diesem Zeitpunkt bereits verbaut; bis zur Vollendung, so rechnet man inzwischen, wären insgesamt 10 Milliarden nötig. Das ist den Investoren zu viel. Am 31. Mai 1989 lässt die DWK die Arbeiten im Taxöldener Forst einstellen. Es ist ein Sieg der Bürger.

Und es ist das Ende der Wiederaufarbeitung in Deutschland. Auch die Karlsruher Forschungsanlage WAK ist damit nutzlos. Den milliardenteuren Rückbau, der bis in die 2020er Jahre dauern wird, und die Lagerung des Strahlenmülls bezahlen überwiegend die Steuerzahler.

Dass die deutschen Brennelemente nun zur Verarbeitung nach La Hague gehen, ist global betrachtet freilich kein Gewinn. Die Umweltzerstörung findet lediglich andernorts statt; die Abwässer fließen jetzt in den Atlantik, die Abluft zieht über die Normandie. Aus diesem Grund verbietet Umweltminister Jürgen Trittin ab dem Jahr 2005 auch den Export von Brennelementen zur Wiederaufarbeitung.

Und Landrat Schuierer resümiert Jahre später, während er seine Aktentasche wieder unter den Arm klemmt, die WAA sei „ein einziges Lügenpaket vom Anfang bis zum Ende" gewesen.

In Niedersachsen sagen das viele auch über Gorleben, wo der Kampf noch anhält.

Gegen den Schiet:
Demo im Wendland, 1984

„Verseuchtes Wasser, verseuchte Luft, verkrüppelte Kinder"

Spurensuche also im Wendland. Das Schild an der gelben Haustür ist verblichen. Die Sonne und die Feuchtigkeit haben über Jahrzehnte ihre Spuren hinterlassen, und doch ist die Aufschrift noch zu entziffern: „Republik Freies Wendland".

Es ist ein sonniger Frühsommertag in Kolborn, einem Ortsteil von Lüchow, wo die Straßen malerische Namen tragen: Waldwinkel, Eichengrund, oder Hinter dem Reitplatz. Marianne Fritzen ist hier zuhause. Die „Großmutter des Widerstands", wie die *Süddeutsche Zeitung* sie einmal nannte, führt in ihr Wohnzimmer, einen Raum voller Bücherregale, der von einem bewegten Leben zeugt. Im Jahr 2014 hat sie ihren 90-jährigen Geburtstag gefeiert.

„Was den Atommüll betrifft, so genügt es, ihn in einer Tiefe von drei Metern zu vergraben, um ihn vollkommen unschädlich zu machen"

Werner Heisenberg, 1955

Aber man merkt der Grande Dame des Wendlands ihr Alter nicht an. Nicht, wenn sie sich zur aktuellen Politik äußert. Und auch nicht, wenn sie zu erzählen beginnt von damals. Von der Zeit vor vierzig Jahren, als alles anfing rund um Gorleben. Nein, gewusst habe man über die Atomkraft zuerst noch gar nichts, sagt sie. Woher auch, war ja alles neu und für Laien ziemlich kompliziert.

Aber Marianne Fritzen war immer eine interessierte Frau. Sie arbeitete in der Erwachsenenbildung, beim katholischen Bildungswerk. Dort kam sie in Kontakt mit Anthroposophen, lernte etwas über den biologischen Landbau, über den verantwortungsvollen Umgang mit der Natur. Eines Tages berichtet auf einer Tagung ein Referent am Rande von seinem Kampf gegen das Atomkraftwerk Unterweser. Seinen Zuhörern gibt er eines mit auf den Weg: „Wehrt Euch, wenn es auch bei Euch aktuell werden sollte." Marianne Fritzen ist damit sensibilisiert.

Und es soll nicht lange dauern, bis das Thema auch für sie persönlich akut wird. Man schreibt das Jahr 1973, als der Stromkonzern Preußen-Elektra verkündet, auf einer Elbwiese bei Langendorf in ihrem Landkreis ein Atomkraftwerk zu bauen.

Die Frau aus Lüchow stellt fortan Fragen. „Wie ist das mit den Abfällen?", fragt sie einmal die Planer. „Das ist alles geregelt", antworten die, mehr sagen sie nicht. Dann fährt sie nach Würgassen, wo ein Reaktor in Bau ist und stellt noch mehr Fragen. Hinreichende Antworten kriegt sie wieder nicht.

Fritzen sucht nun Verbündete und gründet Ende 1973 die Bürgerinitiative Umweltschutz Lüchow-Dannenberg. Schnell wird sie zu deren Gesicht. Sie ist Vorsitzende des Kirchengemeinderats, sie ist eine angesehene, kommunikative Person. „Uns war wichtig, alle Menschen mitzunehmen", sagt sie. Und dafür ist sie zweifellos die richtige. „Wendland-Ikone" nennt sie später die Presse.

Laken im Vorgarten: im Wendland

Als eine der ersten Aktionen veröffentlicht die Bürgerinitiative im Dezember 1973 eine Anzeige in der *Elbe-Jeetzel-Zeitung*: „Atomkraftwerk Langendorf? Das heißt Radioaktivität, verseuchtes Wasser, verseuchte Luft, verödeter Boden, vergiftete Menschen, verkrüppelte Kinder, ANGST." In der Gemeinde bricht ein Proteststurm los. Zwar mosert das *Hamburger Abendblatt* noch, die Bürgerinitiative sei „ein Beispiel dafür, wie gefühlsgeladen, wie unausgewogen, ja unausgegoren solche Anti-Haltung sich häufig darstellt." Erfolg haben die Bürger dennoch. Das Kraftwerk Langendorf wird nicht gebaut, obwohl der Stromkonzern das betreffende Stück Land bereits gekauft hat.

Aber die Ruhe ist nicht von Dauer. Denn bald wird Gorleben aktuell. Als Ministerpräsident Albrecht im Februar 1977 den Standort benennt, beschreibt der *Spiegel* den Landesvater zwar noch als einen „gewieften Taktiker", der einen Ort vorschlägt, der „kaum in Frage kommt." Ob es tatsächlich seine Strategie war, durch diesen untauglichen Vorschlag das Projekt für Niedersachsen abbiegen zu können, wird jedoch nie geklärt. Und selbst wenn es seine Hoffnung gewesen

Die Staatsmacht setzt sich durch: Platzräumung in Wackersdorf

Kein Zaun hält ewig: Durchbruch in Wackersdorf

5. Volksaufstände in Wackersdorf und Gorleben

sein sollte, dass die Bundesregierung Gorleben ablehnen werde – sie tut es nicht.

Damit beginnt ein Protest, der – was zu diesem Zeitpunkt noch niemand ahnen kann – Jahrzehnte währen wird. Schnell kommt er in Fahrt. Bereits am 12. März kommen in Gorleben 20.000 Menschen zu einer Kundgebung zusammen. „Plutonium bringt Omi um" ist einer der Slogans.

Ein wichtiger Mitstreiter ist Wolfgang Ehmke. „Veteran der Anti-Atom-Bewegung" hat ihn die *Zeit* einmal genannt. Im nahegelegenen Gartow ist er geboren, in Gorleben hat er einen Teil seiner Kindheit verbracht. Für ein Treffen vier Jahrzehnte später hat er den Hundertwasser-Bahnhof Uelzen vorgeschlagen, was kein unpassender Ort ist für ein solches Gespräch, weil sich auch Künstler Friedensreich Hundertwasser für Umweltschutz und gegen die Atomkraft engagierte.

Ehmke – inzwischen Ende 60 – ist keiner, bei dem einem spontan das Wort Rentner einfällt. Er hat eine junge, dynamische Art, trägt einen Ohrstecker links, das „Du" der Szene ist für ihn obligatorisch und neben dem Atomwiderstand engagiert er sich auch in der Ausländerbetreuung. Die 1968er-Bewegung hat ihn sozialisiert.

In jenem gesellschaftspolitisch historischen Jahr beginnt Ehmke ein Studium der Germanistik und Romanistik in Hamburg. Damit kommt ihm später im Gorleben-Kampf eine wichtige Mittlerfunktion zu. Einerseits ist er ein waschechter Wendländer, ein bodenständiger Mensch, andererseits hat er auch zu den großstädtischen Linken einen guten Draht. Zwei Welten, die es im Sinne der Sache zu verknüpfen gilt.

Vermittler zwischen Städtern und Landvolk: Wolfgang Ehmke

Mit dem Atomwiderstand kommt Ehmke erstmals im Herbst 1976 in Brokdorf in Kontakt. Er erlebt, wie berittene Polizei den Platz räumt – und ist entsetzt. Daraufhin liest er sich in das Thema Atomkraft ein. Das Buch des Bremer Atomphysikers und Atomkraftkritikers Jens Scheer „Zum richtigen Verständnis der Kernindustrie" (eine Replik auf eine Broschüre der Atomlobby mit dem Titel „Zum besseren Verständnis der Kernindustrie") hilft ihm dabei. Es liefert 66 Fragen und Antworten. Ehmke erinnert sich: „Wir haben uns gegenseitig abgefragt, wir hatten den Ehrgeiz, alle Fragen beantworten zu können". Er ist einer, der wissen will, wovon er redet.

Bald wird Ehmke Sprecher der BI Lüchow-Dannenberg und rückt damit, wie übrigens viele andere auch, ins Blickfeld der Ermittlungsbehörden. Wohnungen werden verwanzt, Telefone abgehört. Permanent begleiten ihn Ermittler, wie er später in seiner Akte nachlesen kann. Und nicht nur er wird bespitzelt: Der Staat legt Dossiers von 3000 Gegnern des Endlagers an.

Die Behörden sind zu dieser Zeit, als die RAF das Land in Atem hält, übersensibel. Als eines Tages ein Mitstreiter am Telefon über Ehmke sagt „Wolfgang fährt auf Klassenreise", sehen die Sicherheitsbehörden das als Chiffre. Doch Ehmke ist zu dieser Zeit Lehrer an einer Hamburger Schule, die Aussage mithin völlig korrekt.

Europaparlament statt Landkommune

Zu den wichtigsten Gorleben-Kämpfern gehört außerdem Rebecca Harms. Auf Durchreise in Freiburg ist sie für ein Gespräch zu haben. Sie hat am Vorabend in der Wyhler Nachbargemeinde Weisweil gesprochen, gut 40 Jahre nach der badischen Platzbesetzung und fünf Jahre nach Fukushima. Was schon deutlich macht: Das Atomthema hat sie nie wieder losgelassen.

Nun erscheint sie in einem Café in der Altstadt und hat Zeit mitgebracht. Zeit, um in die Geschichte der Bewegung einzutauchen, also auch in ihre eigene Biografie.

Die große Politik stand in jungen Jahren nicht unbedingt im Zentrum ihrer Lebensplanung. 1975, das Abitur gerade in der Tasche, macht Harms ein Praktikum in einem Kindergarten, anschließend beginnt sie eine Gartenbaulehre. Eine Landkommune will sie aufbauen, zusammen mit anderen Leuten. Sie will „einen Beruf erlernen, der nützlich ist".

Nahe Uelzen ist sie aufgewachsen, hat die Pläne vom Atommülllager im nahegelegenen Lutterloh aus der Nähe verfolgt. Am Standort wurde sogar schon gebohrt, die Regierung betrachtete die Region als „politisch stabil", weil ländlich und konservativ. Mit Protesten rechnete sie nicht. Doch flugs war auch hier eine Bürgerinitiative gegründet, Harms war dabei.

Die junge Frau ist atompolitisch sensibilisiert, als sie ihre Gartenbaulehre beginnt. Und mehr noch trifft das auf ihren Chef zu. Als plötzlich der Standort Gorleben benannt wird, verkündet der ihr plötzlich: „Komm, pack deinen Rucksack, wir fahren nach Gorleben." Er stellt sie einstweilen von ihrer Arbeit frei. Also sitzen die beiden bald in einem VW-Kübelwagen Richtung Wendland, mieten sich in Gorleben im Gasthaus Alte Burg ein und sind mitten drin im Protest. „Ich wollte ohnehin ins Wendland, wegen der Bauernhöfe", sagt Rebecca Harms beim Kaffee, fast vier Jahrzehnte später.

Unprätentiöse Aktivistin und Politikerin: Rebecca Harms

Doch ihr Leben entwickelt sich in eine andere Richtung, der Atomwiderstand katapultiert sie in die Politik. Erst in den Landtag von Niedersachsen, dann 2004 ins Europaparlament in Straßburg, wo sie heute Fraktionsvorsitzende der Grünen ist. Man nennt das wohl eine Politikkarriere, aber Harms ist uneitel geblieben. Es ist nicht schwer, in ihr noch die unprätentiöse Aktivistin vom Bauplatz zu erkennen.

Dass sie in der Politik landete, ist vor allem Undine von Blottnitz zu verdanken – zusammen mit Marianne Fritzen waren sie das Frauen-Triumvirat des Wendlands. Auch von Blottnitz, bereits 2001 mit 64 Jahren verstorben, war durch Albrechts Gorleben-Beschluss auf den Plan gerufen worden. Sie war Mitbegründerin der Grünen und zog erstmals 1984 ins Europaparlament ein. Harms wurde ihre Mitarbeiterin und entdeckte damit die Parlamentspolitik.

Ihre politische Ziehmutter, die gebürtige Berlinerin mit dem Adelstitel war eine besonders illustre Kämpferin gegen die Atomkraft. Einer-

Albrecht bricht sein Wort: Plötzlich taucht 1982 der Standort Dragahn auf

Im Februar 1985 Geschichte: Standort Dragahn im Wendland

seits sprach sie sachkundig und engagiert, bisweilen ein wenig schnodderig. Aber sie hatte auch Glamour.

Eine beeindruckende Kombination, die niemand lebhafter beschreiben kann als Rebecca Harms. „Wenn Undine bei Aktionen eine Nacht im Stroh verbrachte, hatte sie immer eine Flasche Chanel dabei", erinnert sich ihre Wegbegleiterin, „und in ihrer Gucci-Tasche hatte sie oft einen Seitenschneider drin" – den kann man ja immer mal brauchen, beim Widerstand im Wendland. Manchmal habe von Blottnitz ausgesehen, als ginge sie zum Pferderennen in Baden-Baden, dabei „immer einen Brilli am Finger". Und doch war sie so unglaublich bodenständig, die Frau mit dem größten und schönsten Gemüsegarten weit und breit. Und sie war da, wenn sie gebraucht wurde.

Eine Kombination, die offenbar auch den Bundespräsidenten beeindruckte. Im Jahr 1996 überreichte Roman Herzog ihr das Bundesverdienstkreuz für „die Vermittlung politischer Grundwerte". Für eine Frau wie von Blottnitz eine Steilvorlage – hatte doch kurz zuvor CDU-Innenminister Manfred Kanther die Atomkraft-Gegner noch als „unappetitliches Pack" bezeichnet. So sagt sie mit ihrem entwaffnenden Charme: „Nett, dass der Bundespräsident nun eine Frau aus dem Pack ausgezeichnet hat."

Republik Freies Wendland – mit Grenzübergang und Schlagbaum

Szenenwechsel. Solche kecken Sprüche sind Andreas Graf von Bernstorff fremd. Er pflegt eher die distinguierte Art, wie man es vermutet von einem der größten Land- und Forstbesitzer Norddeutschlands. Aber auch er ist eine wichtige Person im Widerstand, denn er bringt einen dicken Trumpf ein: seinen Grund und Boden. Ein Großteil der Ländereien über dem Salzstock, den Albrecht einst ausguckte, gehört zu seinem Anwesen.

Als Forstwissenschaftler lebt er im Schloss zu Gartow unweit von Gorleben, und sieht sich der Familientradition verpflichtet. „Der Schlossherr macht kein Hehl daraus, dass er konservativ ist", schrieb einmal die *Hannoversche Allgemeine Zeitung*. Konservativ im besten Sinne. Der Atomwirtschaft lässt er schon mal über seinen Anwalt mitteilen, dass seine Familie seit Jahrhunderten im Wendland ansässig sei, und wünsche, dass die Menschen in dieser Region weiterhin in Frieden leben und arbeiten können: „Der Betrieb einer atomaren Anlage ist damit nicht vereinbar."

Staat mit allem was dazu gehört: Republik Wendland

Von Bernstorff steht all die Jahrzehnte viel in der Öffentlichkeit, oft auch ungewollt, und das reicht ihm offenbar. Zu einem Treffen jedenfalls kommt es nicht. Vieles über ihn ist ohnehin bekannt: Wie er am 10. Juli 1978 im Rahmen einer Pressekonferenz bekannt gibt, er werde das Angebot der Atomwirtschaft von über 26 Millionen Mark für seine Ländereien ablehnen. Dass er sich durch die Androhung der Enteignung nicht beirren lässt. Und dass er schließlich aus der CDU austritt, und damit wohl einem Rauswurf zuvor kommt.

Am Bohrloch 1004: Alltag auf dem Bauplatz

Leben in einer Großkommune: Nur der Innenminister sieht Hochverrat

Allerdings gehört nicht das gesamte Gelände über dem Salzstock zum Bernstorff'schen Gut. Einen Teil des Areals hat die Atomfirma DWK bereits erworben. Sie kann daher im Jahr 1979 mit ersten Bohrungen zur Erkundung des Untergrunds beginnen. Einige Bauern blockieren zwar, sie können aber wenig bewirken.

Am nächsten Bohrloch wird daher der Widerstand von langer Hand geplant. Und so gelingt es 5000 Menschen am 3. Mai 1980, die geplante Tiefbohrstelle 1004 in dem weitläufigen Kiefernwaldgebiet zu besetzen. Die DWK hatte das Areal nicht umzäunen können, so heißt es, weil sie ihr gesamtes Material für ein anderes Bohrloch mit Nummer 1002 brauchte.

Am Bohrloch 1004 entsteht nun ein Hüttendorf. Die Besetzer zeigen dabei anschaulich, was ohne Baumaschinen alles geht, wenn man sich nur koordiniert. Typisch dafür ist der Transport eines Baumstamms per „Ameise", wenn Dutzende von Leuten diesen auf die Schultern nehmen.

Das Zusammenspiel funktioniert auch in anderer Hinsicht. Agrarstudenten reisen aus dem ganzen Land an, um den Bauern auf ihren Feldern zu helfen – so dass die wiederum Zeit finden für den Protest. Wohlorganisiert gelingt es, den Platz dauerhaft besetzt zu halten. 1004 wird damit zur Kultstätte, die Zahl zur Chiffre.

Und die Kreativität gedeiht. Irgendjemand im Hüttendorf ruft bald die Republik Freies Wendland aus, mit allem was dazu gehört, mit Grenzübergang und Schlagbaum. Sogar professionell gemachte Pässe tauchen auf. Sie sollen so echt ausgesehen haben, dass damit – so erzählt man es sich zumindest später – Leute in afrikanische Länder einreisen durften.

Wer aber hat die gefertigt? Marianne Fritzen lächelt Jahrzehnte später milde bei einer Tasse Tee in ihrer privaten Bücherstube: „Das weiß keiner." Aus Hamburg seien die gekommen. Es war, wie es immer war in Gorleben: „Es gab niemanden, der verantwortlich war." Aber viele kreative Köpfe.

Die Republik Freies Wendland ist schnell etabliert, bald stellt die Post Briefe an diese Adresse zu. Es gibt 110 Hütten aus Holz und Lehm, darunter das auf den Bauplätzen der Republik typische Freundschaftshaus für 100 Personen. Es gibt Gewächshäuser, eine Krankenstation, ein Dorfschwein und einen Frisiersalon. Nur der niedersächsische Innenminister Egbert Möcklinghoff schäumt. Er sieht in der Gründung der „Republik" einen „Hochverrat gegen die Bundesrepublik Deutschland". Am 4. Juni 1980 wird Position 1004 von Polizei und Bundesgrenzschutz geräumt, die „Republik" plattgemacht.

Barsche Töne der Landesregierung, Bespitzelungen und Anklagen sollen zugleich die Atomkraftgegner einschüchtern. „Die Verfahren, die ich am Hals hatte, kann ich nicht mehr zählen", sagt Marianne Fritzen rückblickend. Aber niemals habe sie bezahlen müssen. Doch während der Hochphase des Widerstands setzen sie und ihre Familie auf Sicherheit: „Ich wurde enterbt, damit der Familienbesitz nicht verloren geht." Erst später wird das Testament wieder zu ihren Gunsten geändert.

Plakat von 1982

Deutliche Worte der Verzweiflung: im Wendland

Großmutter des Widerstands: Marianne Fritzen in Gorleben

Joseph Beuys adelt verbotenes Plakat zum Kunstwerk

Das Ende der Republik Freies Wendland kann den Widerstand gegen das Endlager nicht brechen. Zumal Gorleben bald auch zum Synonym für Mauscheleien wird. Als 1983 auch ein geologisches Gutachten der Physikalisch-Technischen Bundesanstalt die Untauglichkeit des Standorts belegt, wird dieses auf Druck der Bundesregierung unter Helmut Kohl kurzerhand manipuliert.

Der Erfolgsdruck, unter dem die Atomwirtschaft steht, wird damit immer deutlicher sichtbar. Die Branche weiß einfach nicht mehr, wohin mit ihrem ganzen Dreck.

Entlastung soll der Bau eines Zwischenlagers für Castor-Behälter in unmittelbarer Nähe des geplanten Endlagers bringen, der 1982 beginnt. Die ganze Region sieht daraufhin mit Furcht dem Tag X entgegen, jenem Tag, an dem der erste Castor das Zwischenlager erreichen soll.

„Tag X – verhindert die Atommülltransporte ins Wendland" steht auf einem Plakat, das bald gedruckt ist. Eigentlich ein harmloses politisches Bekenntnis. Doch im Juli 1984 ermitteln die Behörden gegen „Unbekannt"; das Plakat sei ein „Vergehen nach § 111 StGB", also eine öffentliche Aufforderung zu einer Straftat.

Soll man das schöne Poster also fortan nicht mehr zeigen? Da hilft es, wenn man einen Aktionskünstler in seinen Reihen hat; Joseph Beuys signiert das Plakat. Er schreibt darauf die Forderung: „Menschgemäße Kunst muss die Zerstörung des Menschgemäßen verhindern." Er adelt damit das Plakat zur Kunst – und macht es, wie sich Atomkraftgegner freuen, „unsterblich".

Vom Künstler signiert: Plakat von 1984

Der Tag X kommt trotzdem. Am 24. April 1995 startet ein Castor-Transport im badischen Philippsburg. Am nächsten Vormittag trifft er in Dannenberg ein, dort wird der Behälter auf einen LKW verladen. Die Region ist im Ausnahmezustand. Schulen sind geschlossen, Trecker blockieren die Straßen, die ganze Strecke vom Verladebahnhof Dannenberg bis Gorleben ist dicht, nichts geht mehr. Dann bahnen 6500 Polizisten und Grenzschützer dem Transport den Weg. Es gibt zahlreiche Verletzte. Für die letzten 18 Kilometer braucht der Castor mehr als sechs Stunden.

Auch die Transporte in den folgenden Jahren lösen immer wieder massive Proteste aus. Militante Atomkraftgegner platzieren in dieser Zeit Hakenkrallen auf Oberleitungen der Bahn. Kommt dann ein Zug, wird der Stromabnehmer beschädigt, die Leitung abgerissen. So wird die Bahn als Dienstleister der Atomwirtschaft in den Konflikt hineingezogen. An einem bundesweiten Aktionstag „Stoppt die Bahn – Stoppt den Castor" legen im Oktober 1996 Militante mit 13 Hakenkrallen Teile des deutschen Bahnverkehrs lahm.

Wortspiel zum Castortransport: Plakat 2010

Zugleich setzen einige Aktivisten auf die Widerstandsform des „Schotterns": Sie entfernen die Steine aus dem Gleisbett, um die Trasse für die Castor-Züge unpassierbar zu machen. Irgendjemand ersinnt in diesem Zusammenhang den Slogan „Atomausstieg ist Handarbeit". Es ist der anonyme Teil des Protestes.

Ohne Satzung und Mitgliedsbeitrag: die Notgemeinschaft

Im Kontrast dazu agiert die Bäuerliche Notgemeinschaft mit offenem Visier. Auch sie hat sich unmittelbar nach Albrechts Standortwahl gegründet. Die Bauernfamilien treibt nicht nur die Angst vor der Strahlung um, sie fürchten auch um ihre wirtschaftliche Existenz. Man könne ja seine Äcker „nicht einfach unter den Arm klemmen und auswandern", hört man immer wieder. Entsprechend motiviert ist der Widerstand. Denn wer, bitteschön, so fragen die Bauern, wolle noch Nahrungsmittel kaufen, die in einer radioaktiv belasteten Region erzeugt worden sind? Zumal fast zwölf Prozent der wendländischen Betriebe Biohöfe sind.

Kampf mit offenem Visier: Bäuerliche Notgemeinschaft

So bereichert die Bäuerliche Notgemeinschaft den Protest um eine wichtige Facette – handfest und authentisch. Die Bauern vermummen sich nicht, sie sind nicht anonym. Sie achten streng darauf, dass keine Personen gefährdet und keine Polizeifahrzeuge beschädigt werden. Aber sie rollen mit ihren Traktoren jedem Atommülltransport im Landkreis entgegen. Sie sind damit kein unüberwindbares Hindernis, belegen aber eindrucksvoll, wie bodenständig der Protest im Wendland ist, wie sehr er auch im konservativen Landvolk verwurzelt ist. Hier wollen Menschen schlicht ihre Heimat schützen.

Es sind Menschen, die zugleich aber – so heißt es in einer Selbstdarstellung – „wenig Neigung zu Vereinsmeierei und Politikgemauschel" haben. Und so verweist die Notgemeinschaft auch gerne darauf, dass sie „keine Satzung und keine Regularien, keinen Vorstand und keine Grundsatzkommission" hat. Nicht einmal einen Mitgliedsbeitrag.

Aber eben viele Trecker. Damit ist die Notgemeinschaft enorm präsent: Am 2. März 1997 fahren die Landwirte mit 650 Zugmaschinen und geschmückten Anhängern von Gorleben nach Dannenberg. „Stunkparade" nennen sie die Aktion, sie ist die bis dato größte Schlepperdemonstration in der Geschichte der Bundesrepublik.

Trotz Landwirten zum einen, trotz Militanten zum anderen – die Atommüll-Container erreichen jedes Mal ihr Ziel, wenn auch stets mit Verspätung. Heute stehen im Zwischenlager Gorleben 113 Castoren. In einer Blechhalle, wo der Atommüll in wendländischer Luft weiter abkühlt. Das Zwischenlager wird formaljuristisch als der Entsorgungsnachweis anerkannt, ohne den in Deutschland kein Reaktor laufen darf.

Das starke Bergrecht nutzen: Salz aus Gorleben

Ein Vorgriff auf ein Endlager in Gorleben soll das Zwischenlager aber niemals werden. Daher geht der Widerstand vor Ort weiter, Jahr für Jahr. Graf Bernstorff setzt auch auf die Mittel des Bergrechts. Atomkraftgegner gründen im August 1996 die Salinas Salzgut GmbH, die von Bernstorff ein Grundstück oberhalb des Salzstocks pachtet, samt der zugehörigen Rechte zum Abbau von Salz. Sie tun das, weil Nutzer von

Der spätere Kanzler des ersten Atomausstiegs: Gerhard Schröder im Wendland, Mai 1980

Aus und vorbei: Die Republik Wendland wird plattgemacht, Juni 1980

5. Volksaufstände in Wackersdorf und Gorleben

Landidylle: Morgenstimmung in der Freien Republik Wendland

Salzrechten nicht so leicht enteignet werden können, wie ein einfacher Waldbesitzer – ein politisch motivierter Salzabbau also. Gemäß dem Slogan: „Besser Salz fördern als Atommüll lagern".

Gebaut wird unterdessen in Gorleben auch die Pilotkonditionierungsanlage. Hinter dicken Betonwänden sollen dort eines Tages Verfahren erprobt werden, um Brennelemente endlagergerecht zu verpacken – zu „konditionieren". Doch die Anlage bleibt ohne Endlager im „Stand-by-Betrieb": „Lediglich für eine mögliche Behälterwartung" sei sie aktuell einsetzbar, teilt der Betreiber, die Gesellschaft für Nuklear-Service, mit.

Schneise im Kiefernwald: Zwischenlager Gorleben

Erst Hühnermast, dann Atommüll: der Schacht Morsleben

Quert man bei Gorleben die Elbe, ist man auf ehemaligem DDR-Territorium. Dort hatte man es einfacher mit dem Atommüll, denn die Brennelemente, die aus Russland kamen, gingen wieder dorthin zurück. Die Frage der Entsorgung hochradioaktiver Abfälle stellte sich für die DDR nicht.

Lediglich für mittel- und schwachaktive Stoffe aus den Atomreaktoren Greifswald und Rheinsberg, sowie aus dem Forschungsreaktor Rossendorf brauchte die DDR ein Endlager. Das richtete sie im ehemaligen Kali- und Steinsalzbergwerk Bartensleben in Morsleben ein. Die Standortauswahl erfolgte so: Zwölf Salzbergwerke standen zur Auswahl, neun davon waren noch in Betrieb, blieben drei. Zwei davon waren bereits abgesoffen. So traf es Morsleben.

Von 1912 bis 1964 war dort Salz abgebaut worden. Und nicht nur das. Im Zweiten Weltkrieg wurden in der Schachtanlage auch Rüstungsgüter produziert, seit 1959 befand sich darin außerdem eine untertägige Hühnermast (die bis 1988 existierte).

Der erste Atommüll wird im Jahr 1971 probeweise eingelagert, er kommt aus den Beständen des DDR-Zwischenlagers in Lohmen bei Dresden. Die „unbefristete Dauerbetriebsgenehmigung" erhält der Schacht im April 1986 vom DDR-Staat. Wenige Tage vor der Tschernobyl-Katastrophe.

Mit der deutschen Wiedervereinigung im Jahr 1990 geht das Endlager in den Verantwortungsbereich der Bundesrepublik Deutschland über, damit wird das BfS zum Betreiber. Gleichwohl wird (mit Unterbrechung 1991 bis 1994) weiterhin Atommüll eingelagert.

Erst im September 1998 erwirkt der Bund für Umwelt und Naturschutz vor Gericht einen Einlagerungsstopp, ehe im April 2001 das BfS die Einlagerung in Morsleben beendet – sicherheitstechnisch sei die weitere Nutzung des Salzstocks nicht mehr vertretbar, heißt es nun. Denn längst besteht die Gefahr eines Wassereinbruchs.

Zudem gilt das Lager seit Jahren als einsturzgefährdet. Es habe ein „durch fortschreitende Verformungen ausgelöster Schädigungsprozess begonnen" formuliert das BfS – was kaum beruhigen kann bei einem

„Die Endlagerung ist ein überaus scheußliches, neben der Wiederaufarbeitung wohl das scheußlichste Problem der zivilen Atomtechnik."

Klaus Traube, 1984

Schacht, in dem 37.000 Kubikmeter Strahlenmüll lagern. Die Sicherung hat begonnen, und wieder wird es teurer; mit 2,2 Milliarden Euro rechnet das BfS. Steuergeld.

Skandalschacht schlechthin: die Asse

Dramatischer noch ist die Lage auf westlicher Seite der einstigen innerdeutschen Grenze, in der Schachtanlage Asse südöstlich von Wolfenbüttel.

Peter Dickel, in Braunschweig zuhause, kennt den Schacht genau. Ein Griff ins Bücherregal, er schlägt einen Ordner auf. „Alles, was man heute weiß, ist damals schon klar gewesen", sagt der langjährige Aktivist und präsentiert einen Zeitungsartikel von 1964. Darin wird auch Bezug genommen auf ein entsprechendes Gutachten der Uni. „Das musste schiefgehen."

Dass es schief ging, streitet niemand mehr ab. Doch einst verdrängte man die Realität, definierte die Asse zur Entsorgungslösung für schwach- und mittelradioaktive Stoffe, obwohl sie objektiv keine war. Man brauchte händeringend den Anschein einer geregelten Entsorgung.

Von 1909 bis 1925 hatte man in dem ehemaligen Salzbergwerk in Niedersachsen Kalisalz abgebaut und von 1916 bis 1964 Steinsalz. Dann kippte man von 1967 bis 1978 fast 126.000 Gebinde mit strahlenden Abfällen hinein.

Wie Hohn klingen die Aussagen aus den frühen sechziger Jahren, als die Bundesanstalt für Bodenforschung (BfB) in einem Gutachten über das Bergwerk noch versicherte, es bestehe „unter normalen Verhältnissen keinerlei Gefahr des Ersaufens". Die Bundesrepublik erwarb daraufhin im Jahr 1965 den stillgelegten Schacht II von der Wintershall AG. Zugleich beauftragte das Bundesforschungsministerium die Gesellschaft für Strahlenforschung (heute: Helmholtz Zentrum München) damit, dort die Endlagerung radioaktiver Abfälle zu erforschen.

Man störte sich nicht daran, dass der Schacht I des Bergwerks bereits im Juli 1906 wegen Wassereinbruchs aufgegeben worden war. Auch die Tatsache, dass in Schacht III bereits während seiner Nutzung in den Jahren 1911 bis 1924 Lauge eingetreten war, kümmerte niemanden. Man postulierte einfach eine Langzeitstabilität von Schacht II und erklärte die Asse kurzerhand zu einem „Versuchsendlager". Eine atomrechtliche Genehmigung gab es nie, bis zuletzt nicht.

Den Wassereinbruch stellte man 1988 fest. Heute dringen täglich gut 12.000 Liter Salzwasser in das Lager und greifen dort die Fässer an. Der Zufluss lässt sich nicht stoppen, der ganze Schacht droht abzusaufen. Wann dies eintreten könnte, ist nicht vorhersehbar, die Konsequenz für das Grundwasser unkalkulierbar.

Unter dem Druck dieses Skandals korrigiert die Bundesregierung im Jahr 2009 immerhin einen fatalen Fehler. Das BfS übernimmt die Zuständigkeit für die Asse vom fachlich überforderten Helmholtz Zen-

In der Tiefe liegt das Gift: Schachtanlage Asse

Konstruktiver Protest in Gorleben: Nein zur Atomkraft, ja zur Solarenergie

5. Volksaufstände in Wackersdorf und Gorleben

Forschen an einem zufällig ausgewählten Standort: In den Tiefen von Gorleben

Teure Gänge: Milliarden wurden in Gorleben verbuddelt

trum München. Es ist ein erster formaler Schritt der Gefahrenabwehr, zumal nun für das Objekt das Strahlenschutzrecht gilt, zuvor agierte man unter dem laxen Bergrecht.

Im Februar 2013 beschließt die Bundesregierung dann die „Lex Asse", die eine Rückholung des Mülls gesetzlich festschreibt. Offizieller Name: „Gesetz zur Beschleunigung der Rückholung radioaktiver Abfälle und der Stilllegung der Schachtanlage Asse II". Dennoch ist die Zukunft des Schachtes auch Jahre später noch offen, denn die Herausforderungen sind gigantisch. Frühestens 2036 könne mit der Bergung des Strahlenmülls begonnen werden, heißt es. Ein bis zwei Jahrzehnte werde die Aktion dauern und mehrere Milliarden Euro kosten.

Wenn sie denn technisch überhaupt möglich ist. Die Welt nennt die Bergung des Atommülls im Mai 2015 „die Mission impossible der deutschen Atom-Industrie". Und die *Süddeutsche Zeitung* schreibt im Januar 2013 vom „größten Atomskandal der Bundesrepublik".

Zumal nach jüngsten Schätzungen des BfS auch fast 29 Kilogramm Plutonium in der Asse liegen. Zwar gebe es für die Existenz hochradioaktiver Abfälle in dem Schacht „auch nach sehr umfangreichen Prüfungen keinen Beleg", erklärt das Bundesamt. Genehmigt wurde die Einlagerung von 100.000 Brennelementekugeln des Forschungsreaktors AVR in Jülich jedoch sehr wohl, und zwar im März 1976. 750 Meter unter der Erde sollten sie deponiert werden. Dass es dazu nicht kam, lag „auch am Widerstand einzelner Bürger, die gerichtlich gegen die Genehmigung vorgingen", räumt heute das BfS ein.

So wurde eine Umweltkatastrophe noch größeren Ausmaßes zwar verhindert – aber auch die heutige Situation zeugt bereits von der Fahrlässigkeit der Atombranche und ihrer politischen Helfer. Eine geologische Formation, ausgeguckt, um Millionen Jahre den Strahlenmüll von der Biosphäre fernzuhalten, erweist sich schon nach wenigen Jahrzehnten als hochgefährlich durchlässig. „Meterbreite Schächte wurden durch den Druck des umliegenden Gesteins zusammengeschoben", bestätigt das BfS.

Auch auf den Standort Gorleben wirft der Fall kein gutes Licht. Räumt doch selbst das BfS heute ein, dass die Asse „praktisch das Labor für das damals in Gorleben geplante Endlager" war.

Einwände in hoher Anzahl: Schacht Konrad

Im Vergleich zu den Schächten Asse und Morsleben ging es beim Schacht Konrad – was nun wirklich nicht schwer ist – etwas planvoller zu. Das stillgelegte Eisenerz-Bergwerk im Stadtgebiet von Salzgitter soll eines Tages zum Endlager für schwach- und mittelradioaktive Abfälle werden. In 800 bis 1300 Meter Tiefe soll der Strahlenmüll in den eisenhaltigen Gesteinsschichten eingelagert werden.

Bei diesem Standort hat man sich deutlich mehr Zeit genommen. 1975 starteten die ersten Erkundungen, eine Inbetriebnahme ist frühes-

„Das Eindringen von Wasser kann mit an Sicherheit grenzender Wahrscheinlichkeit ausgeschlossen werden."

Klaus von Dohnanyi, Staatssekretär im Bundeswissenschaftsministerium über die Asse, 1972

Früher Eisenerz, künftig Atommüll? Schacht Konrad

Ohne Polizeischutz undenkbar: Castortransport 1995

Das Landvolk ist immer dabei: Castorblockade 1995

tens 2022 zu erwarten. Teuer wird das Projekt in jedem Fall, das Bundesumweltministerium spricht von mindestens drei Milliarden Euro.

Seit 1965 wurde in Konrad Eisenerz abgebaut, bis das Geschäft 1976 unrentabel wurde. Schon vor der endgültigen Stilllegung der Grube schlug der damalige Betriebsrat dem Bund vor, diese auf ihre Eignung als Endlager für radioaktive Abfälle zu untersuchen. Aber von Anfang an ist das Projekt umstritten. Viele Kommunen sind dagegen, die Gewerkschaften in der Industriestadt Salzgitter ebenso.

Eine Demonstration gegen das Atomlager am 30. Oktober 1982, zu der – als Antwort auf den Start des Planfeststellungsverfahrens – 12.000 Teilnehmer kommen, eskaliert. In der „Schlacht am Schacht" im Stadtteil Bleckenstedt setzt die Polizei Tränengas und Wasserwerfer ein.

1992 findet der 75-tägige Erörterungstermin statt, der längste in der deutschen Geschichte. Rund 290.000 Einwendungen werden von Bürgern, den Kommunen Salzgitter, Braunschweig und Wolfenbüttel sowie den Verbänden Greenpeace, BUND und einigen Bürgerinitiativen erhoben. Es ist die zweitgrößte Zahl an Einwendungen in einem deutschen Verwaltungsverfahren, übertroffen nur von Wackersdorf. Dennoch: Im Mai 2002 erlässt das niedersächsische Umweltministerium den Planfeststellungsbeschluss zur Einlagerung von 303.000 Kubikmetern Atommüll.

Das entspricht etwa jener Menge, die in der Politik lange Zeit als notwendig erachtet wurde. Der größte Teil stammt aus dem Abriss der Atomkraftwerke. Allerdings verdoppelt sich die Atommüll-Menge im November 2014 plötzlich. Abfälle der Urananreicherung, die bisher als Wertstoff galten, werden plötzlich auch als Atommüll deklariert.

Einstweilen liegen riesige Mengen an Strahlenmüll noch im Zwischenlager Ahaus im Münsterland. Dort hatte die Mehrheit des Stadtrates im Jahr 1978 sogar zugestimmt, nachdem das Land Nordrhein-Westfalen der Stadt finanzielle Zuwendungen in Höhe von 49 Millionen Mark versprochen hatte. Die ersten Castorbehälter kamen 1992 aus dem gescheiterten Reaktor in Hamm-Uentrop. Außerdem warten im bayerischen Mitterteich noch mehr als 13.000 Fässer und Container darauf, eines Tages in einem Endlager Platz zu finden.

Endlagersuchgesetz: Nach Jahrzehnten zurück auf Los

Hamburg, Marienthaler Straße, ein Hinterhaus. An den Wänden hängen Plakate gegen Atomkraft, aktuelle und solche aus den vergangenen Jahren. Von hier aus steuern Jochen Stay und sein rund 20-köpfiges Team den Protest gegen die Atomkraft und vor allem gegen das Endlager in Gorleben.

„Ausgestrahlt" heißt die Organisation, die Stay 2008 gegründet hat – und die wesentlich dazu beigetragen hat, den Atomwiderstand im 21. Jahrhundert wieder stärker in die Öffentlichkeit zu rücken. „Cheflogistiker der neuen Bewegung", nannte ihn einmal die *Zeit*.

„Um ganz sicher zu gehen, wurden zur Endlagerung auch nur solche Salzgebirge in Betracht gezogen, von denen man weiß, dass über die sie mit der Erdoberfläche verbindenden Schächte keinerlei Wassereinbruch zu befürchten ist. Die Entscheidung fiel auf das stillgelegte Salzbergwek Asse II bei Wolfenbüttel."

Hamburgische Electricitäts-Werke AG, 1973

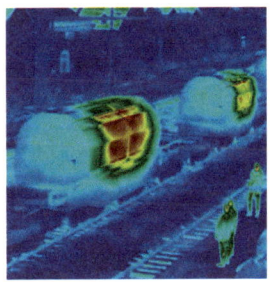

Heiße Ware: Castortransport im Thermobild

Symbol des Widerstands im Wendland: das gelbe X

Jochen Stay, Jahrgang 1965, ein stämmiger Mann mit Vollbart, ist Medienprofi und das macht ein gutes Stück des Erfolgs von Ausgestrahlt aus. „Die Medien wollen ein Gesicht, dann halte ich halt meines hin", sagt er. Aber das ist es nicht alleine. Während andere Umweltverbände an manchen Tagen noch um eine Reaktion auf die aktuelle Nachrichtenlage ringen, hat Stay sich in der Regel bereits positioniert – und wird daher tags darauf in den Zeitungen viel zitiert.

Über die Friedensbewegung der evangelischen Jugend kommt der gebürtige Mannheimer mit der Atomkraft in Kontakt. In Mutlangen demonstriert er gegen die Atomraketen. Jahrelang verfolgt er mit Kollegen Raketenkonvois und macht sie öffentlich. Mit der Recherche von geheimen Fahrtrouten kennt er sich bald gut aus.

Als 1988 der Beschluss fällt, dass die Raketen weg kommen aus Mutlangen, hat er Kapazitäten frei – und konzentriert sich nun auf die zivile Atomkraft. „Wir hatten ein bundesweites Beobachtungsnetzwerk", sagt er. Also verfolgt er fortan Castortransporte und organisiert die Blockaden. Er nennt das die „Verstopfungsstrategie" – wer hält länger durch, die Blockierer oder die Polizei?

1992 zieht er ins Wendland und steigt voll in den Kampf gegen das Endlager Gorleben ein. Die Proteste werden von Umweltprojektwerkstätten gesteuert, sowie dem Kampagnennetzwerk X-tausendmal quer, das Stay mit aufbaut. Deren gelbes X kennt jeder, der seit den neunziger Jahren im Wendland war.

In der Politik nimmt man den Widerstand rund um Gorleben durchaus ernst. So werden die Erkundungsarbeiten für das Endlager im Oktober 2000 unter der rot-grünen Bundesregierung vorläufig gestoppt. Während eines auf zehn Jahre befristeten Moratoriums will die Politik noch einmal grundsätzliche Fragen zur Endlagerung klären.

Wirklich Neues kommt dabei nicht heraus, und so werden die Erkundungsarbeiten ab 2010 wieder fortgesetzt. Dann folgt die nächste Wendung: Im März 2013 kündigt Bundesumweltminister Peter Altmaier (CDU) an, die Standortsuche beginne neu – ergebnisoffen. Zurück auf Los also. Ein „Standortauswahlgesetz" wird erlassen. Sein vollumfänglicher Name: „Gesetz zur Suche und Auswahl eines Standortes für ein Endlager für Wärme entwickelnde radioaktive Abfälle." Geschehen soll das nun im Rahmen eines „transparenten, wissenschaftsbasierten Neustarts unter Beteiligung der Zivilgesellschaft".

Auslöser für diesen neuerlichen Anfang sind die Akzeptanzprobleme, unter denen der Standort Gorleben von jeher litt – eben, weil es nie ein von geologischen Erkenntnissen geprägtes Auswahlverfahren gab. Hinzu kommt, dass die Probleme in der Asse und in Morsleben keine gute Referenz sind für die Lagerung in Salzstöcken.

Auch andere geologische Formationen, vor allem Tongesteine, rücken nun wieder ins Blickfeld; auch Standorte außerhalb Niedersach-

In der Werbung klinisch rein: Herstellerbild eines Castorbehälters

Von der Realität weit entfernt: die Atom-Propaganda. Faktencheck 8 (von 12)

Nicht langzeitsicher: Atommüllfass in Brunsbüttel

"Kaum ein Industriezweig hat sich bereits bei der Aufnahme der Produktion so intensiv um die Entsorgung gekümmert, wie die Kerntechnik."

Georg Freiherr von Waldenfels, Staatssekretär im Bayerischen Staatsministerium für Wirtschaft und Verkehr, 1987

sens werden nun zu prüfen sein. Priorität hat die Endlagerung in tiefen geologischen Formationen, der Abschluss der Radionuklide von der Biosphäre muss langfristig gesichert sein. Hinzu kommt der Vorrang einer frühen Endlagerung vor einer langfristigen Zwischenlagerung. Und vor allem sollen die radioaktiven Abfälle rückholbar sein. Technischer Fortschritt könnte in Zukunft schließlich bessere Verfahren hervorbringen, denen man sich nicht verschließen will. Wie auch immer, die aussehen könnten.

Um Standortkriterien zu definieren wird eine 33-köpfige „Endlagerkommission" gegründet. Politik, Industrie, Wissenschaft und Umweltverbände sind dabei, doch es herrscht ein Ungleichgewicht. „Ich telefoniere vom Trecker aus, RWE hat eine ganze Stabsabteilung", sagt Biobauer Klaus Brunsmeier, der für den Bund für Umwelt und Naturschutz in der Kommission sitzt. Die anderen Umweltverbände haben die Teilnahme abgelehnt, weil sie in der Besetzung und der Arbeitsweise des Gremiums keinen Neustart, sondern eine Vorfestlegung auf Gorleben sehen.

Als die Kommission im Juli 2016 ihren Abschlussbericht vorlegt, ist weiterhin alles offen. Auf gut 500 Seiten sind lediglich die Suchkriterien definiert, sowie das Ziel, bis zum Jahr 2031 eine Standortentscheidung zu treffen. Als „vertrauensbildende Maßnahme" sollen vorerst keine weiteren hochradioaktiven Abfälle nach Gorleben gebracht werden.

So ist das ganze Verfahren geprägt durch einen bemerkenswerten Zeitplan: Erst im Jahr 2014 – die Inbetriebnahme des ersten Atomreaktors in Deutschland liegt fast ein halbes Jahrhundert zurück – gründet die Bundesregierung ein Bundesamt für kerntechnische Entsorgung. Es steht nun vor enormen Aufgaben, entsprechend lang wird es brauchen. Ein Endlager sei „vor 2080 nicht realistisch" vermuten im Juli 2014 die *VDI-Nachrichten*, und die *taz* schreibt: „Müllabfuhr hat 50 Jahre Verspätung".

Endlager Schweiz: Man gibt sich unvoreingenommen

Im Vergleich zu dem Hin und Her in Deutschland ist es in der Schweiz zumeist ruhiger vonstatten gegangen. Über Jahrzehnte hinweg trieben die Atomfirmen ihre Pläne zum Bau eines Endlagers für hochradioaktive Abfälle ohne allzu großen Aufruhr voran.

Vielleicht liegt das an der langfristigen Planung, an dem wissenschaftlich untermauerten Auswahlprozess. Vielleicht auch an einer Strategie, die Kritiker als die „Perfektionierung der Salamitaktik" bezeichnen, weil Entscheidungsschritte in viele kleine Zwischenschritte aufgelöst werden. Mit Sicherheit liegt es auch daran, dass sich die Schweiz – anders als Deutschland – nicht sofort auf einen Standort konzentrierte. Zumindest nicht offiziell.

Drei Reaktoren waren bereits am Netz, als die Schweiz die Strukturen für eine langfristige Endlagersuche schuf: Am 4. Dezember 1972

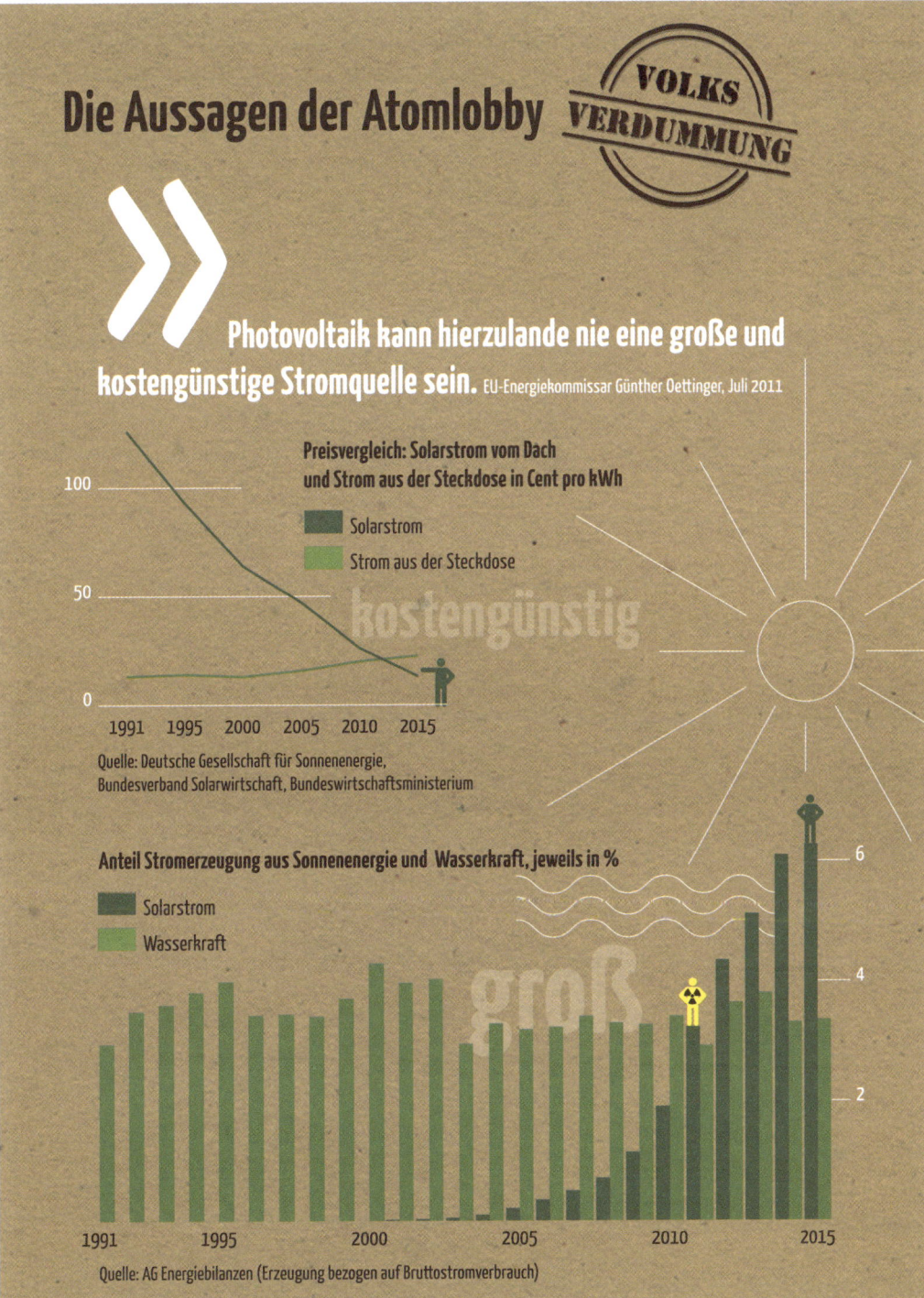

Von der Realität weit entfernt: die Atom-Propaganda. Faktencheck 9 (von 12)

Nach uns die Sintflut: Abkippen von Atommüll in der Asse

Treffender kaum zu formulieren: Plakat in der Schweiz, 1980

gründeten alle Erzeuger radioaktiver Abfälle gemeinsam die Nagra, die Nationale Genossenschaft für die Lagerung radioaktiver Abfälle. Und seither treibt diese die Standortsuche voran. Einerseits sucht sie ein Endlager für hochradioaktive Abfälle (HAA), andererseits eines für schwach- und mittelaktive (SMA) Abfälle.

1982 wählt die Nagra 20 potenzielle Standortgebiete für SMA aus und bohrt intensiv – in Böttstein, Riniken, Schafisheim, Leuggern und Kaisten im Aargau, in Weiach im Kanton Zürich und in Siblingen im Kanton Schaffhausen. Sie untersucht die Wirtsgesteine Mergel, Anhydrit und kristalline Formationen. Sie gibt sich unvoreingenommen.

Schließlich tendiert die Nagra zum Standort Wellenberg im Kanton Nidwalden, Gemeinde Wolfenschiessen und müht sich ab 1994 um eine erste Bewilligung. Doch die Bürger des Kantons sind dagegen. Zwar hat sich die Gemeinde durch die Zusage einer einmaligen Zahlung von drei Millionen Franken ködern lassen, in Volksabstimmungen 1995 und 2002 erleidet die Nagra jedoch jeweils klare Niederlagen.

Forschung im Kristallingestein: Schweizer Geologe, 1987

Das Endlager für schwach- und mittelradioaktive Abfälle kommt damit nicht zu Stande. Zum Glück: Später schneidet der Wellenberg im sicherheitstechnischen Vergleich mit den anderen Standorten schlecht ab und fällt aus dem Verfahren. Vor diesem Hintergrund müsse man daran zweifeln, „ob die Verantwortlichen heute mit offenen Karten spielen und nicht noch immer die günstigste und schnellste Standortwahl vorziehen", beklagt die Schweizerische Energie-Stiftung.

Im Jahr 2008 werden dann sechs mögliche Standorte für ein SMA-Lager bekannt gegeben, die meisten befinden sich unweit der Grenze zu Deutschland. Fünf Gebiete liegen im nördlichen Mittelland, eines in der Zentralschweiz. Die sechs Standortgebiete Südranden, Zürich Nordost, Nördlich Lägern, Jura Ost, Jura-Südfuss und Wellenberg besitzen als Wirtsgesteine tonreiche Sedimente. Dazu gehören der Opalinuston, der Braune Dogger, die Effinger Schichten und Mergel-Formationen. Ob der schwach- und mittelaktive Müll zusammen mit dem hochaktiven deponiert wird, ist offen. Alle Standorte eines HAA-Lagers kommen laut Nagra auch für SMA-Abfälle in Frage.

Für die hochradioaktiven Abfälle blieben bald nur noch drei Standortgebiete: Zürich Nordost, Nördlich Lägern und Jura Ost. Wirtsgestein ist jeweils der Opalinuston. Ursprünglich wollte man den hochradioaktiven Müll im Granit einlagern, doch nach zwei Jahrzehnten intensiver Suche erwiesen sich immer mehr Orte als untauglich, man hatte am Ende keine geeigneten Granitformationen mehr. Also wechselte die Nagra zum Sedimentgestein, dem Opalinuston. Dass der dem Granit ebenbürtig sein soll, bezweifeln viele: „Bei der Nagra bestimmt das Gestein das Bewusstsein", klagen Umweltverbände.

Im Januar 2015 informiert die Nagra schließlich darüber, dass die Standortsuche inzwischen auf die zwei grenznahen Standorte Bözberg (Jura Ost) und Benken im Zürcher Weinland (Zürich Nordost) reduziert wird. Sie begründet ihre Auswahl damit, dass das Wirtsgestein

Endlager Meeresgrund
Über Jahrzehnte hinweg werden Atommüllfässer in der Nordsee versenkt

Über Bord und aus dem Sinn: Acht europäische Staaten versenken ab 1949 mehr als 220.000 Fässer mit mehr als 110.000 Tonnen Atommüll kurzerhand im Nordostatlantik und im Ärmelkanal. Auch Deutschland ist dabei. Ebenso die Weltmächte. Die USA deponieren große Mengen Atommüll vor ihrer Ost-, wie auch an ihrer Westküste. Russland versenkt seine Abfälle im Nordmeer und im Pazifik.

Erst das „Londoner Übereinkommen über die Verhütung der Meeresverschmutzung durch das Einbringen von Abfällen und anderen Stoffen" schränkt die „Verklappung" von Atommüll ein. Diese London Dumping Convention wird 1972 von sieben Atlantik- und Nordsee-Anrainerstaaten vereinbart, 1975 tritt sie in Kraft.

Einige Länder steigen nun komplett aus, so dass im Jahr 1978 in Europa nur noch Großbritannien, die Niederlande, Belgien (die der London Dumping Convention nicht beigetreten waren) und die Schweiz Atommüll in die Meere werfen. Als dann jedoch Deutschland, Frankreich, Italien und andere Länder plötzlich erwägen, wieder neu einzusteigen, protestieren internationale Umweltschutzorganisationen. Sie tun dies so heftig, dass 1982 auch die Niederlande und die Schweiz die Müllversenkung stoppen.

Im Februar 1983 beschließen die Vertragsstaaten der London-Konvention mit großer Mehrheit ein zehnjähriges Moratorium für die Atommüllverklappung, ehe dieses 1993 in ein endgültiges weltweites Verbot umgewandelt wird. Später bezeichnet Greenpeace die Versenkung von Atommüllfässern als „eines der größten staatlichen Verbrechen", die es in Europa je gegeben habe.

Während das Versenken von Fässern heute verboten ist, geht die Meeresverschmutzung auf andere Weise legal weiter: Im französischen La Hague und im britischen Sellafield werden radioaktive Abfälle bis heute per Abwasserrohr ins Meer geleitet.

Einfach über Bord: Atommüll

Fundort: Nordatlantik

eine Ausdehnung von mindestens sechs Quadratkilometern aufweisen müsse, bei einer nutzbaren Breite von mindestens eineinhalb Kilometern.

Ob auch die Grenznähe eine Rolle spielt? Dieses Kriterium hat allenthalben Tradition. Unweit der deutschen Grenze im schweizerischen Würenlingen begannen 1996 die Bauarbeiten für ein atomares Zwischenlager. Auch die Atomreaktoren Leibstadt, Beznau und Gösgen liegen im Grenzgebiet. Der dortige Kanton Aargau wird daher wenig schmeichelhaft auch „Atomaargau" genannt, Umweltverbände sprechen vom „Atomklo Hochrhein".

Wenn dann eines Tages ein Standort für ein Endlager feststeht – womöglich der beste unter lauter schlechten – werden vermutlich die Bürger eine Volksabstimmung erzwingen. Die wird auf nationaler Ebene erfolgen, denn das kantonale Vetorecht wurde aus dem Kernenergiegesetz gestrichen.

Die Festlegung auf einen Standort könnte nach Einschätzung der Nagra um das Jahr 2031 erfolgen, die Inbetriebnahme dann ab 2050. Wenn überhaupt: Die Schweizerische Energie-Stiftung spekuliert bereits, die AKW-Betreiber könnten „nach jahrelangem Scheinverfahren in der Schweiz trotzdem auf eine günstigere Lösung im Ausland zurückgreifen". Was nach aktueller Rechtslage noch nicht zulässig ist.

Aber das Recht hat man ohnehin bereits weit gedehnt. Im Atomgesetz vom Oktober 1978 hatte die Schweiz festgeschrieben, dass neue Atomkraftwerke nur genehmigt werden dürfen, wenn „die dauernde, sichere Entsorgung und Endlagerung der aus der Anlage stammenden radioaktiven Abfälle gewährleistet" ist.

Das Eidgenössische Verkehrs- und Energiewirtschaftsdepartement erweiterte die Regel im Jahr darauf, und knüpfte mit Frist Ende 1985 auch den Betrieb von Altanlagen daran, dass ein sicheres Endlager benannt ist. Obwohl es das bis heute nicht gibt, blieben die Reaktoren allesamt am Netz.

Aber mit dieser Praxis steht die Schweiz ja nicht alleine. Ein Endlager für hochradioaktive Abfälle gibt es noch nirgendwo auf der Welt.

Ikonen der Atomgeschichte: Viele Standorte kämpfen gemeinsam gegen Atommülllager

Ein Unfall erschüttert die Welt:
Brand im Reaktor Tschernobyl, April 1986

KAPITEL
06

Eine Strahlenwolke verändert das Denken – zumindest in Deutschland

Die Katastrophe von Tschernobyl – anderthalbtausend Kilometer weg, und doch so nah

Er ist unheimlich, dieser Frühjahrsmorgen. Unerbittlich zieht die strahlende Wolke gen Westen, sie kommt pro Stunde etwa 15 Kilometer voran. Am Vortag schon haben in Österreich Forscher erhöhte Strahlenwerte gemessen, an diesem Mittwoch erreicht die Radioaktivität auch Deutschland und die Schweiz.

Es ist der 30. April 1986. In der Nacht um 2 Uhr hat das schweizerische Bundesamt für Gesundheit auf dem Weissfluhjoch bei Davos die ersten Radionuklide gemessen, um 8 Uhr erreichen sie die Station des deutschen Bundesamtes für Zivilschutz auf dem Schauinsland im Schwarzwald, um 15 Uhr die Station in Fribourg in der Westschweiz. Die Messwerte sind eindeutig, die strahlenden Isotope können nur aus dem havarierten Atomreaktor von Tschernobyl stammen. Es sind vor allem die Substanzen Jod-131, Cäsium-137, Cäsium-134. Mehr als 1500 Kilometer haben sie zurück gelegt.

Vier Tage zuvor, am Samstag, dem 26. April 1986, hatte sich in der Ukraine der bislang schwerste Atomunfall der Geschichte ereignet. Seither entlässt der Reaktor sein radioaktives Inventar in die Umwelt. Auf einer Fläche von 4800 Quadratkilometern, die bis ins benachbarte Weißrussland reicht, werden die Menschen später evakuiert.

Tropfen auf den heißen Reaktor: Einsatz von Hubschraubern

Je nach Windrichtung treiben die strahlenden Schwaden mal in das eine Land, mal in das andere. Messstationen in Finnland waren am Wochenende aufgrund einer anfänglich südöstlichen Luftströmung die ersten jenseits des Eisernen Vorhangs, die Strahlung feststellten. Dann folgt am Montag Schweden. Am Abend berichtet das sowjetische Fernsehen erstmals von einen Unfall im Atomkraftwerk Tschernobyl.

Noch am Mittwoch bleiben die Zeitungen in Deutschland wortkarg. Es gibt kaum Informationen über Hergang und Ausmaß der Katastrophe, denn aus dem Sowjetstaat dringen kaum Einzelheiten nach außen. Hätte nicht der Westen die Strahlung nachgewiesen, die Katastrophe wäre wohl noch länger vertuscht worden.

In Deutschland herrscht Ausnahmezustand in diesen Tagen. Daten sind rar, weil es kaum Messgeräte gibt. Gibt es welche, wissen die wenigsten Behörden damit umzugehen. In Baden-Württemberg beschlagnahmt die Polizei Freilandgemüse, dokumentiert damit aber nur, wie hilflos sie in Wahrheit ist. Tschernobyl, so begreifen die Menschen, ist eine jener Katastrophen, für die es keine Einsatzpläne geben kann.

Die DDR unterdessen hat ihre eigene Art, damit umzugehen. „Die Atomaufsicht maß die Strahlung systematischer als im Westen, aber man hielt es nicht für notwendig, die Bürger zu informieren", sagt später der Ostberliner Physiker Sebastian Pflugbeil und fährt fort: „Wir bekamen mehr Informationen aus der *Prawda*, als aus DDR-Zeitungen." (*Prawda* war das Parteiorgan der Kommunistischen Partei der Sowjetunion.)

Die ostdeutschen Staatsmedien versuchen vor allem zu beruhigen. „Die an das Territorium des Kraftwerks angrenzenden verseuchten Gebiete werden entaktiviert", schreibt am 2. Mai die *Berliner Zeitung*. Drei Tage später liest man, in bester Verlautbarungsdiktion, dass „die Arbeiten zur Beseitigung der Havarie und ihrer Folgen organisiert und unter Anwendung der notwendigen Mittel ablaufen". Tags darauf druckt die Zeitung in gehobener Schwurbellyrik, es werde „die Verwirklichung des Komplexes von Maßnahmen zur Beseitigung der Folgen der Havarie fortgesetzt".

Transparenz ist dem DDR-Staat ein Gräuel. Physiker Pflugbeil erinnert sich später, wie an vielen Forschungsinstituten die Geigerzähler eingeschlossen worden seien. Und in den Schulküchen habe es plötzlich Salat gegeben – was ungewöhnlich war.

Im Westen unterdessen wird es ein Sommer der Becquerel-Tabellen. In Tageszeitungen und Verbraucherheften, in Magazinen und in den Nachrichten ist die Einheit der radioaktiven Strahlung so präsent wie die Temperatur in der Wetterprognose. Und die Alltagssprache ist um ein kleines Wort bereichert – um den Gau, den „Größten anzunehmenden Unfall".

Tschernobyl ist sogar mehr als ein Gau, der Schaden ist größer, als Ingenieure es sich in ihren Störfallszenarien ausmalen konnten. Tschernobyl ist der Super-Gau. Was die DDR-Presse freilich nicht davon abhält, in der Berichterstattung westlicher Massenmedien einen „Verleumdungsfeldzug" gegen die Sowjetunion zu erkennen, und von „Propagandamachern" zu schreiben, die „sich an diesem Unglück weiden". Was in Wahrheit natürlich niemand tut.

Ausgabe vom 29. April 1986

In Schönau weckt Tschernobyl die Rebellenkraft

Vielmehr bringt der Unfall viele Menschen, die das Ereignis nüchtern betrachten, zum Umdenken. Auch in Schönau im Schwarzwald.

Noch ist die Strahlung nicht in Deutschland messbar: Tagesschau vom 29. April 1986

Sondermüll oder Nahrungsmittel? Strahlenmessungen im Frühjahr 1986

6. Eine Strahlenwolke verändert das Denken – zumindest in Deutschland

In der Kleinstadt am Fuße von Feldberg und Belchen herrschen Sorge und Ratlosigkeit. Was kann man den Kindern noch zu essen geben? Darf man Babys überhaupt noch stillen in diesen Tagen? Oder nimmt man besser die H-Milch, die noch vor Ende April abgefüllt wurde und damit noch frei ist von den Tschernobyl-Nukliden?

Elterninitiativen dieser Art, die sich zur Krisenbewältigung treffen, gibt es viele in diesem Frühjahr. Doch in Schönau finden die Eltern schnell den Weg in die Politik sobald die akuten Fragen der Strahlenbelastung in den Hintergrund treten. „Eltern für atomfreie Zukunft" (EfaZ) nennt sich die Gruppe, die sich das Ziel gesetzt hat, „den sparsamen Umgang mit Energie zu fördern und zu belohnen, und das dezentrale Stromerzeugungspotential zu mobilisieren und auszuschöpfen".

> „Ein Gau beeinträchtigt nicht die Sicherheit für die Umgebung, da die Anlage in jeder Beziehung dafür ausgelegt wird."
>
> *Hamburgische Electricitäts-Werke AG, 1973*

Das wollen zwar andere Initiativen auch, doch in Schönau muss der Atomausstieg auch Spaß machen. Bald zieht die EfaZ mit einer Musik-Band namens „Wattkiller" durch die Region als erste Botschafterin der neuen Schönauer Lebensart. Damit bekommt im Oberen Wiesental der Satz „abschalten und genießen" eine neue Bedeutung.

Aber bald wird es ernst in Schönau. In den frühen neunziger Jahren wird im Ort ein neuer Konzessionsvertrag zur Stromversorgung fällig. Als die Bürger den bisherigen Versorger mit der Forderung nach atomstromfreier Energie konfrontieren, lässt der sie in Monopolistenmanier abblitzen.

Aber kaltstellen lassen sich die Bürger nicht. Sie entscheiden kurzerhand, das Stromnetz des 2600-Seelen-Städtchens selbst zu übernehmen. Noch ist der Strommarkt von Monopolen geprägt, somit entscheidet über den Strommix alleine, wer die Netze hat.

Mit dem Dorfarzt Michael Sladek und seiner Frau Ursula, einer gelernten Grundschullehrerin, an der Spitze, treiben die Bürger nun die Gründung eines eigenen Elektrizitätswerks voran – ein revolutionärer Gedanke im beschaulichen Schwarzwald. Mit dabei sind ein Polizist, ein Energieanlagenelektroniker, eine pharmazeutisch-technische Assistentin, ein Kommunikationstechniker, ein Amtsnotar und viele mehr.

Das Ansinnen entwickelt sich zu einer aufreibenden Geschichte. Zum einen muss ein Betrag von 5,7 Millionen Mark gesammelt werden. Zudem sind zwei kommunale Bürgerentscheide zu gewinnen, denn natürlich gibt es auch Gegner. Aber weil die Rebellen bei beiden Abstimmungen über eine knappe Mehrheit verfügen, können sie im Juli 1997 mit den Elektrizitätswerken Schönau (EWS) starten. Erstmalig in Deutschland wird eine Bürgerinitiative zu einem Stromversorger.

Mit Gitarre durchs Land: Schönauer Atomkraftgegner

Bald geht noch mehr. Als im April 1998 der deutsche Strommarkt liberalisiert wird, kann das Bürgerunternehmen seine Energie bundesweit verkaufen, vermarktet als „Schönauer Rebellenkraft". Die in vielen Jahren erworbene Glaubwürdigkeit im Anti-Atom-Kampf wird nun zum Wettbewerbsvorteil. Während andere Stromanbieter Millionen in Fernsehspots und Plakatwerbung stecken, und mitunter dennoch kaum neue Kunden zu akquirieren vermögen, agieren die EWS erfolgreich ohne Werbeausgaben. Ihre Firmenhistorie ist Werbung genug.

So werden ein Super-Gau in der Ukraine und ein sturer Strommonopolist zum Geburtshelfer eines erfolgreichen Bürgerunternehmens. 2009 wird es in eine Genossenschaft umgewandelt, im Jahr 2016 gehört es 4800 Eigentümern und versorgt bundesweit 160.000 Kunden.

Um die ungewöhnliche Geschichte zu begreifen, muss man das Ehepaar Sladek treffen. So sitzt man dann am großen runden Tisch in deren Wohnzimmer im Schönauer Felsenweg, dort, wo in den bald drei Jahrzehnten zuvor schon die gesamte Prominenz der deutschen Öko-Energiewirtschaft nach und nach Platz nahm. Der *Westdeutsche Rundfunk* nannte diesen Tisch einst das „Epizentrum des energiepolitischen Erdbebens".

Im Gespräch mit den beiden wird dann schnell klar, worin der Erfolg des ursprünglich so verrückt klingenden Projektes liegt. Nämlich im perfekten Zusammenspiel des charismatischen Ehepaars: Er als der große Stratege und Analytiker mit teilweise philosophischer Weltsicht, zugleich ein jovialer Polterer, dem ein Journalist einmal den „Händedruck eines Holzfällers" bescheinigte. Und sie als die gute Seele des Unternehmens, deren Charme und kommunikatives Wesen, deren Pragmatismus und uneitle Art selbst Kritiker des Atomausstiegs immer wieder beeindruckt.

Dass dies auch unternehmerisch gute Voraussetzungen sind, zeigt sich bald: 2007 wird das Ehepaar Sladek mit dem Deutschen Gründerpreis ausgezeichnet für die „überaus gelungene Verknüpfung von ökonomischem Erfolg mit ökologischer, sowie sozialer Verantwortung".

Zu dieser Zeit sind die EWS nicht mehr alleine mit ihrem Ökostromangebot. Nach dem Fall der Monopole im Strommarkt haben Umweltverbände, wie der BUND, der Nabu und Eurosolar, zusammen die Naturstrom AG gegründet. In Hamburg schufen die Unternehmer Michael Saalfeld und Heiko von Tschischwitz den Versorger Lichtblick, und im Oktober 1999 startete die Greenpeace Energy eG. Das Ende der Atomkraft steht bei allen vieren seither ganz oben auf der Tagesordnung; zusammen haben sie die Stromwechsel-Initiative „Atomausstieg selber machen" ins Leben gerufen.

„Cäsium-Zäsur" auch in der SPD: Ausstieg in zehn Jahren

Natürlich bleibt der Fallout vom Frühjahr 1986 auch in der Bundespolitik nicht folgenlos. Weil das bislang zuständige Innenministerium sich in diesen Wochen überfordert zeigt, gründet die Regierung unter Helmut Kohl fünf Wochen nach der Reaktorkatastrophe das Ministerium für Umwelt, Naturschutz und Reaktorsicherheit und beruft Walter Wallmann zum ersten Minister. Tschernobyl wird zur „Cäsium-Zäsur" – eine Formulierung der *taz*, Jahrzehnte später.

Die SPD wiederum beschließt am 26. August 1986 auf ihrem Nürnberger Parteitag einen Ausstieg aus der Atomenergie innerhalb von zehn Jahren. Denn der Glaube an die Sicherheit der Atomtechnik ist schwer

Plakat Landtagswahl Bayern, 1986

Hilflose Dekontamination: In der Sperrzone um den Reaktor

Im Hintergrund die Ruine: Prypjat ist unbewohnbar

erschüttert – auch hinsichtlich der Westreaktoren. Die Schriftstellerin Gudrun Pausewang verarbeitet das Ereignis im Jahr darauf in ihrem Roman Die Wolke, der an einem deutschlanden Atomstandort spielt.

Es ist diese Angst vorm nächsten Gau in unmittelbarer Nähe, die inzwischen viele Menschen umtreibt und sie politisch aktiv werden lässt. In München gründet sich der Verein „David gegen Goliath" (DaGG), der durch Anzeigen in Zeitungen auffällt. „Strahlen kennen keinen Urlaub und kleine Grenzen" steht darüber. Oder auch ein Satz, der Michail Gorbatschow zugeschrieben wird: „Wir alle sind Geiseln der Atomindustrie". Aber DaGG fällt auch auf durch Satire – etwa, als die Gruppe ein Atommülllager „auf der Wiesn" fordert, der Münchener Oktoberfestwiese. Da ist öffentliche Aufmerksamkeit garantiert.

Bestärkt sehen sich die deutschen Atomkritiker, weil auch in den heimischen Atomanlagen nicht alles nach Plan läuft. Nur einige Monate nach Tschernobyl, am 12. September 1986, kommt es in Geesthacht in der Elbmarsch zu einem bis heute ungeklärten Anstieg der Umweltradioaktivität. Augenzeugen berichten, an diesem Tag ein Feuer in bunten Farben auf dem Gelände des Atomforschungszentrums GKSS gesehen zu haben. Das Institut jedoch besteht darauf, es habe „zu keinem Zeitpunkt einen Störfall gegeben, bei dem kerntechnisches Material freigesetzt worden sein könnte". Das Ganze sei eine „Störfall-Legende".

Atommüllager auf der Wiesn? DaGG provoziert

Komisch nur, dass im Jahr 2006 ein ZDF-Team in Bodenproben aus der Elbmarsch plutoniumhaltige Kügelchen findet, wie sie in Atomreaktoren und für Atombomben eingesetzt werden können. Komisch auch, dass sich in der Elbmarsch seit etwa 1990 die Leukämiefälle auf dramatische Weise häufen. Die Geschäftsführung in Geesthacht beharrt nach der ZDF-Sendung darauf: „GKSS steht für Transparenz". Und wieder ist – vor allem in der Elbmarsch – ein Stück Vertrauen in die Atomwirtschaft zerstört.

Ein Maulkorb für die Weltgesundheitsorganisation

Noch immer kämpft währenddessen die Ukraine mit den Folgen der Atomkatastrophe. Nach Schätzungen der Weltgesundheitsorganisation WHO haben zeitweise 600.000 bis 800.000 sogenannte Liquidatoren daran mitgewirkt, den havarierten Reaktor einigermaßen zu sichern. Sie rekrutieren sich vor allem aus dem Militär. Ihre Aufgabe ist der Bau eines Sarkophags aus Stahl und Beton, der die Abgabe von Strahlung eindämmen soll.

Über die Zahl der Tschernobyl-Toten gibt es später heftige Debatten. Denn der Nachweis ist schwer, weil die Opfer über Tausende von Quadratkilometern verstreut sind, und die wenigsten sofort nach der Havarie sterben. Die Mehrzahl erkrankt erst im Laufe ihres späteren Lebens an Krebs, oft ohne dass ein Zusammenhang mit der Strahlenexposition nachweisbar ist.

Eine Opferzahl, die kurz nach der Tschernobyl-Katastrophe kursiert, liegt bei 31. So viele Feuerwehrmänner und Kraftwerksangestellte sterben im Frühjahr 1986 den sofortigen Strahlentod. Dass diese Zahl keine Aussage über das gesamte Ausmaß der Gesundheitsschäden zulässt, wird später allseits akzeptiert. Nur: Wie hoch ist die Zahl der Toten wirklich? Was ist mit den Katastrophenhelfern, die aus Russland, Weißrussland und der Ukraine zusammengezogen wurden? Was mit den Menschen, die noch Jahrzehnte später auf verseuchten Böden leben?

Das in Lyon ansässige Institut für Krebsforschung (IARC) der WHO spricht 20 Jahre nach dem Super-Gau von 4000 Menschen, die „eventuell aufgrund der Strahlenexposition sterben könnten". Eine Zahl, die die Internationalen Ärzte für die Verhütung des Atomkrieges (IPPNW) und die Gesellschaft für Strahlenschutz für unseriös halten. Sie sprechen von einer „offiziellen Verharmlosung der Tschernobylfolgen".

Die ist begründet in Verträgen zwischen den betreffenden UN-Organisationen. Denn die WHO hat sich mit der Internationalen Atomenergie Organisation (IAEO) darauf verständigt, über die Gesundheitsrisiken der Atomkraft nur noch im Zusammenspiel beider Institutionen zu berichten. Und das kommt für die WHO einem Maulkorb gleich, schließlich vertritt die IAEO die Lobbyinteressen der Atomwirtschaft.

Einst war die WHO unabhängig, aber das ist lange her. Auf einer Konferenz im August 1956 hatte sie noch unbeschwert von politischen Fesseln vor den Risiken der radioaktiven Strahlung warnen können – was innerhalb der UN für Verstimmung sorgte. Und so stimmt die WHO notgedrungen drei Jahre später einer Verpflichtung zu, sich nicht mehr eigenständig zu Themen der Atomenergie zu äußern. IPPNW spricht von einem „Knebelvertrag".

Unfälle sind überall möglich: Gedenkstein in Brokdorf

Aber wie viele Opfer brachte – und bringt – die Katastrophe nun wirklich? Zum 20. Jahrestag schätzt der Münchener Strahlenbiologe Edmund Lengfelder, dass von den Katastrophenhelfern zwischenzeitlich 50.000 bis 100.000 gestorben seien. „Nach russischen Angaben sind heute ein großer Teil der Liquidatoren Invaliden und leiden unter anderem an Krankheiten wie Herz-Kreislauf-Problemen, Lungenkrebs, Entzündungen des Magen-Darm-Bereichs, Tumoren und Leukämie", heißt es in einem Bericht Lengfelders. Tschernobyl ist ohne Frage ein humanitäres Desaster.

Ein wirtschaftliches obendrein: Der Sarkophag ist nach einem Viertel Jahrhundert durch die Strahlung völlig zerstört, ein neuer wird gebaut. 2017 soll er fertig sein und 2,1 Milliarden Euro kosten. Ein Drittel davon tragen die EU und einzelne europäische Staaten.

Im Jahr nach Tschernobyl: Biblis nahe am Gau

Ist ein atomarer Super-Gau auch in Deutschland möglich? Im Jahr nach der Tschernobyl-Katastrophe ereignet sich im Reaktor Biblis der bisher

Von jetzt auf sofort verlassen: Autodrom in Prypjat

Vergnügungspark ohne Menschen: Geisterstadt Prypjat

6. Eine Strahlenwolke verändert das Denken – zumindest in Deutschland

schwerste Zwischenfall in der Geschichte der deutschen Atomwirtschaft. Es ist der 18. Dezember 1987, als sich beim Wiederanfahren des Blocks A ein Ventil nicht ordnungsgerecht schließt und die Mitarbeiter die rote Warnlampe übersehen oder ignorieren. Auch die nachfolgende Schicht bemerkt den Fehler nicht.

Dieser fällt erst der Mannschaft der dritten Schicht auf, die mit einem hochriskanten Trick versucht, das klemmende Ventil zu lockern: Die Techniker öffnen kurz ein paralleles Ventil in einer Prüfleitung, was allerdings gegen jegliche Sicherheitsvorschriften verstößt, weil dabei eine Verbindung zu Rohren hergestellt wird, die für den hohen Druck nicht ausgelegt sind. Zum Glück hält die Leitung dem Druck stand, andernfalls wäre der Super-Gau nicht abzuwenden gewesen.

Dennoch veröffentlicht die Betreiberfirma RWE den schwerwiegenden Störfall nicht. Erst ein Jahr später erfährt die Öffentlichkeit davon – aus dem US-amerikanischen Fachblatt *Nucleonics Week*.

Bundesumweltminister Klaus Töpfer (CDU) spricht nun von einem „skandalösen, wohl auch kriminellen Verhalten" der Atomindustrie. Und der *Spiegel* schreibt, damit werde aufs Neue offenbar, „wie nahe am Abgrund einer großen nuklearen Katastrophe auch die bundesdeutschen Atomzentralen operieren". Die Komplexität der Anlagen setze „Techniker und Ingenieure stets der Gefahr aus, von plötzlichen, unvorhergesehenen Ereignissen überfordert zu werden". Und das alles zu einem Zeitpunkt, als den Menschen die Katastrophe von Tschernobyl noch in den Gliedern steckt.

Die Havarie in der Ukraine führt dazu, dass AKW-Neubauten in Deutschland politisch nicht mehr vorstellbar sind. Gestoppt werden die Projekte Reutlingen-Mittelstadt in Baden-Württemberg, Vahnum in Nordrhein-Westfalen, Neupotz in Rheinland-Pfalz, Borken in Hessen, Cuxhaven in Niedersachsen, Viereth, Rosenheim/Marienberg, Pleinting, Rehling und Pfaffenhofen in Bayern. Im hessischen Biblis werden die Reaktoren C und D, die ursprünglich neben den beiden bestehenden Blöcken errichtet werden sollten, zu den Akten gelegt. Block 2 des Kraftwerks Neckarwestheim, dessen Bau 1982 begonnen hatte, geht 1989 ans Netz. Er ist der letzte in Deutschland.

Schweizer Bewegung setzt auf Volksentscheide

Natürlich verändert Tschernobyl auch in der Schweiz die Weltsicht. Die Regierung beruft alsbald eine „Expertengruppe Energieszenarien" ein, die mehrere Ausstiegskonzepte entwickelt – doch allesamt bleiben sie vorerst Theorie.

Zwar stimmt am 23. September 1990 das schweizer Volk in einem Referendum mit knapp 55 Prozent der Stimmen für ein Atom-Moratorium, womit bis zum Jahr 2000 kein neues AKW mehr gebaut werden darf. Zugleich verwirft das Volk aber mit knapper Mehrheit von 53 Prozent eine Atom-Ausstiegsinitiative.

Ausgabe von 8. Dezember 1988

„Nimmt man an, dass sämtliche Sicherheitseinrichtungen eines Kernkraftwerkes nicht funktionieren, dann wäre dies mit einer Wahrscheinlichkeit von 1:1 Mrd. pro Jahr passiert. Das bedeutet, dass die Vormenschenaffen im Alt-Tertiär vor 50 Millionen Jahren 20 Kernkraftwerke hätten bauen und seither betreiben müssen, dann hätte man einen solchen Unfall vielleicht einmal registrieren können."

Hamburgische Electricitäts-Werke AG, 1973

Von der Realität weit entfernt: die Atom-Propaganda. Faktencheck 10 (von 12)

Die Natur holt sich die Stadt zurück: 25 Jahre nach der Katastrophe in Prypjat

Soll die Strahlung einige Jahre zurückhalten: Ein neuer Sarkophag nach 25 Jahren

Was nach dem Jahr 2000 geschieht bleibt, damit offen. Wird es neue Meiler geben? Wird man die alten, bislang verhinderten Standorte Graben, Verbois, Rüthi und Inwil erneut in Betracht ziehen? Oder wird es stattdessen die Reaktoren Gösgen 2 und Beznau 3 geben?

Das vornehmste Mittel der Politik sind in der Schweiz bekanntlich die Volksabstimmungen. Die Bürger im Kanton Bern versuchen daher, das Atomkraftwerk Mühleberg per regionaler Abstimmung stillzulegen, doch der Erfolg bleibt ihnen verwehrt; nur knapp 36 Prozent der Bevölkerung stimmt diesem Plan im September 2000 zu.

2003 folgt dann ein neuer Anlauf auf Bundesebene. Das Referendum „Strom ohne Atom" soll bewirken, dass die drei alten Reaktorblöcke Beznau I und II, sowie Mühleberg spätestens zwei Jahre nach der Volksabstimmung stillgelegt werden. Die beiden neueren Reaktoren Gösgen und Leibstadt sollten dann in den Jahren 2009 und 2014 (also jeweils 30 Jahre nach Inbetriebnahme) vom Netz. Doch auch diese Gesetzesvorlage erhält nur knapp 34 Prozent der Stimmen. Tschernobyl ist zu diesem Zeitpunkt schon wieder weit weg.

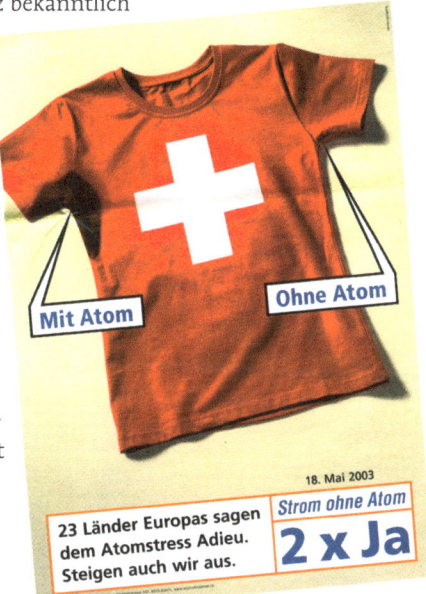

Tschernobyl ist längst vergessen: Abstimmung in der Schweiz, 2003

Mehr Geld für erneuerbare Energien

Zuvor jedoch hat Tschernobyl auch in der Forschungspolitik Spuren hinterlassen: Deutschlands Minister Heinz Riesenhuber hat den Jahresetat für die Erforschung der erneuerbaren Energien von zuvor 100 Millionen Mark nach dem Tschernobyl-Gau sofort auf 150, dann auf 300 Millionen aufgestockt. Das ist zwar noch immer wenig im Vergleich zu den Summen, die weiterhin in die Atomforschung gehen, aber für diesen Moment ist es beachtlich. Und bei Solarforschern fragt das Ministerium an, ob man keine spannenden Projekte habe, es gebe auch Geld – eine durchaus ungewöhnliche Situation.

Im November 1989 gründet Umweltminister Töpfer das Bundesamt für Strahlenschutz (BfS), denn Tschernobyl hat deutlich gemacht, dass der Sachverstand im Land auf Bundesebene gebündelt werden muss; das BfS wird aufgebaut aus Teilen der Gesellschaft für Reaktorsicherheit in Köln und Garching, einer Abteilung der Physikalisch-Technischen Bundesanstalt in Braunschweig, dem Institut für Atmosphärische Radioaktivität des Bundesamtes für Zivilschutz in Freiburg, und dem Institut für Strahlenhygiene des Bundesgesundheitsamtes in Neuherberg bei München. Nach dem Fall der Berliner Mauer kommen noch Teile des Staatlichen Amtes für Atomsicherheit und Strahlenschutz der DDR in Berlin-Karlshorst hinzu.

Symptomatisch für die Zeitenwende in der Forschung der Nach-Tschernobyl-Ära sind die Namenswechsel der großen deutschen Atominstitute. Aus der Kernforschungsanlage Jülich wird im Jahr 1990 das

"Die Atomindustrie kann jedes Jahr eine Katastrophe wie Tschernobyl verkraften"

Hans Blix, Direktor der IAEO, 1986

Forschungszentrum Jülich, aus dem Kernforschungszentrum Karlsruhe im Jahr 1995 das Forschungszentrum Karlsruhe. Niemand will mehr die Kernforschung im Namen führen.

Auch die Struktur der Institute ändert sich. Beim GKSS in Geesthacht, wo einst Atomreaktoren für Schiffsantriebe entwickelt wurden, heißt es kurz nach der Jahrtausendwende, man habe „die Reaktorforschung auf Null zurückgeschraubt". Das Forschungszentrum Jülich gibt zugleich an, den Anteil der Nuklearforschung zwischenzeitlich „unter fünf Prozent" gesenkt zu haben. Lediglich 70 der insgesamt 4200 Mitarbeiter seien noch in diesem Metier tätig.

Am meisten Atomforschung wird noch in Karlsruhe betrieben. 30 Prozent der 3500 Mitarbeiter des dortigen Forschungszentrums sind um das Jahr 2000 noch in diesem Metier tätig. Die Hälfte davon arbeitet an der Kernfusion, die andere Hälfte erforscht die Sicherheit bestehender Reaktoren oder den Umgang mit strahlendem Müll. Der letzte Forschungsreaktor ist seit August 1991 abgeschaltet.

So hat Tschernobyl in Deutschland das Denken verändert. Hier an eine Rückkehr der Atomkraft zu denken, fällt inzwischen schwer, zumal seit Jahren die jungen Leute kaum noch Interesse an entsprechenden Studiengängen zeigen. Fast ein wenig hämisch veröffentlicht Greenpeace um die Jahrtausendwende ein Bild, das die komplette Gruppe aller Kerntechnik-Studenten an der Fachhochschule in Jülich zeigt. Darauf zu sehen sind gerade einmal fünf junge Männer.

Mit dem Stromeinspeisungsgesetz beginnt die Energiewende

Gute Aussicht für Erneuerbare: Windkraftanlage mit Besucherplattform

Unter jungen Menschen gelten nun vielmehr die erneuerbaren Energien als die Technik der Zukunft. Zumal dieser Sektor eine ungeahnte Dynamik entwickelt. Auslöser ist das weltweit ambitionierteste Markteinführungsprogramm für erneuerbare Energien, das Stromeinspeisungsgesetz (StrEG), das im Januar 1991 in Kraft tritt. Mit nur fünf Paragraphen, zusammen keine 500 Wörter lang, macht es Deutschland in den folgenden Jahren zum Weltmeister der Windkraft.

Offiziell verabschiedet wurde das Gesetz von einer CDU/CSU-FDP-Regierung. Hinter den Kulissen eingefädelt hatten es zuvor jedoch ein CSU-Abgeordneter und ein bayerischer Mandatsträger der Grünen. Beide sind studierte Ingenieure und beide haben eine Sympathie für die Wasserkraft – diese Gemeinsamkeiten wiegen schwerer als alle parteipolitischen Vorbehalte.

Weil im Herbst 1990 die deutsche Wiedervereinigung alle anderen Themen in den Hintergrund drängt, bleibt das Gesetz weitgehend unter dem Radar der Atomlobby. Die ahnt nicht, welche Wirkung das unscheinbare Paragraphenwerk einmal entfalten würde – ansonsten hätte sie es wohl intensiv bekämpft.

Zwei entscheidende Neuerungen bringt das Gesetz den Betreibern von Kleinkraftwerken: Die Stromversorger müssen den erzeugten Strom aus erneuerbaren Energien abnehmen, und sie müssen ihn zu definierten Sätzen vergüten. Der Willkür von Stromversorgern, die zuvor oft den Anschluss von Kleinerzeugern an ihr Netz ablehnten, ist fortan ein Riegel vorgeschoben. Von Jahr zu Jahr steigt nun die Zahl der Windräder, der Solaranlagen, der Biogasanlagen.

Bis die ersten Atommeiler vom Netz gehen, dauert es dennoch Jahre. Jedenfalls im Westen. In der DDR hingegen geht der Ausstieg bald sehr flott. Aber nicht wegen Tschernobyl, sondern wegen des Mauerfalls und Sicherheitsbedenken im Westen – sowie eines engagierten Physikers.

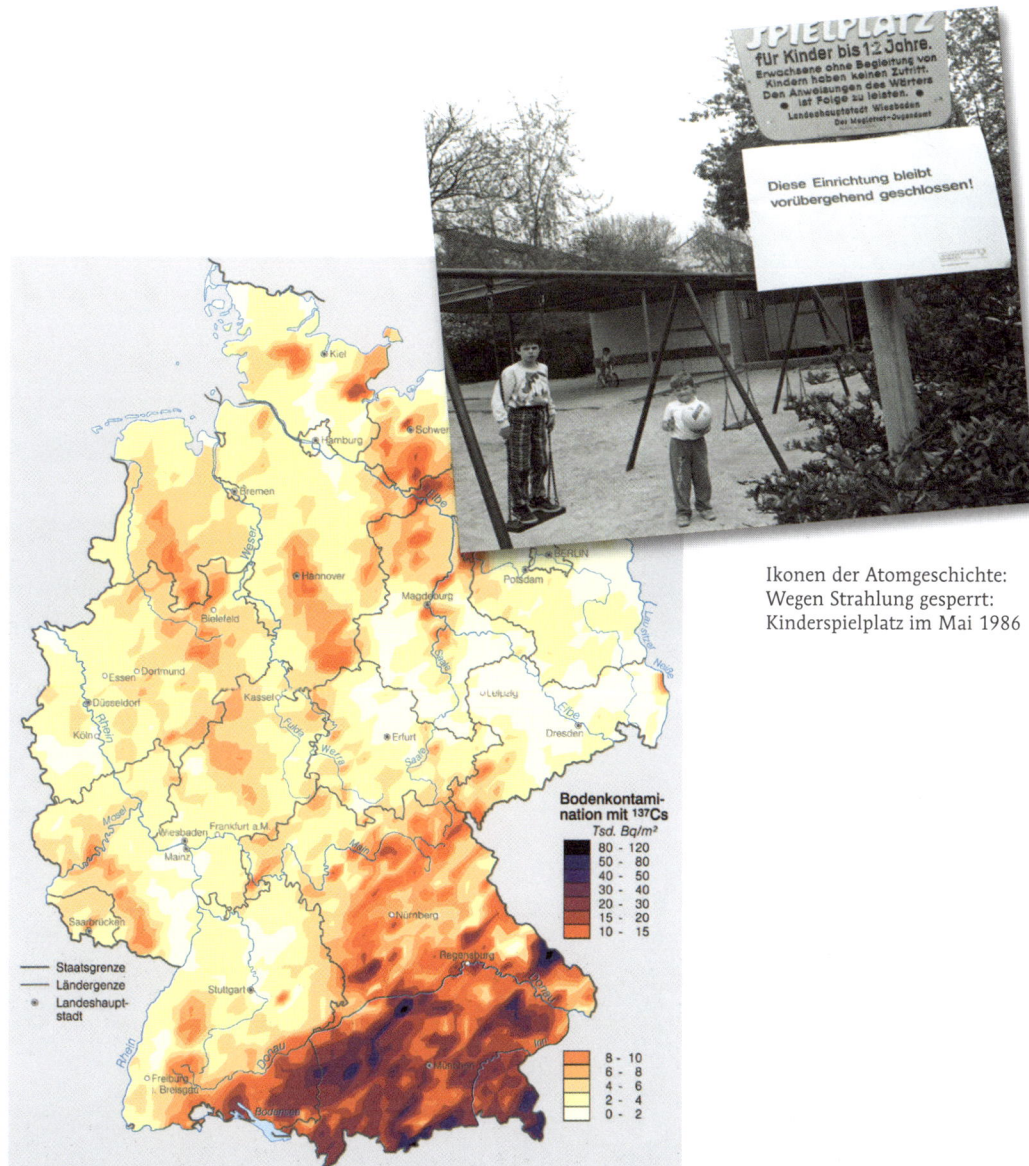

Ikonen der Atomgeschichte:
Wegen Strahlung gesperrt:
Kinderspielplatz im Mai 1986

Atomgeschichte als Horrorchronik:
Die Reaktoren in der DDR

KAPITEL
07

Ein Minister ohne Geschäftsbereich – aber mit Vision

Das Ende der DDR-Reaktoren – die Sternstunde eines nüchternen Physikers

Keine überflüssigen Worte. Sebastian Pflugbeil öffnet die Tür seiner Wohnung im Berliner Osten, Bezirk Mitte. Distanziert geleitet er den Besuch ins Wohnzimmer. Er braucht eine Aufwärmphase, um Vertrauen zu seinem Gegenüber zu fassen, bevor er über sich und seine Rolle in der DDR sprechen kann.

Vermutlich ist solche Zurückhaltung normal, wenn man – erstens – in einem diktatorischen Regime sozialisiert wurde. Und wenn man – zweitens – sich dort die Freiheit nahm, Unrecht zu benennen. Aber Pflugbeil war immer dezent genug, um ein freier Mensch zu bleiben, zugleich immer deutlich genug, um gehört zu werden. Eine Gratwanderung. Ihm ist sie geglückt, dem „sperrigen und zähen Quertreiber", als den die Tageszeitung *taz* ihn einmal beschrieb.

Ein Viertel Jahrhundert liegen die Ereignisse zurück, als der Wissenschaftler und Bürgerrechtler zum Gespräch empfängt – und dann doch ins Erzählen kommt. Von der Zeit, als die Mauer noch stand, aber die Zeiten bereits begonnen hatten sich zu ändern. Als man sich im deutschen Osten schon etwas offener äußern konnte als wenige Jahre zuvor.

Rückblick also in das Jahr 1988. Sebastian Pflugbeil ist Physiker und Mitglied der Akademie der Wissenschaften der DDR. Er ist damit im Staate durchaus angesehen; keiner, der grundsätzlich als staatsgefährdend gelten muss.

Umso brisanter ist seine Einschätzung, die er ein Jahr vor dem Fall der Berliner Mauer in einer Studie für den „Bund der Evangelischen Kirchen in der DDR" publiziert. Der Titel klingt harmlos: „Für die Berücksichtigung von Gerechtigkeit, Frieden und Schöpfungsverantwortung bei der Lösung von Energieproblemen in der DDR".

Im richtigen Moment an der richtigen Position: Sebastian Pflugbeil

Jugendarbeit der speziellen Art

Im Inneren jedoch wird das Druckwerk deutlich. Es handelt auch von der Atomkraft im Lande – und lässt daran kein gutes Haar: „Schwere Belastungen und Risiken aus der Nutzung der Kernenergie erwachsen für die DDR heute aus Uranbergbau und -aufbereitung sowie dem Betrieb des alten KKW Rheinsberg und der Blöcke 1 – 4 des KKW bei Greifswald." Längst durch Beispiele belegt sei „das Bemühen hochrangiger Experten, Risiken und Schäden im Zusammenhang mit der Kernenergienutzung möglichst zu verschweigen oder zumindest herunterzuspielen".

So deutliche Worte sind mutig in diesem Staat. Kritik an der Atompolitik ist hier so wenig opportun wie überhaupt jede Kritik am Regime. Aber Pflugbeil ist sich seiner Position sicher. Er hat viele fachliche Kontakte in den Westen, er ist ein angesehener Wissenschaftler. „Wenn man mit mir etwas gemacht hätte, hätte das zwei Tage später in den Westmedien gestanden", sagt er, nun da die DDR längst Geschichte ist. Damals ging er – offenbar zu Recht – davon aus, dass das DDR-Regime keinen Aufschrei im Westen provozieren wollte – und lässt in der Rückschau offen, an welche Art der Disziplinierung durch den Staat er in diesem Moment denkt.

Schon Jahre vor seiner heiklen Publikation hatte sich der Physiker vor allem mit Atomwaffen beschäftigt. „Da sind die Kernkraftwerke dann nicht weit", sagt er. Und so sucht er im Kampf gegen die Atommeiler lange Zeit den dezenten Weg, agiert im Rahmen des Systems, macht Aufklärungsveranstaltungen unter dem Dach der Kirche. „Andere Wege gab es nicht", sagt er rückblickend.

Seine 250-seitige Studie zur Energiepolitik und zu den Atomrisiken ist eine Verschärfung des bisherigen Protestes, ermöglicht erst durch den freiheitlichen Geist der Sowjetunion unter Michail Gorbatschow. Denn in den späten 1980er Jahren ist diese liberalere Stimmung auch in der DDR zu spüren. Gleichwohl hat Pflugbeil die Kirche im Rücken noch immer nötig. Und so steht gut sichtbar vorne auf seiner Studie: „Nur für den innerkirchlichen Gebrauch".

Das ist eine Floskel, die in der DDR immer auf Papieren steht, wenn sie auch nur ansatzweise politisch heikel sind – in der Hoffnung, dass der kirchliche Kontext den Autoren ein wenig Schutz bieten möge. Zudem gibt es gar keine andere Möglichkeit, etwas zu drucken, als mit kirchlicher Hilfe. Die Pfarrer zu überzeugen ist nicht immer einfach. „Die Studie bedurfte langer Verhandlungen mit der Kirche", erinnert sich Pflugbeil.

Doch der Wissenschaftler erweist sich immer wieder als durchsetzungsstark, an seiner Fachkompetenz kommt ohnehin niemand vorbei. Auch in der DDR gibt es den IPPNW, die Internationalen Ärzte für die Verhütung des Atomkrieges. Auf Beschluss des Ministerrates der DDR wurde die Organisation im August 1982 gegründet. Pflugbeil nutzt die Möglichkeiten, die ihm der IPPNW bietet, der – so heißt es später in einer Selbstbeschreibung des Ärzteverbandes – „wohl gelitten von den Mächtigen in Staat und Gesellschaft" agiert.

Atomare Friedenstaube:
Tor in Rheinsberg

Als die Schrottreaktoren noch laufen: Schaltwarte des „VE Kombinat Kernkraftwerke Bruno Leuschner Greifswald"

Nach Stilllegung: Generatorraum in Rheinsberg

Noch wird weitergebaut, doch das Ende naht: Stendal, 1990

In Umbruchzeiten weiterhin streng bewacht: Stendal 1990

Innerhalb der DDR tritt der IPPNW nicht auf, das ist vom Regime nicht gewollt. Im Westen hingegen darf der Verband gegen die amerikanischen Atomwaffen sprechen. Er soll es sogar. „Es war eine interessante Art der Kommunikation, man musste zwischen den Zeilen reden", erzählt Pflugbeil, der als IPPNW-Vertreter auch schon zu DDR-Zeiten in Westdeutschland referieren durfte.

Pflugbeils Strategie war immer die Berechenbarkeit. „Leute, die konspirativ tätig waren, flogen fast alle auf", sagt er, „ich habe die Variante bevorzugt, alles offen zu machen". Und er ist Realist. „Natürlich wurde ich wahrgenommen von der Obrigkeit", erzählt er, „meine Briefe in den Westen wurden geöffnet, aber ich wurde nicht behindert". Er ist sicher, dass die Stasi seine Wohnung verwanzt hatte – obwohl er es nicht beweisen kann. Denn seine Stasi-Akte ist nach der Wende nicht mehr aufzufinden.

Das Ende der Atomkraft – mit einem Federstrich

Im Herbst 1989 ist Pflugbeil Mitbegründer der ersten landesweiten Oppositionsgruppe „Neues Forum". Sie wird später die Wendezeit in der DDR erheblich prägen. 30 Bürger, vor allem Wissenschaftler, konstituieren das Forum am 9. September 1989 in Berlin. Bereits am nächsten Tag veröffentlichen sie einen Aufruf mit dem Titel „Die Zeit ist reif – Aufbruch 89". Das Flugblatt beginnt mit dem Satz: „In unserem Land ist die Kommunikation zwischen Staat und Gesellschaft offensichtlich gestört." Belege hierfür seien „die weitverbreitete Verdrossenheit bis hin zum Rückzug in die private Nische und zur massenhaften Auswanderung". Und so sieht sich das Forum als „politische Plattform" für einen „demokratischen Dialog".

Endlich darf protestiert werden: Stendal, 1990

Der Staat betrachtet das Neue Forum als verfassungsfeindlich, doch das mindert nicht die Unterstützung, die es in der Bürgerschaft erfährt. Zu den maßgeblich vom Neuen Forum mitgeprägten Montagsdemonstrationen in Leipzig strömen im Oktober 1989 immer mehr Menschen – dann fällt am 9. November die Mauer.

Wenige Tage später wird Hans Modrow zum neuen Vorsitzenden des Ministerrates der DDR gewählt. Notgedrungen versucht er nun, die verschiedenen gesellschaftlichen Gruppen in die Regierung einzubinden. Auch das Neue Forum darf einen Minister stellen.

Was für eine Chance! Das Neue Forum trifft sich zur Lagebesprechung in der Rosa-Luxemburg-Straße 19 in Berlin. Nach einer kurzen Debatte steht die Entscheidung, die Gruppe schlägt Pflugbeil für dieses Amt vor. „Innerhalb von zehn Minuten war ich Minister", erzählt er später. Am 5. Februar 1990 übernimmt er das Amt, ist fortan Minister ohne Geschäftsbereich – aber mit Arbeitszimmer, Sekretärin, Fahrer und Dienstwagen.

Das reicht ihm voll und ganz. Pflugbeil hat nur ein Ziel, und dabei ist der Ministerposten unendlich hilfreich. Er will die Wahrheit über die Atomkraftwerke ergründen, er will an die Geheimunterlagen herankommen, die Auskunft geben über den Zustand der Reaktoren in der DDR. Rückblickend sagt er: „Für mich war der Ministerposten nur Mittel zum Zweck."

Am ersten Tag als Minister fährt Pflugbeil nach Lubmin bei Greifswald. Dort stehen vier der fünf aktiven Reaktoren der DDR. Drei weitere Blöcke sind an diesem Standort in Bau, einer wurde kurz nach der Inbetriebnahme aufgrund eines Störfalls schon wieder abgeschaltet. Bis zu 11.000 Leute sind hier auf der Baustelle beschäftigt. Pflugbeil informiert sich über die Sicherheit der Anlagen, Gewerkschafter stehen ihm mit Protestplakaten gegenüber.

Doch der Minister lässt sich nicht beirren, schließlich hat er eine Vision: das Ende der Atomkraft in der DDR. Jeden Abend geht er fortan mit einem großen Koffer aus seinem Büro nach Hause. Jeden Abend kopiert er dort die Unterlagen und bringt sie am nächsten Morgen wieder zurück. Es sind die Kontrollberichte des Staatlichen Amtes für Atomsicherheit und Strahlenschutz (SAAS), die ihn so brennend interessieren. Die Unterstützung von westdeutschen Atomexperten – vom ehemaligen Siemensmanager Klaus Traube bis zum Atomexperten des Öko-Instituts, Michael Sailer - ermöglicht Pflugbeil die Interpretation der Unterlagen.

Erwartungsgemäß stehen haarsträubende Dinge darin. Mal ist „eine zuverlässige Aussage über den derzeit bestehenden tatsächlichen Zustand der korrosionsgeschädigten Dampferzeuger nicht möglich, da die erforderliche Werkstoffprüftechnik nicht zur Verfügung steht". (So steht es zum Beispiel im Bericht der Ständigen Kontrollgruppe Anlagensicherheit vom 20. Dezember 1982). An anderer Stelle ist nachzulesen, dass „Spannungsrisskorrosion am Kollektor eine Gefährdung der nuklearen Sicherheit" darstellt. Lecks im Kollektor könnten „nicht beherrschbare Störfälle verursachen, die zu unzulässigen Strahlenbelastungen und zu schweren Zerstörungen im Kernkraftwerk führen können". (Kontrollbericht vom 22. April 1983).

AKW als Stolz der Nation: Schaltwarte des AKW Rheinsberg auf dem Geldschein

In den Papieren wird außerdem die „vorhandene Versprödung der Reaktordruckgefäße der Blöcke 1 bis 3" in Lubmin „als sehr ernstes Problem eingeschätzt". Insbesondere sei bei Block 1 „bereits ein kritischer Zustand erreicht". (Kontrollbericht vom 13. November 1985). Alle Berichte tragen das Kürzel GVS – Geheime Verschlusssache. Pflugbeil bringt sie an die Öffentlichkeit.

Demos gegen AKWs nun auch im Osten: Stendal, 1990

Schon weit fortgeschritten: Reaktorgebäude in Stendal, 1990

7. Ein Minister ohne Geschäftsbereich - aber mit Vision

Die Aussagen der Atomlobby

VOLKS VERDUMMUNG

» Wenn in Deutschland Kernkraftwerke abgeschaltet werden, fällt Erzeugungskapazität insbesondere in der Grundlast weg. Gemäß des Prinzips von Angebot und Nachfrage werden die Stromerzeugungskosten steigen.

Ulrich Gräber, Deutschland-Geschäftsführer des Atomkonzerns Areva, Mai 2011

Strompreis Grundlast an der Strombörse EEX in Euro

Quelle: EEX (Baseload, jeweils Frontjahr)

Von der Realität weit entfernt: die Atom-Propaganda. Faktencheck 11 (von 12)

„Kaum mehr als ein Haufen Schrott"

Politisch ist das zwar ein Paukenschlag, überraschen kann der Tenor der Dokumente aber nicht. Bereits kurz vor Pflugbeils Amtsantritt hatte *Bild* am 19. Januar 1990 getitelt: „Kein Betonschutzmantel, Notkühlung mangelhaft, schlechter Stahl – DDR-Atomkraftwerke lebensgefährlich für uns alle." Der *Spiegel* hatte geschrieben, das „einstige Renommierstück der DDR-Energiewirtschaft" sei „in Wahrheit kaum mehr als ein Haufen Schrott – ein gefährlich strahlender dazu". Die Geschichte der vier Reaktorblöcke in Lubmin vom sowjetischen Typ WWER 440 gleiche „einer Horrorchronik". Im Dezember 1975 war es durch einen Brand im Maschinenraum sogar fast zu einem Super-Gau gekommen.

Für einen Moment wittert die Atomwirtschaft im Westen satte Geschäfte. Siemens und die westdeutsche Gesellschaft für Reaktorsicherheit wollen die Anlagen ausbessern. Damit könnte, so ihre Hoffnung, der Einstieg gelingen in die Sanierung zahlreicher Reaktoren des russischen Typs WWER, von denen es in Osteuropa und der Sowjetunion mehrere Dutzend gibt.

Doch Pflugbeil ist auf solche Vorstöße vorbereitet. Er hat gut recherchiert, kann mit weiteren Unterlagen kontern. Zum Beispiel, indem er den Kontrollbericht vom 5. Mai 1989 offen legt, in dem es heißt: „Die Übereinstimmung mit dem internationalen Stand, den die nach 1980 in der Welt in Betrieb genommenen Kernkraftwerke repräsentieren, ist durch Rekonstruktionen nicht zu erreichen." Kurz gesagt: Sanierung zwecklos.

Die Meiler sind damit allesamt nicht mehr zu halten. Bis Ende Juli 1990 werden die vier Reaktoren in Lubmin und das Atomkraftwerk Rheinsberg abgeschaltet. Block 5 in Lubmin war ohnehin nur kurz am Netz, eine Überhitzung der Brennelemente machte ihm am 24. November 1989 ein Ende. Und die Blöcke 6 bis 8 werden nie in Betrieb gehen.

Gleichzeitig werden auch die Planungen für vier Blöcke im sächsischen Dahlen gestoppt. Die Pläne waren vollendet, der Bau sollte im Herbst 1989 beginnen, doch der Umsturz kam zuvor.

Ein bizarres Projekt: Das Kühlwasser sollte von der Elbe über fast 20 Kilometer herbeigepumpt werden, die Siedlungen Schwarzer Kater und Radegast sollten von der Landkarte verschwinden. Als streng geheime Verschlusssache wurde das Kraftwerk vorangetrieben, ehe im Mai 1989 kirchliche Umweltgruppen die Pläne aufdeckten und sich in der Kirche von Börln zum Widerstand formierten. Am Ende profitierten auch sie von Pflugbeils Recherchen.

Das wird nichts mehr: Stendal 1990

Im März 1991 wird auch der Weiterbau der bereits erheblich fortgeschrittenen vier Reaktoren in Stendal in Sachsen-Anhalt gestoppt. Ursprünglich sollten sie in den Jahren 1991 bis 1997 ans Netz gehen.

So wird eine ganze Branche im deutschen Osten durch die Publikation der geheimen Kontrollberichte hinweggefegt. Mit der Distanz von gut zwei Jahrzehnten sagt Pflugbeil nun mit einem dezent triumphierenden Lächeln: „Wir haben eine gute Sprengladung gelegt."

Atomkomplex in malerischer Umgebung: Greifswald-Lubmin

Immerhin unverstrahlt: Rückbau in Stendal, Mai 2011

Eine, deren Wirkung manchen Beobachter überrascht. „Dass die DDR künftig auf Kernenergie verzichten wird, kann sich an der Ostseeküste, wo sich ein Gutteil der Atomelite niedergelassen hat, so recht niemand vorstellen", schreibt noch im Februar 1990 die Wochenzeitung *Die Zeit*.

Und doch wird das Unvorstellbare Realität: Die Erzeugung von Atomstrom in der DDR endet noch im selben Jahr - und damit noch vor der Existenz des Staates.

Ikonen der Atomgeschichte:
Aufnäher aus DDR-Zeiten
(nach Tschernobyl)

Ein Gläschen auf die Geheimvereinbarung:
Kanzlerin Merkel mit RWE-Chef Jürgen Großmann, 2010

KAPITEL
08

Dem Ausstieg folgt der Ausstieg vom Ausstieg

Politisches Wechselspiel mit Geheimvertrag und einer millionenschweren Werbekampagne

Die Fronten sind klar im Herbst 1998. Die Bundestagswahl ist nicht nur eine Entscheidung über die Zukunft von Bundeskanzler Helmut Kohl nach nunmehr 16 Jahren Amtszeit, sondern auch ein Referendum über die Zukunft der Atomkraft. „Technisch wäre ein Ausstieg in einer Legislaturperiode, also in vier Jahren, zu schaffen", sagt Grünen-Fraktionschef Joschka Fischer vor der Wahl. Und wer auch immer mit den Grünen eine Koalition eingehen wolle, müsse wissen, „dass die Energiepolitik für uns einen überragenden Stellenwert hat".

SPD-Kanzlerkandidat Gerhard Schröder zieht mit. Auch er will das Ende der Reaktoren, allerdings will er langsamer raus als die Grünen: „Der Ausstieg dauert so lange wie der Einstieg", sagt er. Und er will ihn „im Konsens" mit der Energiewirtschaft.

Die freilich hat in den Wochen vor der Wahl gar nichts für solche Planspiele übrig: „Die Politik muss dafür sorgen, dass solche Großtechnologien ungehindert betrieben werden können", sagt RWE-Chef Dietmar Kuhnt, der zu diesem Zeitpunkt noch das Selbstbewusstsein einer monopolistisch gestählten und von der Politik stets gehätschelten Branche ausstrahlt. Er sehe schlicht „keine Basis, um Konsensverhandlungen zu beginnen".

Aber dann muss Kuhnt doch an den Verhandlungstisch. Nach der Bundestagswahl am 27. September 1998, 15 Jahre nach dem ersten Einzug der Grünen in den Deutschen Bundestag, bringen die Wähler eine rot-grüne Regierung an die Macht. Und tatsächlich hat der Atomausstieg oberste Priorität – keine drei Wochen später titelt die Tageszeitung *taz* bereits: „Atomkraft: abgehakt".

Plakat zur Landtagswahl 2008 in Bayern

> „Bleibt es beim Kernenergieausstieg, dann fehlen in Deutschland ab 2020 rund 18.000 Megawatt Grundlastleistung mit einer möglichen Stromerzeugung von 150 Milliarden Kilowattstunden."
>
> *Bundesverband der Deutschen Industrie, Juli 2008*

Das ist natürlich übertrieben, aber immerhin ist ein Anfang gemacht. SPD und Grüne erklären, sie wollten sich nun ein Jahr Zeit geben, um einen Kompromiss mit der Energiewirtschaft zum Ausstieg auszuhandeln. Komme man in der Zeit zu keinem Konsens, werde man die Stilllegung der Reaktoren gesetzlich anordnen.

Am Ende steht tatsächlich ein Konsens. Doch als am 15. Juni 2000 die Bundesregierung und die Stromkonzerne den Fahrplan vorstellen, sind Atomkraftgegner verstimmt: Erst im Jahre 2021 soll der letzte der 19 laufenden deutschen Atomreaktoren abgeschaltet werden. Es soll also in der verbleibenden Restlaufzeit nochmals die gleiche Menge an Atommüll erzeugt werden, wie seit dem Beginn der Kernspaltung in Deutschland. Im April 2002 tritt das entsprechend novellierte Atomgesetz in Kraft.

Von einem „Atom-Ausschlich", schreibt der *Stern*. Grund für die langen Fristen ist ein kleines Wort im Regierungsprogramm. Denn der Atomausstieg, so das Ziel von SPD und Grünen, soll „entschädigungsfrei" geregelt werden. Er soll den Stromkonzernen keine Möglichkeit bieten, Schadenersatzansprüche geltend zu machen. Dies zu gewährleisten, scheint Juristen nur mit langen Restlaufzeiten möglich.

Atomkraftgegner protestieren daher weiter, bei Atommülltransporten gibt es auch im Jahr 2001 Blockaden. Die Castor-Behälter mit abgebrannten Brennstäben müssen unverändert von einem gigantischen Polizeiaufgebot begleitet werden. Reduziert werden die Transporte aber, weil das neue Atomgesetz die Wiederaufarbeitung im Ausland ab Juli 2005 verbietet und statt dessen Zwischenlager an den Reaktorstandorten vorschreibt.

Im Herbst 2001 wird außerdem noch ein zusätzliches Risiko für die Atomkraft relevant, das sich zuvor niemand vorstellen konnte: Als Terroristen am 11. September gekaperte Linienflugzeuge ins World-Trade-Center von New York lenken, stellt sich die Frage, was geschehen wäre, hätten sie Atomkraftwerke als Ziel gewählt. Die Lobby scheut die Antwort.

Nicht nur Ausstieg, auch Einstieg in die Alternativen

Die Bundesregierung flankiert den Atomausstieg mit dem Aufbau neuer Erzeugungsstrukturen und setzt am 1. April 2000 das Erneuerbare-Energien-Gesetz (EEG) in Kraft; es garantiert für Strom aus erneuerbaren Energien eine kostendeckende Vergütung. Für Solarstrom zum Beispiel gibt es 99 Pfennig je Kilowattstunde. Zusammen mit Zuschüssen aus dem 100.000-Dächer-Förderprogramm werden die bislang noch teuren Photovoltaikanlagen damit wirtschaftlich.

Silizium statt Uran: EEG flankiert den Atomausstieg

Die Mindestvergütung ist nur einer von mehreren Aspekten des Gesetzes. Die Anschluss- und Abnahmepflicht für den Netzbetreiber (die schon das Stromeinspeisungsgesetz von 1991 auszeichnete) ist ein weiterer. Und weil die Vergütungen für Neuanlagen jährlich sinken, ste-

8. Dem Ausstieg folgt der Ausstieg vom Ausstieg

Bundesumweltministerium wirbt für den Atomausstieg: 2001 (oben) und 2005 (unten)

hen die Hersteller unter Druck, die Fertigungskosten zu senken – was über Jahre hinweg bei der Photovoltaik sogar besser als erwartet gelingt.

Wichtig ist auch, dass es im Gesetz keinen Deckel gibt bei der jährlichen Ausbauleistung. Und vor allem: Die Mehrkosten belasten nicht die öffentlichen Haushalte. Sie werden von den Stromkunden per Umlage finanziert, getreu dem Verursacherprinzip: Wer viel Strom verbraucht, also die Umwelt stärker belastet, muss auch für die Energiewende mehr bezahlen.

So kommt mit dem EEG eine beachtliche Entwicklung in Gang – die Bürger nehmen die Energiewende nun selbst in die Hand. Sie bauen in großem Stil Kraftwerke und schaffen damit Fakten, um im nächsten Jahrzehnt die ersten Großkraftwerke aus dem Markt zu drücken. Es ist ein Wandel von unten, der in Deutschland einen neuen Begriff populär macht: die „Demokratisierung der Stromerzeugung".

Der Schwenk zu den erneuerbaren Energien verändert nämlich nicht nur den Strommix, sondern auch die Strukturen des Elektrizitätsmarktes. Zehn Jahre nach Start des EEG gehören 42 Prozent der Ökokraftwerke Privatbürgern, weitere neun Prozent sind im Eigentum von Landwirten. Auch Projektierer, Fonds und die Industrie sind eingestiegen.

Die etablierten Energieversorger hingegen verfügen nur über 13 Prozent der Kraftwerksleistung im Grünstrom-Sektor, denn sie empfinden die moderne Energiewelt häufig noch als Störfaktor. Bestenfalls warten sie ab, ansonsten agieren sie oft sogar als Bremser, und sei es nur verbal, indem sie gegen die Erneuerbaren stänkern.

So kommt auch der Atomausstieg einstweilen nicht voran; in der ersten Regierungsperiode von Rot-Grün geht kein einziger Meiler vom Netz. Das liegt auch daran, dass die Konstruktion des Ausstiegs zum Taktieren einlädt: Jeder Meiler hat Restkontigente an Strom zugewiesen bekommen, die er fortan noch erzeugen darf. Zudem ist die Übertragung von Strommengen von einem Meiler auf den anderen möglich. Also lässt sich vieles schieben. Vor allem versucht die Atombranche ihre Meiler über die nächste Bundestagswahl im Jahr 2002 zu retten – in der Hoffnung auf eine wieder atomfreundliche Regierung.

Doch die ergibt sich nicht, die rot-grüne Koalition bleibt im Amt. Immerhin erzielt sie bald einen ersten bescheidenen Erfolg: Am 14. November 2003 geht der Meiler Stade vom Netz, nach fast 32 Betriebsjahren. Ob dies nun tatsächlich eine Leistung der Politik ist (wie es das Bundesumweltministerium sieht), oder ob der Schritt schlicht aus wirtschaftlichen Gründen erfolgt (wie die Betreiberfirma Eon sagt) bleibt unklar.

Offenkundig politisch bedingt ist aber das Ende des Reaktors im baden-württembergischen Obrigheim. Am 11. Mai 2005 geht er vom Netz, zu einem „Umschaltfest" reist auch Bundesumweltminister Jürgen Trittin an.

Aber das war's dann auch fürs erste mit dem Ausstieg. Im selben Jahr noch kommt nach einer vorgezogenen Bundestagswahl eine Große

„Niedersachsen bleibt Super GAULand", 2014

Laufzeitverlängerung? Nein danke! Anti-Atom-Treck vor der Bundestagswahl 2009

Protest ist keine Frage des Alters: Beim Anti-Atom-Treck 2009

Kurz vor der Bundestagswahl: 50.000 kommen zur Demo in Berlin am 5. September 2009

Kampagne „Wrack ab": Belegschaft der Elektrizitätswerke Schönau, 2009

Koalition von CDU und SPD an die Macht. Die neue Regierung unter Führung von Angela Merkel hält auf Druck der SPD zwar weiterhin am Ausstiegsgesetz fest, doch die CDU erklärt sofort, sie werde die Laufzeiten wieder verlängern, sollte sie nach der nächsten Wahl 2009 ohne die SPD regieren können.

Bei der Atomlobby schürt das Hoffnungen. Ralf Güldner, Geschäftsführer des deutsch-französischen Atomtechnikherstellers Framatome ANP, sagt im Jahr 2005: „Ich halte es für möglich, dass vielleicht um 2015 ein neues Kernkraftwerk in Deutschland gebaut wird." Die Akzeptanz für die Atomkraft werde wieder zunehmen.

Zugleich beschwört das Deutsche Atomforum einen „weltweiten Aufschwung" der Nuklearenergie und sieht einen „starken Bauwillen". Die Realität jedoch ist eine andere: Die weltweite Stromerzeugung aus Atomkraft nimmt in den folgenden Jahren ab, der Spitzenwert des Jahres 2006 (2661 Terawattstunden Atomstrom) wird nicht wieder erreicht.

Die Lobby wird aktiv – und fliegt auf

Als nach der Bundestagswahl am 27. September 2009 die Große Koalition durch ein Bündnis von CDU und FDP abgelöst wird, hat die Atombranche wieder die Unterstützer in Kanzleramt und Kabinett, die sie sich wünscht. Im Koalitionsvertrag fixieren die beiden Fraktionen, die Regierung werde „die Laufzeiten deutscher Kernkraftwerke unter Einhaltung der strengen deutschen und internationalen Sicherheitsstandards verlängern".

Das Merkel-Kabinett kooperiert nun viel intensiver mit der Atomwirtschaft als alle Beteiligten nach außen zeigen wollen. Regierung und Konzerne schließen eine Vereinbarung. Sie soll geheim bleiben.

Ausgabe vom
23. September 2010

Dumm nur, dass die Sache trotzdem auffliegt. Ein Vorstand des RWE-Konzerns ist es, der sich verplappert: Auf einer Konferenz in München am 7. September 2010 erzählt Rolf Martin Schmitz, wie es war. Am Vortag, morgens um 5.23 Uhr, hätten die Unternehmen eine Vereinbarung mit der Regierung paraphiert.

Damit ist Katze ist aus dem Sack; den Geheimvertrag, von dem in den Wochen und Monaten zuvor gemunkelt wurde, gibt es wirklich. Später wird er auf öffentlichen Druck hin publiziert. Darin haben die Bundesregierung einerseits, und die vier großen Energiekonzerne mitsamt ihren AKW-Betreibergesellschaften andererseits eine Laufzeitverlängerung für Deutschlands Atomkraftwerke vereinbart.

Selbst die Details sind fixiert: Gegenüber der bisher gedeckelten Erzeugung soll den Betreibern ein Kontingent von weiteren 1804 Terawattstunden Atomstrom gestattet werden, was einer Verlängerung der Laufzeit um durchschnittlich zwölf Jahre entspricht. Dies geschehe „vor dem Hintergrund der enormen energie- und klimapolitischen Herausforderungen", heißt es in dem Papier. Die Atomlobby ist am Ziel – vorerst zumindest.

Altlast aus Zeiten der Atomeuphorie
Österreicher kämpfen gegen den Euratom-Vertrag

Als Fossil wird der Euratom-Vertrag von 1957 häufig bezeichnet. Und dennoch räumt das Papier der Atomwirtschaft bis heute enorme Privilegien ein: Sonderrechte, auf die kein Mitbewerber aus dem Sektor der umweltverträglichen Energien jemals hoffen darf. Zum Beispiel darf die Europäische Kommission „Mitgliedsstaaten, Personen oder Unternehmen, Anlagen, Ausrüstungen oder die Hilfe von Fachkräften entgeltlich oder unentgeltlich zur Verfügung stellen".

Kreativer Widerstand kommt inzwischen vor allem aus Österreich. Sogar auf dem Wiener Opernball machte die Initiative „atomstopp atomkraftfrei leben!", ein Verein mit Sitz in Linz, den Vertrag schon zum Thema. Mitglieder mischten sich im Februar 2007 mit roter Anti-Atom-Sonne auf gelben Kleidern und der Forderung „Raus aus Euratom!" unter die piekfeine Gesellschaft. Andere bestiegen österreichische Berggipfel, um dort oben ihre Banner zu entrollen.

Politisch geht es dennoch auch in Österreich kaum voran. Ein Volksbegehren gegen Euratom scheiterte eine Woche vor Fukushima haarscharf. Binnen einer Woche hätte man 100.000 Unterschriften sammeln müssen, dann hätte das Parlament sich mit dem Anliegen auseinandersetzen müssen. Es blieb bei 98.698 Signaturen. „Probleme mit der Mobilisierung" nannten die Initiatoren als Ursache. Und Pech mit dem Termin hatten sie auch, nach Fukushima wäre der Erfolg wohl sicher gewesen.

Grundsätzlich sehen sich die Kritiker in der Mehrheit: Bei Umfragen im Land sprechen sich immer wieder rund 80 Prozent der Bürger für einen Ausstieg aus Euratom aus, ebenso viele lehnen die Unterstützung der europäischen Atomindustrie aus österreichischen Steuergeldern ab.

Vor allem auf kommunaler Ebene hat der Euratom-Ausstieg in Österreich viele Anhänger. 325 Gemeinden haben eine entsprechende Resolution unterzeichnet, wonach der Austritt des Landes „umgehend und konsequent zu betreiben" sei.

Der Kampf um den Ausstieg aus Euratom wird also weiter gehen. Zumal das Volksbegehren deutlich machte, wer die Euratom-Lobbyisten in Österreich sind. „Die Fronten sind jetzt klar", sagten damals die Initiatoren, denn Unterstützer des Ausstiegs gab es nur unter Oppositions- und Landespolitikern. Die Roten und Schwarzen in Bundesregierung und Parlament stemmten sich dagegen.

Raus aus Euratom: Auf dem Großglockner...

... und auf dem Wiener Opernball 2007

Eine zweieinhalb Jahre zuvor gestartete Marketingkampagne war erfolgreich. Diese hatte im Frühjahr 2008 in den Räumen des Deutschen Atomforums begonnen, am Robert-Koch-Platz in Berlin-Mitte. Mehrere Lobbyagenturen kamen zusammen, um sich für einen lukrativen Auftrag zu bewerben, nämlich den, mit einer subtilen Kampagne in der Gesellschaft den Weg für eine Laufzeitverlängerung zu bereiten. Als eine „Mission, die jeden Werbefachmann reizen musste" beschreibt die Tageszeitung *taz* den Auftrag, als sie den Vorfall später aufdeckt.

Der Zuschlag geht an die Lobbyagentur Deekeling Arndt Advisors aus Düsseldorf. Die Kampagne bekommt den Titel „Energieverantwortung für Deutschland", sie kostet rund drei Millionen Euro. Ihr Ziel: Ein „verändertes Meinungsklima zur Kernenergie in Deutschland etablieren", und bis zur Bundestagswahl 2009 eine „Grundstimmung pro Laufzeitverlängerung herstellen".

So zeugt die Kampagne von der Arroganz einer Branche, die davon überzeugt ist, dass ein Batzen Geld, ausgegeben für Manipulation, schon alles in ihrem Sinne richten werde. Entsprechend werden die Instrumente definiert; vor allem will man „Gegner als ideologisch und unsachlich vorführen". Man will „neue Fürsprecher zum Beispiel aus Wirtschaft (energieintensive Industrien), Gewerkschaften, beziehungsweise Betriebsräten gewinnen" und „dabei den sozialen Aspekt stärker pointieren". Unterstützung erhofft man sich auch von einer „Jungen Avantgarde".

Atomforum: Werbung begleitet Laufzeitverlängerung 2010

Die Kampagne gibt tiefen Einblick in die Arbeitsweise von Lobbyisten. Im Rahmen einer „adjustierten Kampagnenplanung" will die Agentur im Zeitraum August 2008 bis Juni 2009 die „Kernenergie-Debatte moralisch aufladen", unter anderem mit der Frauenkampagne „Women in Nuclear". Dazu gibt es eine „gezielte Vermarktung/Presse und Medienarbeit besonders in frauenspezifischen Medien (u.a. *Brigitte*)". Und man setzt auf der Wintertagung des Atomforums im Februar 2009 in Berlin auf die „Einbindung neuer Gruppen (Kulturwissenschaftler, konvertierte ,68er')".

Des Weiteren werden „kontinuierliche Hintergrundgespräche mit Journalisten" geführt. Erklärte Ziele sind eine „Reportage mit Portraits ,Frauen in der Kerntechnik' in *Brigitte*", eine „Reportage über das Leben in der Nähe von Kernkraftwerken im *ZEIT-Magazin*/Dossier" und eine „Reportage über die Rolle von Frauen in der finnischen ,Energiewende' in der *Süddeutschen Zeitung*".

Am Ende kann die Agentur bilanzieren: „Hintergrundgespräche ermöglichten Platzierung eigener Botschaften in wichtigsten deutschen Tageszeitungen (*FAZ, Bild-Zeitung*)." Der Agentur gelingt eine „Veröffentlichung der Thesen in *Bild-Zeitung* und damit Ansprache der breiten Öffentlichkeit". Und die *Frankfurter Allgemeine Zeitung* druckt einen Text des Historikers Arnulf Baring als Gastbeitrag auf einer ganzen Seite. Später bestätigt sie der *taz*, dass es die Lobbyagentur Deekeling Arndt war, die den Text angeboten hatte. So geben auch einige Medien kein gutes Bild ab.

„Kernkraft ist für die CDU Ökoenergie"

Im Kampf um die öffentliche Meinung gibt die Lobby der Regierung Schützenhilfe. Im August 2010 schaltet sie in den großen Zeitungen einen „energiepolitischen Appell". Unterzeichner sind neben den Chefs der vier deutschen AKW-Betreiber auch Vertreter von Industrieverbänden und Vorstände von stromintensiven Unternehmen. In der Anzeige kann man Sätze lesen, wie diesen: „Ein vorzeitiger Ausstieg würde Kapital in Milliardenhöhe vernichten – zulasten der Umwelt, der Volkswirtschaft und der Menschen in unserem Land." Es gehe um „die Sicherung der Lebensgrundlage von morgen". Um jene der Atomfirmen zweifellos.

Doch die Kaltschnäuzigkeit der Atomlobby mobilisiert die Bürger, die sich nun auf Großdemonstrationen in Berlin und anderswo der Atompolitik der Bundesregierung entgegen stellen. Einstweilen bleibt der Massenprotest gleichwohl erfolglos: Am 28. Oktober 2010 beschließt der Bundestag die Laufzeitverlängerung. Kritiker versucht die Regierung zu besänftigen, indem sie zugleich eine Brennelementesteuer einführt, die ab 2011 gilt: Begrenzt bis 2016 werden für jedes Gramm Kernbrennstoff 145 Euro fällig, sobald ein Brennelement in einen Reaktor eingebracht wird und die nukleare Kettenreaktion startet. Der Generalsekretär der CDU, Ronald Pofalla, sagt unterdessen: „Kernkraft ist für die CDU Ökoenergie."

Kampf um eine Gelddruckmaschine: EnBW-Werbung

Wer verstehen will, warum die Konzerne sich so sehr an diese Technik klammern, muss nur einen Blick auf deren Geschäftszahlen werfen. Zum Beispiel auf jene der EnBW: Von 21.000 Mitarbeitern des Konzern arbeiten im Jahr 2010 gerade 1800, also weniger als neun Prozent, bei der Konzerntochter EnBW Kernkraft GmbH. Auch bemessen am Umsatz macht die Atomsparte kaum zehn Prozent des Konzerns aus. So gesehen ist die Erzeugung von Atomstrom nur eine marginale Sparte in einem riesigen Unternehmen. Und doch erzielen die Atomkraftwerke zwei Drittel des Konzerngewinns – kein Wunder also, dass die Atomstromer mit Macht um den Erhalt ihrer Gelddruckmaschinen kämpfen.

Als im Herbst 2011 die taz das Wirken der Atomlobby in den beiden zurückliegenden Jahren aufdeckt, rechnet die Zeitung vor: „Die Kosten für die Lobbykampagne verdient ein Atomkraftwerk an drei Tagen." Doch zu diesem Zeitpunkt kann auch die beste Kampagne die Atomkraft in Deutschland nicht mehr retten. Denn es ist viel passiert in den Monaten zuvor, die Welt ist eine andere seit dem 11. März 2011. Seit jenem Tag, als um 14:46 Uhr und 23 Sekunden Ortszeit in Japan die Erde bebte.

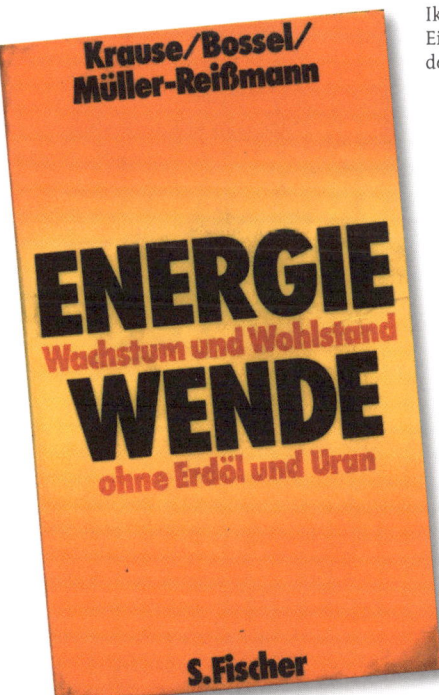

Ikonen der Atomgeschichte: Ein Buch prägt einen Begriff, der 2011 noch populärer wird

Der Mythos der jederzeit beherrschbaren Atomkraft zerbirst: Fukushima

KAPITEL
09

Japans Tsunami reißt deutsche Reaktoren mit

Nach der Katastrophe von Fukushima kämpft die europäische Atomwirtschaft ums Überleben – in Deutschland ist sie ohnehin am Ende

Die Bilder gehen um die Welt, unscharf zwar, aber das mindert nicht ihre Dramatik: Eine Explosion zerfetzt Block 1 des japanischen Atomreaktors Fukushima Daiichi. Kameras dokumentieren die Katastrophe. Es ist der 12. März 2011, 15.36 Uhr Ortszeit. Die Welt hält den Atem an.

In Mitteleuropa ist zu dieser Stunde früher Samstagmorgen, die gespenstischen Bilder prägen das Wochenende. Immer und immer wieder zeigen sie, wie das Dach des Reaktorgebäudes in die Luft fliegt, und wie anschließend dichter weißgrauer Rauch in den japanischen Himmel emporquillt.

Die Bilder markieren den Beginn einer neuen Zeitrechnung. Denn in diesem Moment zerbirst der Mythos von der jederzeit beherrschbaren Atomkraft endgültig. Ein Erdbeben der Stärke 9,0 hatte 24 Stunden zuvor die japanischen Atomanlagen schwer beschädigt, dann machte der nachfolgende Tsunami auch die letzten Hoffnungen zunichte, Japan könne ohne Super-Gau davonkommen.

Ausgabe vom 17. März 2011

Der Schock, der die Menschen rund um den Globus trifft, ist heftig, massiver noch als 25 Jahre zuvor nach der Tschernobyl-Katastrophe. Damals berief sich die Atomlobby noch darauf, der havarierte Reaktor sei eben nicht von feinster Westtechnik gewesen. Nun jedoch, im unbestritten hochtechnisierten Japan, wäre eine solche Ausrede absurd. Zumal gleich vier Reaktoren havarieren und in dreien davon die Kerne schmelzen, nachdem der Tsunami die gesamte Notkühlung am Standort zerstört hat.

Am Montagmorgen ist an den Kiosken in Deutschland von „Japans Armageddon" (*Financial Times Deutschland*) zu lesen. Der *Spiegel* kündet auf seinem Titel gleichzeitig vom „Ende des Atomzeitalters" – und berichtet von einem turbulenten Wochenende in eigener Sache. In einer „ungewöhnlichen Operation", so teilt das Magazin seinen Lesern mit, seien am Samstagmittag die Druckmaschinen gestoppt und die Druckzylinder von Titelbild und Titelgeschichte ausgetauscht worden.

Zwei Versionen einer Ausgabe sind nun im Umlauf. Der Beitrag der ersten Exemplare galt noch allein dem Tsunami, er trug die Überschrift: „Im Schlamm versunken." Jetzt heißt der Aufmacher: „Fukushima ist überall."

Vor allem in Deutschland; hier hat die Katastrophe erhebliche politische Folgen. Noch am Montag verkündet Bundeskanzlerin Angela Merkel, die Bundesregierung werde die erst wenige Monate zuvor beschlossene Verlängerung der AKW-Laufzeiten „aussetzen". Es sei Zeit innezuhalten, sagt sie: „Dieses Moratorium gilt für drei Monate."

Die Nation reibt sich verwundert die Augen. „Gut fünf Minuten braucht die Kanzlerin, um der Energiepolitik ihrer CDU nach gut fünf Jahrzehnten eine völlig neue Richtung zu geben", schreibt die *Financial Times Deutschland*. Irritiert muss das Blatt konstatieren, dass dies „ausgerechnet die Richtung der Gegner aus der SPD und von den Grünen" ist. Tags darauf, es ist Dienstag, der 15. März, wird der Vorschlag konkret: Acht der 17 laufenden Meiler müssen vom Netz, nämlich die sieben ältesten und der Pannenreaktor Krümmel. Am 16. und 17. März werden diese dann auf Anordnung der jeweiligen Landesministerien außer Betrieb genommen. Was nach dem Moratorium kommt, bleibt offen.

Neues Wissen über Sicherheitsrisiken, die von deutschen Kraftwerken ausgehen, kann die Wende nicht begründen. Denn besondere Erkenntnisse hat die Fukushima-Katastrophe nicht gebracht – allenfalls den wenig überraschenden Beweis, dass Risiken, die theoretisch gegeben sind, sich auch in der Praxis bewahrheiten können.

Schließlich war das Risiko der Atomkraft in Erdbebenzonen jedem, der es sehen wollte, seit Jahrzehnten bekannt. Im geologisch aktiven Oberrheingraben zum Beispiel, in der Nähe des französischen Atomkraftwerks Fessenheim, gehörten schon seit Jahren gelbe Schilder mit dem Slogan „Fessenheim – Erdbeben verboten" zur Ausstattung einer jeden Anti-AKW-Demo.

Trotzdem haben viele Politiker das Risiko all die Jahre nicht wahrhaben wollen. Aus Sicht des baden-württembergischen Ministerpräsidenten Stefan Mappus (CDU) zum Beispiel entsprang bis zum Zeitpunkt des Fukushima-Gaus alle Kritik an der Atomkraft einzig und allein „grünen Ideologien".

Eine Ethikkommission überbrückt die Zeit

Nun aber klingen die Worte des Bundesumweltministers Norbert Röttgen (CDU) nach, der einmal seine eigenen Leute fragte, ob es wirklich sinnvoll sei, „gerade die Kernenergie zu einem Alleinstellungsmerkmal der CDU" zu machen. Er blieb ungehört, die Kanzlerin wollte es so.

Warnung: Gilt offenbar auch für Fukushima

Bilder, die das Wochenende prägen: Explosion in Fukushima

Wucht der Natur: Tsunami in Japan

"Photovoltaik in Deutschland macht so viel Sinn wie Ananas züchten in Alaska"

Jürgen Großmann, RWE-Chef, 2012

Deutliche Warnung:
AKW Unterweser, 2009

Jetzt aber muss sie reagieren, die Frau mit dem – zu diesem Zeitpunkt noch – sicheren Instinkt für die politische Opportunität. Weil die Zahl der Atomkraftgegner in Deutschland in diesen Frühjahrstagen locker die Zwei-Drittel-Marke überschreitet, sieht sich Merkel zu einer 180-Grad-Wende genötigt. So gibt eine Strahlenwolke japanischer Herkunft die Richtung deutscher Politik vor.

Und dies, obwohl die Strahlung – anders als einst jene aus Tschernobyl – in Deutschland nur mit hochempfindlichen Messgeräten nachzuweisen ist. Als der Deutsche Wetterdienst am 21. März in Luftproben am Standort Offenbach erstmals erhöhte Konzentrationen von Xenon-133 nachweist, bleibt dies in den Medien eine Randnotiz. Die Betroffenheit Europas durch Fukushima ist nicht vergleichbar mit den Wirren nach Tschernobyl.

Der japanische Super-Gau ist für Deutschland also kein physisches Thema, ein politisches aber umso mehr. Um ihrer beispiellosen Kehrtwende im Nachgang noch eine scheinbar seriöse Basis zu geben, ersinnt Merkel eine Ethikkommission. Diese soll diskutieren, ob Atomkraft in Deutschland noch verantwortbar ist.

Also konstituiert sich unter Leitung des ehemaligen Bundesumweltministers Klaus Töpfer ein neues Gremium. Dieses wägt zwar fleißig Argumente ab, doch vor allem will die Bundesregierung die Zeit des Moratoriums ausfüllen, um am Ende ihre opportunistischen Kapriolen weniger abrupt, vielmehr wohlüberlegt wirken zu lassen.

Als die Ethikkommission sich wieder auflöst, bleiben die acht Meiler abgeschaltet. Flugs wird das Atomgesetz, das erst im Herbst mit dem Ziel der Laufzeitverlängerung novelliert worden war, erneut geändert. Auch die verbleibenden neun Meiler sollen nun spätestens Ende 2022 vom Netz gehen. So unterscheidet sich der neuerliche Ausstiegsfahrplan kaum von jenem aus dem Jahr 2000. Auch werden abermals die Urananreicherung in Gronau und die Brennelementefabrik in Lingen ausgeklammert. Man sehe schlicht „keine rechtliche Handhabe" für deren Ende, heißt es in den Umweltministerien der beiden Länder und des Bundes.

Für das Jahr 2023 deutet sich damit eine bizarre Situation an: Alle Atomkraftwerke werden vom Netz sein, Deutschland wird sich als erste große Industrienation von der Nuklearenergie verabschiedet haben – und dennoch wird das Land weiterhin die Reaktoren der Welt mit Brennstoff versorgen.

Dass nun im Wesentlichen der alte Atomausstieg reanimiert wurde, ist kein Zufall. Denn schon der erste Ausstieg war getragen von dem nüchternen Ziel, ihn ohne allzu große Anstrengungen – etwa massive Stromeinsparungen – über die Bühne zu bringen. Dieser Ansatz prägt auch den neuerlichen Ausstieg; es ist die Pragmatik, die den Zeitplan bestimmt.

Akteure der Atomlobby nennen die Abschaltungen zwar hysterisch, schließlich gebe es in Deutschland keine Tsunamis. Doch der platte Versuch, das japanische Super-Gau-Szenario als das einzig denkbare hinzustellen, verfängt in der Gesellschaft nicht.

So hat – aus Sicht der deutschen Atomwirtschaft – der Tsunami von Fukushima die Früchte jahrelanger Lobbyarbeit hinfortgespült. Dennoch spricht die Branche sich Mut zu: „In Europa steht Kernenergie klipp und klar weiter auf der Agenda", sagt Astrid Petersen, Chefin der Kerntechnischen Gesellschaft. Doch mit dieser Sichtweise steht die Atomlobby in Deutschland weitgehend alleine.

Dafür spricht die Welt nun von der deutschen Energiewende. Dass diese schon in den Siebzigern durch Bastler begann, 1980 erstmals in einem Buchtitel des Öko-Instituts ausformuliert wurde, 1991 mit dem Stromeinspeisungsgesetz einen wichtigen Schub erhielt, und sich um die Jahrtausendwende mit dem ersten Atomausstieg und dem Erneuerbare-Energien-Gesetz fortsetzte, geht fortan regelmäßig unter. Das lange zuvor schon existierende Wort „Energiewende", das den Umstieg auf erneuerbare Energien beim gleichzeitigen Abschied von Atomkraft und Kohle meint, wird plötzlich neu interpretiert als die Umschreibung der Merkel´schen Kapriolen.

Auch das Ausland übernimmt das Wort. In Frankreich kennt man fortan „L'Energiewende allemande", in England „Germany's Energiewende". Rund um den Globus wird das deutsche Wort schnell so markant, dass eine Übersetzung unterbleiben kann: „The political importance of the Energiewende before the 2013 federal elections, is huge", schreibt etwa der britische *Guardian* – für die Bundestagswahl 2013 sei die Energiewende von großer Bedeutung.

Und nicht nur für die Bundestagswahl. Auch die anstehende Landtagswahl in Baden-Württemberg, zwei Wochen nach dem Japan-Gau, forciert Merkels Kehrtwende. Denn eine Atom-Partei, das weiß die Kanzlerin genau, hat im Südwesten jetzt keine Chance mehr.

Am Ende ist der dortigen CDU aber auch durch Merkels scheinbare Spontan-Ergrünung nicht mehr zu helfen: Der Ministerpräsident und Atomfreund Stefan Mappus – durch sein brutales Vorgehen am besetzten Bauplatz des Stuttgarter Tiefbahnhofs im Herbst 2010 ohnehin politisch angeschlagen – wird am 27. März furios abgewählt. Und mehr noch: Baden-Württemberg erhält den ersten grünen Ministerpräsidenten Deutschlands, Winfried Kretschmann. Dass diese Wahl aber nicht nur ein „Betriebsunfall" ist, wie manche in der CDU glauben, zeigt sich bei der nächsten Landtagswahl fünf Jahre später, als die Grünen nochmals deutlich zulegen und zur stärksten Partei werden. Das gab es noch nie in Deutschland.

Ausgeräumt: Maschinenhaus im Kraftwerk Obrigheim

Auch die Schweiz schleicht sich aus der Atomkraft

In der Schweiz geht unterdessen alles etwas gemächlicher voran, aber auch hier weisen die politischen Zeichen nach Fukushima in Richtung Ausstieg. „Der mittelfristige Atomausstieg ist das beste Szenario für die

Nur noch Schrott: Reaktorgebäude in Fukushima

Keiner weiß, wohin damit: Säcke mit verstrahltem Erdreich

Zukunft", sagt zwei Wochen nach der Katastrophe Energieministerin Doris Leuthard (CPV).

Auch hier bestimmt Pragmatismus den Zeitplan: Die Kernspaltung deckt noch rund 40 Prozent des schweizerischen Strombedarfs, Deutschland ist zu diesem Zeitpunkt schon bei 23 Prozent angelangt. Entsprechend mühsamer ist der Ausstieg für die Eidgenossen. Daher beschließt der Bundesrat am 25. Mai 2011 lediglich, dass die bestehenden Atomkraftwerke „am Ende ihrer Betriebsdauer stillgelegt und nicht durch neue Meiler ersetzt werden". Wie lange die Betriebsdauer sein wird, bleibt offen. Natürlich sind die üblichen Warnungen zu hören: Der Wirtschaftsverband Economiesuisse sieht „die Energieversorgung gefährdet".

Dabei ist der Plan alles andere als beherzt. Während die Umweltverbände auf maximal 40 Jahre Laufzeit seit Inbetriebnahme drängen, geht der Bundesrat von 50 Jahren aus. Damit ginge erst 2019 ein erster Reaktor vom Netz, nämlich Beznau 1. Beznau 2 und Mühleberg würden 2022 folgen, Gösgen 2029 und Leibstadt erst 2034. Der Nationalrat will sogar 60 Jahre Laufzeit zulassen. In Mühleberg dagegen entzieht sich die Betreiberfirma BKW im Jahr 2013 den politischen Ränkespielen – indem sie entscheidet, den Reaktor im Jahr 2019 abzuschalten. Aus wirtschaftlichen Gründen.

Offen bleibt die Zukunft von Beznau. Dessen Block 1 ist inzwischen das älteste Atomkraftwerk der Welt. Vom „Technikmuseum Beznau" sprechen Kritiker. Die Schweizerische Energie-Stiftung SES meldet den 46 Jahre alten Reaktor im September 2015 beim Guinness Buch der Rekorde an; kein anderes AKW auf der Welt hat je so viele Betriebsjahre erreicht. Zugleich präsentiert die SES öffentlichkeitswirksam einen schrottreifen „Opel Beznau", einen Pkw, der im selben Jahr gebaut wurde, wie der Reaktor und dessen Zustand repräsentieren soll.

Greenpeace-Aktion in Gösgen, 2011

Der Vergleich ist nicht abwegig. Seit Frühjahr 2015 ist der Meiler wegen Rissen im Druckbehälter abgeschaltet, für mindestens anderthalb Jahre. Ihn gänzlich stillzulegen, lehnt der Betreiberkonzern Axpo trotzdem ab; andernfalls würde er eingestehen, dass der Betrieb der alten Technik nicht mehr zu verantworten ist.

Unumstößlich scheint immerhin die Entscheidung gegen Neubauten in der Schweiz. Damit macht die eidgenössische Regierung einen Volksentscheid hinfällig, der nach Fukushima kaum mehr zu gewinnen sein dürfte. Im Kernenergiegesetz des Jahres 2003 hatte der Staat ein obligatorisches Referendum verankert – ohne Volksabstimmung ist seither kein AKW-Neubau mehr zulässig.

Obsolet ist damit der Bauantrag, den der Stromkonzern Atel im Juni 2008 eingereicht hatte für einen neuen Reaktor unmittelbar neben dem bestehenden AKW Gösgen, Projektname: Kernkraftwerk Niederamt. Ebenso jener, den Axpo im Dezember 2008 beantragt hatte, betreffend zwei neue Reaktoren in Beznau und Mühleberg.

Verbittert ist die Atomlobby. Eine Formulierung, die viel über deren Weltsicht aussagt, ist im Dezember 2013 in der *Frankfurter Allgemeine Sonntagszeitung* zu lesen. Ein langjähriger Mitarbeiter des Atomkraftwerks Leibstadt klagt in einem Interview, die Atomkraft sei nach Fukushima „weltweit in die Pfanne gehauen" worden. Es sei eine „völlig willkürliche Hetze gegen die Kernenergie" betrieben worden.

Doch Hetze hat in dieser Situation niemand nötig, die Zahlen sind deutlich genug. 210 Tonnen geschmolzene Brennelemente fressen sich auch zweieinhalb Jahre nach dem Unfall weiter durch den Beton von Fukushima. 160.000 Menschen haben ihre Heimat verlassen müssen, im Radius von 40 Kilometern um die Reaktoren wird das Land auf lange Zeit unbewohnbar bleiben. Auf die Größe der Schweiz übertragen heißt das: Ein solcher Unfall würde große Teile des Landes entvölkern.

Das Netz bleibt stabil – und Deutschland Stromexporteur

Noch immer Wahlkampfthema: Europawahl 2014

In Deutschland ist im Sommer 2011 der gesellschaftliche Druck auf die verbleibenden neun Meiler weiterhin groß. Die Reaktorsicherheitskommission (RSK) unterzieht sie daher einem „Stresstest", aber der ist vor allem zur Beruhigung der Menschen da. Die Ärzteorganisation IPPNW nennt die Analyse eine „freundliche Betreiberbefragung" und verweist auf eigene Recherchen, wonach keines der deutschen Atomkraftwerke den Anforderungen genüge, „die nach dem aktuellen Stand von Wissenschaft und Technik zu stellen sind".

Unter den Anhängern der Kernspaltung hat der neuerliche Ausstiegsbeschluss „viele Wunden gerissen", wie die *Zeit* im Juni 2012 bilanziert. Auch Abgeordnete von CDU/CSU und FDP seien verbittert, jene nämlich, für die „die Laufzeitverlängerung der Atommeiler eine politische Lebensleistung darstellte – und die nun mitansehen müssen, dass Kernenergie in Deutschland keine Zukunft mehr hat".

Die unbeirrbaren Anhänger und Profiteure der Atomkraft versuchen nun, die Energiewende nach Kräften zu diskreditieren. Jürgen Großmann, Chef des Atomkonzerns RWE, behauptet im Juni 2011, Deutschland sei seit dem Abschalten der acht Reaktoren Stromimporteur. Fritz Vahrenholt, Chef der RWE-Tochterfirma Innogy sekundiert, es finde „Tag für Tag ein starker Import aus Frankreich und Tschechien statt". So werden Momentaufnahmen als allgemeingültige Wahrheit verkauft. Am Ende erzielt Deutschland im Jahr 2011 einen Exportüberschuss von sechs Milliarden Kilowattstunden, in den Folgejahren gar ein Vielfaches davon.

Eine Stromlücke existiert nur in der Phantasie der Atomlobby, wie auch die Strombörse belegt. Nach einer kurzen Schrecksekunde im März 2011 fallen die Preise am Terminmarkt stetig, bald sogar unter das Niveau der Vor-Fukushima-Ära. Strom, so sind die Marktakteure überzeugt, wird es trotz des Ausstiegs in ausreichender Menge geben. Das bestätigt im Oktober 2014 das „Grünbuch" des Bundeswirtschafts-

Fukushima mobilisiert: Anti-Atom-Kette vom AKW Neckarwestheim nach Stuttgart am 12. März 2011

Lagerbehälter in Fukushima: Verstrahltes Wasser, verstrahlter Boden, 2013

Auf dem Bundesplatz in Bern: Präsentation „Opel Beznau", September 2015

So alt wie das AKW Beznau, und ebenso marode: Opel, Baujahr 1969

ministeriums, das „Überkapazitäten an gesicherter Leistung in Europa" von „mindestens 100 Gigawatt" bilanziert. Bezogen auf die konventionellen Großkraftwerke entspricht das einem Überhang von 13 Prozent.

Dennoch warnt die Lobby nach der Merkelwende im Frühjahr 2011 reflexartig vor dem Blackout. „Das Gesetz zum schnellen Ausstieg aus der Kernenergie gefährdet die Versorgungssicherheit", sagt im Juli 2011 Astrid Petersen, die Vorsitzende der Kerntechnischen Gesellschaft. Doch Fakt ist: Die Ausfallzeiten der Stromversorgung liegen im Jahr 2011 in Deutschland noch einen Hauch niedriger als im Mittel der Vorjahre. Ebenso bleiben die folgenden Jahre in diesem Punkt unauffällig, Deutschlands Versorgungssicherheit hält sich im internationalen Vergleich in der Spitzenklasse.

Als nächstes warnen jene, die den Atomausstieg noch immer nicht verkraftet haben, vor einer Deindustrialisierung. So auch EU-Energiekommissar Günther Oettinger. Dumm nur für ihn: Die deutsche Außenhandelsbilanz und die Industrieproduktion erreichen in den Jahren nach der Atomwende Rekordwerte.

So läuft der Alarmismus der Atomlobby ein ums andere Mal ins Leere. Die Akzeptanz der Bürger gegenüber der Energiewende bleibt entsprechend hoch, der Ausbau der Stromerzeugung aus erneuerbaren Energien schreitet zügig voran. 1,4 Millionen Solarstromanlagen auf den Dächern sind im Jahr 2016 ein Zeichen einer breiten Solarbewegung – und jede einzelne ist eine Stimme gegen die Atomgefahren.

Der Wille der gesellschaftlichen Mehrheit, die es nach Alternativen zur Atomkraft drängt, hat längst auf die ökonomische Situation der Nuklearkonzerne durchgeschlagen. Ihr Börsenwert verfällt, sie sind von der Schwindsucht erfasst, was aber nicht alleine an Fukushima liegt. Die Eon-Aktie, Anfang 2008 noch bei 50 Euro, fiel schon vor dem japanischen Super-Gau auf 23 Euro, der Wert der RWE-Papiere halbierte sich ebenfalls. Schon vor März 2011 war sichtbar geworden, dass die alten Konzerne kein taugliches Geschäftsmodell haben, das mit dem Ausbau der erneuerbaren Energien harmoniert.

Zumal der Solarstrom vom eigenen Dach immer billiger wurde; seit 2012 kostet er sogar weniger als der Strom aus dem Netz. Weil sich damit die Lage der etablierten Stromerzeuger abermals zuspitzt, führt die Bundesregierung im Sommer 2014 eine Umlage für selbst genutzten Strom ein, inoffiziell „Sonnensteuer" genannt. Sie ist einerseits ein Erfolg der Atom- und Kohlelobby, andererseits aber auch ein bemerkenswertes Eingeständnis: Der Solarstrom lässt sich nur noch bremsen, indem man ihn aktiv behindert.

„Wer nicht auf die Anti-AKW-Bewegung hört, den bestraft der Markt."

Jürgen Trittin, ehemaliger Bundesumweltminister, März 2016

Ausgabe vom 27. November 2015

Schweizer Atomunternehmen: Leben von der Substanz

Daher ist der Niedergang der Atomfirmen kein allein deutsches Phänomen. Auch in der Schweiz leiden die Konzerne, obwohl die Politik noch keinen der Reaktoren vom Netz genommen hat. Axpo schließt das

247

Geschäftsjahr 2013/14 mit einem Verlust von 730 Millionen Schweizer Franken ab, vor allem wegen der durch die Überkapazitäten bedingten niedrigen Strompreise im Großhandel. Robert Lombardini, Verwaltungsratspräsident der Axpo, sagt der *Neuen Zürcher Zeitung*: „Wir stellen uns darauf ein, die nächsten zehn Jahre von der Substanz zu leben."

In seinem Geschäftsbericht klagt der Konzern gar über eine „Stromschwemme" – was bemerkenswert ist, weil die Atomwirtschaft (in der Schweiz, wie in Deutschland) jahrzehntelang den Bau von Atomkraftwerken mit einer drohenden „Stromlücke" zu begründen versucht hatte. Doch die liegt ferner denn je, aller Ausstiegspläne zum Trotz.

Wirtschaftlich am Limit, politisch unerwünscht, technologisch paralysiert – in ganz Europa gibt die Atomwirtschaft mittlerweile ein desaströses Bild ab. Selbst im Atomland Frankreich ist der Niedergang der Branche unverkennbar. Die französische Areva, der weltgrößte Atomkonzern, fährt im Jahr 2014 einen Rekord-Verlust von 4,8 Milliarden Euro ein, und einen weiteren Milliardenbetrag im Jahr 2015, dem fünften Verlustjahr in Folge. Das Eigenkapital ist nun negativ. Areva wäre längst bankrott, die Firma kann sich nur halten, weil sie zu 87 Prozent dem französischen Staat gehört.

Die Börse spiegelt auch in diesem Fall die Turbulenzen unbarmherzig wider: Der Kurs der Areva-Aktie, im Mai 2008 noch bei 80 Euro, fällt im Juni 2016 auf unter vier Euro. Die Ratingagentur Standard and Poor's hat die Papiere zu diesem Zeitpunkt längst zur „spekulativen Anlage" herab gestuft. Umgangssprachlich: Schrottpapier.

Zugleich befindet sich auch der zu 85 Prozent vom französischen Staat kontrollierte Atomstromerzeuger Electricité de France (EDF) im Niedergang. Im Dezember 2015 wird seine Aktie aufgrund ihrer anhaltenden Schwäche aus dem französischen Leitindex CAC 40 geworfen, dem Pendant zum deutschen DAX. Die EDF hatte zuvor innerhalb eines Jahres 41 Prozent an Wert verloren, wurde damit „börsentechnisch zum Leichtgewicht", wie das *Handelsblatt* formulierte.

Wesentlichen Anteil an dem Wertverfall der französischen Atomwirtschaft haben die beiden Fiasko-Projekte Flamanville in der Normandie und Olkiluoto in Finnland – zwei Neubauten von Atomkraftwerken, bei denen jeweils die Kosten aus dem Ruder laufen und die Pläne um Jahre im Verzug sind.

Milliardengrab: Neubau Olkiluoto

Ursprünglich war Areva angetreten, an den beiden Standorten mit einem neuen Typ von Druckwasserreaktor („Generation III+"), EPR genannt, eine weitere Epoche der Atomkraft einzuläuten. Doch bald galten die Meiler, die seit 2005 beziehungsweise 2007 in Bau sind und frühestens 2018 fertig werden, nur mehr als Symbol eines ökonomischen Irrwegs.

Hinzu kommt eine „ausgeprägte Auftragsflaute im Reaktorbau seit Fukushima", von der im Januar 2016 die *Neue Zürcher Zeitung* schreibt. Sie bemängelt das „Fehlen eines überzeugenden Businessplans in der Nuklearindustrie". Doch wie sollte der angesichts der Sachlage aussehen?

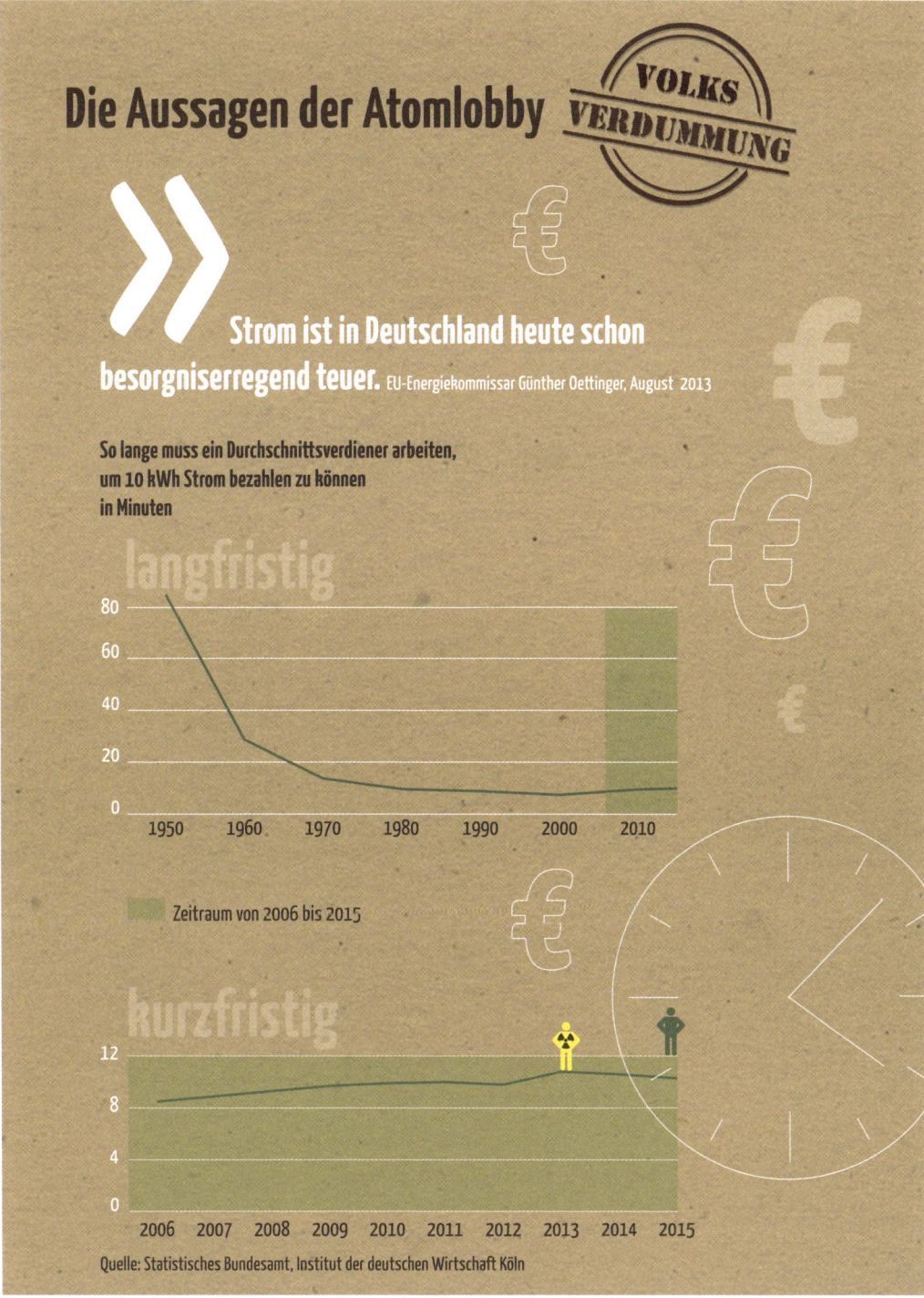

Von der Realität weit entfernt: die Atom-Propaganda. Faktencheck 12 (von 12)

Experten halten vielmehr weitere Verwerfungen in der Branche für möglich: „In fünf bis zehn Jahren könnten große Energiekonzerne Pleite gehen", sagt Anfang 2015 Mycle Schneider, Energie- und Atompolitikberater in Paris. Denn die Atomkraft verliert in Europa fortwährend an Bedeutung.

Das liegt auch an den technischen Problemen eines alternden Kraftwerksparks. Zum Beispiel fallen die maroden belgischen Kraftwerke, von Kritikern „Bröckelreaktoren" genannt, immer wieder aus. Ebenso nagt an den Meilern in Großbritannien der Zahn der Zeit. Die Atomstromerzeugung in der EU sinkt im Jahr 2015 auf den niedrigsten Stand seit über 20 Jahren, nachdem das Durchschnittsalter der europäischen Atomkraftwerke die Marke von 30 Jahren überschritten hat.

Für Mycle Schneider, Autor des alljährlich erscheinenden World Nuclear Industry Status Report, ergeben sich daraus „keine guten Aussichten für die nukleare Sicherheit". Seine Prognose: „Zuverlässigkeit und Produktivität werden weiter sinken, die Kosten für Nachrüstungen werden steigen und damit auch der Druck auf die finanziell gebeutelten Betreiber."

Ausstieg als „große ökonomische Chance"

Während die Atombranche ihre Wunden leckt, sehen andere längst die Perspektiven des Ausstiegs: Die Energiewende sei „nicht nur ein ehrgeiziges politisches Projekt, sondern auch eine große ökonomische Chance", schreibt im Mai 2012 die *Zeit*. Denn der Ausstieg zwinge Deutschland „in die Avantgarde der Zukunftstechnologie". Und der Umstieg auf Erneuerbare mache „das Land und seine Betriebe unabhängig vom Import fossiler Brennstoffe, um die sich der Rest der Welt schon bald balgen wird".

Am Ende ist die Geschichte der Atomkraft ein Lehrstück darüber, dass Geschäftsmodelle, die von einem erheblichen Anteil der Bürger als unverantwortbar angesehen werden, in einer Demokratie auch rein unternehmerisch nicht auf Dauer funktionieren können. Hermann Scheer, der Energievisionär der SPD, hatte das schon vor Fukushima gesehen. Kurz vor seinem plötzlichen Tod im Herbst 2010 beantwortete er die Forderung von Vertretern der Partei Die Linke nach einer Verstaatlichung der Stromkonzerne mit dem weitsichtigen Satz: „Warum sollte sich der Staat das antun? Das ist doch so, als würde man sich darum reißen, eine Bad Bank zu verstaatlichen."

Zu einer solchen sind die deutschen Atomkonzerne inzwischen verkommen. Sie waren sich über Jahrzehnte hinweg allzu sicher, dass die Politik ihnen stets die Stange halten werde. Seit das aber nicht mehr gesichert ist, streben sie nach Schadensersatz – das dreimonatige Atom-Moratorium und auch der anschließende neuerliche Ausstieg, glauben sie, sei rechtswidrig gewesen. Also wollen die Konzerne die entgangenen Gewinne ersetzt haben, wollen Geld für ein großzügiges Geschenk,

---

„Das größte Modernisierungs-, Innovations-, und Investitionsprojekt für Deutschland seit langem."

Bundesumweltminister Norbert Röttgen im Juni 2011 zum Atomausstieg und dem Erneuerbare-Energien-Gesetz

Fukushima mobilisiert noch immer: Demonstration in Neckarwestheim, 2014

das die Bundesregierung ihnen im Herbst 2010 mit der Laufzeitverlängerung machte und nach Fukushima kurzerhand wieder nahm.

Eon verlangt als Ausgleich für das Moratorium 380 Millionen Euro von Bund und Ländern, EnBW 261 Millionen und RWE 235 Millionen. Die ersten Urteile ergehen im Sommer 2016 – gegen die Konzerne. Vattenfall als ausländischer Konzern verklagt die Bundesregierung vor einem internationalen Schiedsgericht in Washington auf Kompensation für die Abschaltung von Krümmel und Brunsbüttel. Stolze Forderung hier: 4,7 Milliarden Euro.

Aber das sind noch längst nicht alle Prozesse. Das *Handelsblatt* schreibt im Februar 2015 von einer „kaum zu überblickenden Serie an Klagen", denn die Unternehmen gehen auch gegen die Kernbrennstoffsteuer juristisch vor. RWE will außerdem Geld, weil Abfälle, die aus der Wiederaufarbeitung in La Hague und Sellafield zurückkehren, nicht mehr im zentralen Zwischenlager in Gorleben untergebracht werden dürfen, sondern an den Kraftwerksstandorten gelagert werden müssen. Das Bundesumweltministerium stellt im Herbst 2014 eine Liste von 23 Verfahren zusammen, die gegen Atombeschlüsse von Bund und Ländern laufen.

> „Wir werden einmal zurückblicken und sehen, dass die Atomkraft ein teurer Fehler war."
>
> Paul Massara, Chef der britischen Konzerntochter RWE npower, August 2015

Die Konzerne treibt die pure Verzweiflung. Sie beherrschen nur das Geschäft mit Großkraftwerken, und das ist fatal in einer Energiewirtschaft, die dezentraler wird. In einer Welt, in der Strom aus Photovoltaik längst billiger ist als jener aus neuen Atomkraftwerken.

Indirekt räumt das inzwischen sogar die Nuklearwirtschaft ein. Für den Neubau zweier AKW-Blöcke im englischen Hinkley Point fordert der französische Energiekonzern EDF im Jahr 2013 eine gesetzlich garantierte Einspeisevergütung in Höhe von 11,5 Cent je Kilowattstunde für 35 Jahre, zuzüglich Inflationsausgleich. Anders seien die beiden geplanten Reaktoren wirtschaftlich nicht zu betreiben. Der Betrag ist durchaus bemerkenswert, denn große Photovoltaikanlagen kommen zu diesem Zeitpunkt längst mit acht Cent aus. „Die Sonnenstromfirmen sind nicht mehr der Bittsteller Nummer eins in der Energiebranche", resümiert im Jahr 2013 das *Manager-Magazin*.

Es bleibt ohnehin die Frage, womit die Atomwirtschaft feste Einspeisevergütungen rechtfertigen will. Beim Solarstrom wurden diese als Instrument der Markteinführung geschaffen; sie laufen langsam aus. Warum aber sollte die Atomkraft nach 50 Jahren noch Markteinführung brauchen?

Deswegen klagt Österreich im Juli 2015 vor dem Europäischen Gerichtshof gegen die Genehmigung staatlicher Beihilfen für den Bau der britischen Reaktoren, während die deutsche Bundesregierung sich – aller Ausstiegspolitik zum Trotz – hartnäckig einer Klage verweigert.

Subventionen sollten moderne Technologien unterstützen, die „im allgemeinen Interesse aller EU-Staaten" liegen, sagt der österreichische Bundeskanzler Werner Faymann (SPÖ). „Das trifft bei Atomkraft in keiner Weise zu." So zeigt sich Österreich unter allen europäischen

Ländern immer wieder als der verlässlichste Partner der Anti-Atom-Bewegung. Das Nein zur Atomkraft ist Teil der Landesidentität geworden.

Neidisch werden in Zukunft die Nachbarländer in die Alpenrepublik blicken. Während Deutschland und die Schweiz noch auf unabsehbare Zeiten mit den Hinterlassenschaften der Atom-Ära zu kämpfen haben, ist Österreich fein heraus. Das Land hat keinen Reaktor, der aufwendig zurückgebaut werden müsste.

Ikonen der Atomgeschichte: Während eines Castor-Transports am 9. November 2010 hacken Unbekannte die Seite www.kernenergie.de

Seine Zeit ist vorbei: Rückbau des Forschungsreaktors Merlin in Jülich

KAPITEL
10

Arbeit für Jahrzehnte, Strahlung für die Ewigkeit

Der Rückbau dauert länger als geplant, kostet mehr als veranschlagt und macht den Irrwitz der Kernspaltung überdeutlich

Alles wie gehabt – von Ferne betrachtet. Am Ortsrand von Obrigheim, wo die Kraftwerkstraße in Richtung Neckarwiesen leicht abfällt, liegt die Reaktorkuppel in der Herbstsonne. Bunt gefärbt sind die Bäume am Gegenhang des Flusses, der sich an den Ausläufern des Odenwaldes entlang schlängelt. Der Parkplatz vor dem Kraftwerk ist gut belegt, und nichts deutet darauf hin, dass das Kraftwerk seit gut zehn Jahren keinen Strom mehr erzeugt.

Selbst vor dem Haupttor von Deutschlands ältestem kommerziellen Druckwasserreaktor wirkt noch alles wie zu Betriebszeiten. Wer sich nähert, macht sofort Bekanntschaft mit dem Werkschutz, wer hinein will, wird mit einem Metalldetektor untersucht. Drinnen herrscht noch immer reges Treiben: 170 Leute der Betreiberfirma EnBW, sowie 150 Mitarbeiter von Fremdfirmen gehen hier täglich ein und aus. Und sie werden das noch einige weitere Jahre tun.

Denn der Rückbau dauert. Und zwar länger als ursprünglich gedacht. Um das Jahr 2025 herum werde man die Arbeiten im atomrechtlichen Rahmen beendet haben, heißt es inzwischen bei EnBW. Zum Zeitpunkt der Stilllegung, im Mai 2005, ging das Unternehmen noch von 2020 aus.

Den Geschäftsführer der EnBW Kernkraft GmbH bringt das nicht aus der Ruhe. Er freut sich, dass es „gut voran" gehe mit dem Rückbau, dass „die Kosten im erwarteten Rahmen" lägen, nämlich „im mittleren dreistelligen Millionenbereich". Präziser will er nicht werden.

Der Manager wirkt, als habe er mit dem politisch erzwungenen Abschied von der Atomenergie seinen Frieden gemacht. Während er über das AKW-Gelände und durch die Hallen führt, verweist er stolz darauf,

Uralttechnik: Rückbau Reaktor Kahl

dass EnBW bereits Aufträge aus dem europäischen Ausland erhalten habe, um dort beim Rückbau von Atomanlagen zu helfen. Man spürt: AKW-Abriss wird ein attraktiver Markt für technisch versierte Unternehmen.

Zu allererst natürlich in Deutschland. Wenn Ende 2022 alle Meiler vom Netz sind, blickt die Republik zurück auf eine Epoche, die 36 Atomkraftwerke hervorbrachte, sowie 46 Forschungsreaktoren (von denen im Herbst 2016 noch sieben in Betrieb sind).

Aber auch im Ausland wächst die Zahl der Ruinen. In Frankreich sind bereits zwölf Meiler abgeschaltet, in Großbritannien sogar 30. Weltweit gibt es im Herbst 2016 schon 157 Reaktoren, die am Ende sind. All die Forschungsreaktoren noch gar nicht mitgezählt. Alle Länder, die früh in die Technik einstiegen, haben längst strahlende Wracks in ihrer Landschaft stehen.

Daher erkennen nicht nur in Deutschland Unternehmen das Geschäftsmodell des Rückbaus. Anfang 2015 gründet der schweizerische Energiekonzern Alpiq die Swiss Decommissioning AG mit Sitz in Olten. Das Unternehmen werde künftig „Gesamtlösungen für den Nachbetrieb und den Rückbau von Kernenergieanlagen sowie für den Strahlenschutz und die Dekontamination" anbieten, heißt es.

Atomkraft als reversibler Prozess?

Natürlich ist der Meiler Obrigheim nicht der einzige in Deutschland, der aktuell zurückgebaut wird. Auch der erste ist er nicht. 16 Meiler befinden sich im Herbst 2016 offiziell im Rückbau. Die nach Fukushima stillgelegten Reaktoren gehören noch nicht dazu, sie haben zu diesem Zeitpunkt noch keine atomrechtliche Rückbaugenehmigung; sie befinden sich – so die offizielle Formulierung – noch im Nachbetrieb.

Unzählige Einzelkomponenten: Aufwändige Zerlegung

Neben dem Betrieb, dem Nachbetrieb und dem Stilllegungsverfahren kennt das Atomrecht den „sicheren Einschluss". In diesem Fall wartet man mit dem Rückbau, um zumindest die kurzlebige Strahlung ein wenig abklingen zu lassen. Jahrzehnte können dabei ins Land gehen. Allerdings steht dieses Verfahren in der Kritik, weil hier nicht gesichert ist, dass es zum Zeitpunkt des Rückbaus noch Techniker gibt, die mit der Anlage ausreichend vertraut sind. Unklar ist zudem, ob die Betreiberfirmen als Verursacher noch greifbar sind und ob sie auch noch ausreichend Geld für den Rückbau haben.

In Biblis hatte Betreiber RWE nach Fukushima kurzzeitig über einen „sicheren Einschluss" nachgedacht, war dann aber auch auf den baldigen Rückbau umgeschwenkt. Der langjährige Einschluss spielt seither in Deutschland kaum noch eine Rolle.

Nur für einzelne Projekte hatten Betreiber und Atomaufsicht in der Vergangenheit dieses Verfahren gewählt. Das Kraftwerk Lingen befand sich lange in einem solchen Zustand, seit Dezember 2015 ist jedoch auch dieser Meiler atomrechtlich im Rückbau. Allein der gescheiterte

Hochtemperaturreaktor THTR-300 in Hamm-Uentrop befindet sich aktuell noch im Stadium „sicherer Einschluss".

Wirklich beseitigt sind in Deutschland erst drei von 36 Reaktoren, nämlich jene in Großwelzheim, Kahl und Niederaichbach. Sie sind, wie es in der Branche heißt, aus dem Atomgesetz entlassen.

Der Reaktor in Niederaichbach in der Nähe von Landshut war der weltweit erste kommerzielle Atommeiler, der komplett demontiert wurde. Das 100-Megawatt-Kraftwerk, von der Firma Siemens zwischen 1966 und 1972 mit Steuergeld errichtet, hatte sich als technischer Flop erwiesen und wurde daher in den Jahren 1987 bis 1995 abgerissen. Damit wurde für fast 280 Millionen Mark beseitigt, was einst für 232 Millionen Mark gebaut worden war. So kostete jede der 15,2 Millionen erzeugten Kilowattstunden mehr als 30 Mark, also mehr als 15 Euro.

Trotz dieses offenkundigen Fiaskos stilisiert die Atomlobby die Anlage zum Musterbeispiel. Sie sei ein Nachweis dafür, „dass die friedliche Nutzung der Kernenergie kein irreversibler Prozess ist". Vor dem Hintergrund von 1600 Tonnen radioaktiven Mülls, die das Projekt hinterlässt, ist das eine bemerkenswerte Formulierung.

Gefragter Dienstleister aus Greifswald

Die meiste Erfahrung im Rückbau haben die Energiewerke Nord (EWN) in Lubmin. Ursprünglich hatte das Unternehmen nur die alten DDR-Atomreaktoren zurückbauen und sich dann selbst auflösen sollen. Für diese Aufgabe wurde die Firma „in stiller Liquidation" geführt, wie es offiziell hieß.

Doch es kam anders. Noch ehe das weltweit größte Rückbauprojekt – fünf Reaktoren in Greifswald-Lubmin, einer in Rheinsberg – sich dem Ende näherte, hatte sich das Unternehmen zu einem gefragten Dienstleister gewandelt. Der Beschluss zur „stillen Liquidation" wurde im Mai 2009 aufgehoben.

Ein neues Geschäftsmodell hatte sich für die bundeseigene Firma aufgetan; sie erhielt plötzlich Anfragen und dann auch Aufträge aus dem In- und Ausland. Vor allem Osteuropa ist interessiert, weil die DDR-Reaktoren allesamt von sowjetischer Bauart sind. Die Erfahrungen mit deren Rückbau gelten im ehemaligen Ostblock als perfekte Referenz. Ob im bulgarischen Kosloduj, im slowakischen Bohunice oder im litauischen Ignalina – die EWN sind beim Rückbau involviert. Ebenso in Tschernobyl, wo 1986 der Block 4 havarierte; dort leisten die Ostdeutschen Unterstützung bei der Stilllegung der Blöcke 1 bis 3. Und das Spektrum reicht noch weiter: Bei der Verschrottung von 120 Atom-U-Booten der russischen Nordmeerflotte in Murmansk, die in den 1990er Jahren außer Dienst gestellt wurden, sind die EWN ebenfalls eingebunden.

Natürlich gibt es auch Aufträge aus dem eigenen Land. Ob es um die Beseitigung der Forschungsreaktoren in Karlsruhe, Jülich und Mün-

Der erste Rückbaukandidat: Reaktor Niederaichbach

Viel Drecksarbeit: Rückbau des Forschungsreaktors Diorit in Würenlingen

So zeigt die Atomwirtschaft den Rückbau gerne: Fernbedientes Arbeiten in Obrigheim

chen geht, um den Rückbau des Kraftwerks Mülheim-Kärlich oder die Zerlegung des Reaktors des Forschungsschiffes „Otto Hahn", die EWN sind überall dabei.

Mit Bandsägen und Plasmaschneidern werden die Atomkolosse zerlegt. Manche Arbeitsschritte müssen zum Schutz vor der Strahlung fernbedient erfolgen, andere geschehen unter Wasser. Es ist viel Drecksarbeit zu erledigen.

Diese wird so schnell nicht ausgehen, denn die meisten Reaktoren kommen erst in Jahren und Jahrzehnten an die Reihe, in Deutschland, in Europa, weltweit. Das ostdeutsche Rückbauunternehmen zeigt sich zuversichtlich, seine 800 Mitarbeiter langfristig halten zu können. Atomkraft als groteske Jobmaschine.

„Ich kann mir nicht vorstellen, dass ein Ausstieg vor 2025 mit Blick auf Klimaziele und volkswirtschaftliche Konsequenzen realistisch ist."

Eon-Chef Johannes Teyssen, Mai 2011

Strahlung, wo keine Strahlung sein darf

Aber es läuft nicht rund mit dem Rückbau in Deutschland. Zeitpläne müssen über den Haufen geworfen werden, weil an unerwarteten Stellen Strahlung entdeckt wird. Bürgerinitiativen machen mobil, weil sie grundsätzliche Fehlentwicklungen beim Abriss der Strahlenmeiler sehen.

Die Atomwirtschaft hatte einst so getan, als sei der Rückbau akribisch planbar. In einer Broschüre des Jahres 2008 („Vom Kernkraftwerk zur ‚Grünen Wiese'") hoffte die Betreiberfirma Eon noch, der 2003 stillgelegte Meiler Stade werde im Jahr 2014 aus der atomrechtlichen Überwachung entlassen. Das ist der Zeitpunkt, von dem an die verbleibenden Gebäudeteile wie jede andere Fabrikhalle behandelt und beseitigt werden können. Doch so weit ist man in Stade noch lange nicht. Im Jahr 2016 nennt Eon sicherheitshalber keinen Zeitplan mehr – zu groß ist das Risiko, ihn abermals zu verfehlen.

Der Grund: Im Sockel des Reaktorgebäudes wurden „unerwartete Kontaminationen" festgestellt, wie Eon mitteilt. Dieser „befundbehaftete Betonbereich" führe dazu, dass „eine Neuaufplanung der Rückbauarbeiten" erfolgen müsse. Entsprechend teuer wird´s: Bei Stilllegung hatte Eon Rückbaukosten von 500 Millionen Euro veranschlagt, inzwischen spricht die Firma von „circa einer Milliarde".

Ähnlich ergeht es den EWN in Lubmin und Rheinsberg. „Als wir im Jahr 1995 begannen, gingen wird davon aus, bis 2010 fertig zu sein", sagt eine Firmensprecherin. Inzwischen ist von 2025 bis 2028 die Rede. Die Kosten für den Rückbau der sechs Blöcke schätzt die Firma im Sommer 2016 auf 6,6 Milliarden Euro, einst wollte man mit der Hälfte auskommen. Vor allem Rheinsberg macht Probleme: „Es gibt Kontaminationen im Boden, wo keine sein dürften", sagt die Sprecherin.

„Die gefährlichsten Abfälle des Atomzeitalters"

Für abenteuerliche Meldungen ist auch die Region Karlsruhe immer wieder gut. 60.000 Liter hochradioaktiver Müll lagern Jahrzehnte lang auf dem Gelände des einstigen Kernforschungszentrums. Es handelt sich um plutoniumverseuchte Salpetersäure, offiziell „High Active Waste Concentrate" (HAWC) genannt. Sie stammt aus der örtlichen Wiederaufarbeitungsanlage WAK.

Karlsruhe hat damit das größte oberirdische Atommülllager der Republik. Von einer „Atomsuppe" schreibt die *Badische Zeitung*, vom „exotischsten radioaktiven Abfall Deutschlands" die *Frankfurter Allgemeine Zeitung*, von „den gefährlichsten Abfällen, die das Atomzeitalter in Deutschland hinterlassen hat" die *Süddeutsche Zeitung*.

Darüber hinaus lagern 65.000 Fässer mit schwach- und mittelaktivem Müll im Karlsruher Zwischenlager. Fast 1700 davon sind beschädigt, wie im Herbst 2014 bekannt wird. Und es beruhigt nicht, dass auch an anderen Orten in Deutschland die Müllfässer rosten, wie der *Norddeutsche Rundfunk* herausfindet: Deutschlandweit gebe es „mindestens 17 Standorte mit leicht oder schwer beschädigten Atommüllfässern".

Besonders brisant sind jedoch die Reste der WAK. 208 Tonnen abgebrannte Brennstäbe waren in den Jahren 1971 bis 1990 in der Karlsruher Anlage verarbeitet worden. Wohin die Abfälle, die auch nach der Behandlung stets Abfälle bleiben, auf Dauer sollen, hatte man sich nicht so recht überlegt. Erst im Jahr 1996 entschied die Bundesregierung, dass der hochgefährliche Strahlenmüll am Standort in einer eigens aufgebauten Verglasungseinrichtung behandelt werden soll.

2009 geht es damit los: Bei 1200 Grad Celsius wird eine homogene Schmelze aus Glas und der Atomsuppe erzeugt. In Edelstahlbehältern, Kokillen genannt, härtet die Masse anschließend aus. Im Jahr 2011 wird die hochradioaktive Fracht nach Lubmin ins Zwischenlager Nord gebracht. Was die Atomlobby „Entsorgung" nennt, ist nur Verarbeitung und Umverteilung.

Die Kokillen sind nur ein Teil der Karlsruher Altlasten, mit denen sich rund 1000 Mitarbeiter am Standort beschäftigen. Neben der WAK müssen auf dem Gelände im Badischen (inzwischen als Teil des Karlsruher Institutes für Technologie „Campus Nord" genannt) auch der Schnelle Brüter und der Mehrzweckreaktor abgerissen werden. Das alles wird dauern. Womöglich werden die Karlsruher Reaktoren sogar die letzten sein, die in Deutschland verschwinden: „Frühestens im Jahr 2063 wird auf allen Standorten kerntechnischer Anlagen auf dem Campus Nord wieder Gras wachsen", prophezeit im Juli 2014 die *Frankfurter Allgemeine Zeitung*. Bis dahin werden noch Milliarden von Euro fällig. Es zahlt, wie üblich: der Staat. Zumal es Forschungsanlagen waren.

Die Freimessung: Von der Atom- zur Kartoffelsuppe

Zurück nach Obrigheim. Dort führt der EnBW-Manager durch die sogenannte Freimessanlage. Das ist jene Halle, in der alle Teile, die das Gelände verlassen auf Strahlung untersucht werden. Liegen die Wer-

Freimessung: eine verantwortbare Praxis?

Demontage von Turbinenteilen in Greifswald-Lubmin

Abbruch des Turbinentisches in Rheinsberg, Ende 1990er Jahre

10. Arbeit für Jahrzehnte, Strahlung für die Ewigkeit

te unterhalb der zulässigen Grenzwerte, gelten sie als „frei gemessen". Wenn nicht, werden sie nochmals gereinigt. Hilft das nicht, kommen sie auf eine Deponie.

Bürgerinitiativen kritisieren das Verfahren schon vom Grundsatz her. Bleiben die Werte nämlich unterhalb definierter Grenzen, dürfen die Baustoffe – Stahl und Beton etwa – andernorts wiederverwendet werden. Freimessung bedeute, dass große Mengen an radioaktiv belasteten Materialien ungebremst und unkontrolliert in den Wertstoffkreislauf gelangen, klagen Kritiker. In Neckarwestheim demonstrieren Bürger mit Kochtöpfen, die künftig, so ihre Angst, aus altem Reaktorstahl hergestellt werden könnten: „Früher Atom- jetzt Kartoffelsuppe."

Außerdem beklagen Bürger an den Standorten eine mangelnde Beteiligung der Öffentlichkeit beim Rückbau. Denn lediglich bei der ersten Stilllegungs- und Abbaugenehmigung wird die Zivilgesellschaft gehört. Die Initiativen fordern eine Beteiligung der Öffentlichkeit auch bei jeder weiteren Abbaugenehmigung, stoßen damit aber in der Politik auf wenig Unterstützung.

Spricht man mit den Initiativen, die sich teilweise den sehr passenden Namen AtomErbe gegeben haben, so stellt man schnell fest: Die Bürger haben kein Vertrauen mehr in die Branche der Kernspalter. Jahrzehnte lang hatten sie das Gefühl, an der Nase herumgeführt zu werden – vorsichtig formuliert. Entsprechend schwer fällt es vielen Bürgern nun, im Rückbau plötzlich an die Redlichkeit der Akteure zu glauben. Zumal die betreffenden Unternehmen sehr kreativ sind im Bestreben, sich aus der finanziellen Verantwortung für ihre Altlasten zu stehlen.

Atomstahl: Wohin gelangt er?

Und wer bezahlt die Altlasten?

Zwar haben die vier deutschen Atomkonzerne – Stand Ende 2015 – rund 40 Milliarden Euro an Rückstellungen gebildet für Rückbau und Endlagerung. Doch zunehmend stellt sich die Frage, ob das Geld reichen wird. Und wenn es nicht reicht, was dann?

Intensiver denn je kommt im Jahr 2015 die gesellschaftliche Debatte darüber in Gang. „Die Ewigkeitskosten der Atomkraft lassen bald die Energieriesen straucheln", fürchtet im Mai 2015 die *Frankfurter Allgemeine Zeitung*.

An gleich drei Stellen ist die Finanzierung kritisch. Zum einen ist nicht klar, ob die kalkulierten Summen ausreichen werden. Zum zweiten verfügen die Firmen nicht über insolvenzsichere Rücklagen, sondern lediglich über bilanzielle Rückstellungen. Das heißt: Geht ein AKW-Betreiber Konkurs, ist kein Geld für Abriss und Endlagerung mehr da.

Und drittens sind Betreiber der Reaktoren nicht die Eon AG oder die EnBW AG, sondern Firmen wie die Eon Kernkraft GmbH und die EnBW Kernkraft GmbH. Sie sind es folglich auch, die für die Endlagerung aufkommen müssen, nicht die Mutterkonzerne.

Nun könnten bei einer solchen Konstruktion die Kernkraft-Töchter unter den Langzeitkosten kollabieren, während die Mütter unbehelligt blieben, die Jahrzehnte lang gut an den Reaktoren verdient haben. Um das auszuschließen, rang die Bundesregierung den Konzernen im Rahmen des Atomausstiegs im Jahr 2000 sogenannte „Patronatserklärungen", beziehungsweise Gewinnabführungs- und Beherrschungsverträge ab. Auf deren Grundlage haften die Mütter für ihre Töchter. Doch das wird nicht so bleiben: Ab April 2022 können die Konzernmütter diese Verträge aufkündigen. Es liegt nahe, dass sie es tun werden.

Aufgrund dieser vielfältigen Risiken erkennt schließlich auch die Bundesregierung Handlungsbedarf. Zumal im Jahr 2015 die führende deutsche Energierechtskanzlei Becker Büttner Held zu dem Ergebnis kommt, es bestünden „auf Basis der gegenwärtigen Rechtslage Risiken faktischer und rechtlicher Art, dass die durch die Betreibergesellschaften getroffene finanzielle Vorsorge im Kernenergiebereich nicht ausreicht".

Wirtschaftsminister Sigmar Gabriel (SPD) lanciert daraufhin einen „Stresstest", der ermitteln soll, wie sicher die Finanzierung von Rückbau und Endlagerung tatsächlich ist. Autor ist die Düsseldorfer Wirtschaftsprüfergesellschaft Warth & Klein Grant Thornton, ihr Gutachten liegt im Oktober 2015 vor. Es beziffert den Finanzbedarf für Rückbau und Endlagerung auf 29,9 bis 77,4 Milliarden Euro. Die Rückstellungen von 40 Milliarden könnten also möglicherweise zu knapp kalkuliert sein. Die Gutachter sehen das gleichwohl nicht als Problem an, weil der größte Teil der Kosten erst in vielen Jahren fällig werde, und sich bis dahin die Vermögenswerte der Konzerne ja noch verzinsten.

Innerhalb der großen Spanne gehen die Gutachter von einem wahrscheinlichsten Kostenszenario um 47,5 Milliarden Euro aus. Davon entfallen 19,7 Milliarden auf Stilllegung und Rückbau, 5,8 Milliarden auf die Zwischenlagerung, 3,8 Milliarden auf das Endlager Schacht Konrad, 8,3 Milliarden auf ein bislang undefiniertes Endlager für hochradioaktive Abfälle, sowie 9,9 Milliarden auf Behälter, Transporte und Betriebsabfälle.

Atomerbe: Neue Initiativen an den AKW-Standorten

Um die Aussagekraft der so präzise klingenden Zahlen einordnen zu können, muss man eines wissen: Das Papier betrachtet den Zeitraum bis zum Jahr 2099 – viel zu lang für seriöse Berechnungen, viel zu kurz andererseits, um der nötigen Lagerzeit des Strahlenmülls gerecht zu werden. Weil die langfristigen Kosten des Atomabenteuers also grundsätzlich nicht zu berechnen sind, flüchtet man sich in Zahlenspiele von zweifelhafter Relevanz.

Dennoch schließt das Bundeswirtschaftsministerium aus dem Gutachten, die deutschen Atomkonzerne seien in der Lage, die Kosten des Rückbaus und der Endlagerung zu tragen. Faktisch jedoch folgt die Interpretation schlicht politischer Räson – eine schonungslose Analyse von Unternehmensrisiken ist das Gutachten nicht, und durfte es auch gar nicht werden.

Aus einfachem Grund: Man stelle sich vor, das Gutachten hätte – korrekterweise – ergeben, die AKW-Firmen seien heillos überfordert mit den langfristigen Kosten ihres Strahlenmülls. Dann hätten die börsennotierten Unternehmen einen massiven Kurs- und damit Wertverlust erfahren, ihre Restbonität wäre dahingeschmolzen. Die ohnehin geschwächten Firmen wären vollends in Straucheln geraten. In der Ökonomie gibt es eben Prognosen, die sich selbst erfüllen können; diese wäre eine solche geworden.

Flucht aus der Verantwortung - der Volkssport der Atombranche

Natürlich wissen die Firmen selbst am besten, dass die volle Übernahme aller anfallenden Endlagerkosten sie zwangsläufig in den Untergang treiben würde. Und so versuchen sie, als am Ausstieg nicht mehr zu rütteln ist, sich aus der Verantwortung zu stehlen.

Drastisch zeigt das die Firma Eon, deren Chef Johannes Teyssen im Dezember 2014 einen radikalen Konzernumbau ankündigt: Eon werde sich künftig auf „Erneuerbare Energien, Energienetze und Kundenlösungen" konzentrieren. Die Stromerzeugung aus Kohle und Atom werde in eine neue Firma mit Namen Uniper übergehen, die komplett aus dem Eon-Konzern ausgegliedert werden soll.

Damit sollen in einer Firma die Geschäftsmodelle mit Zukunft, in der anderen jene der Vergangenheit zusammengefasst werden. So will Eon an den unternehmerischen Chancen der erneuerbaren Energien teilhaben, dieses Zukunftsgeschäft jedoch nicht der Gefahr aussetzen, eines Tages durch die Altlasten mit in die Tiefe gerissen zu werden.

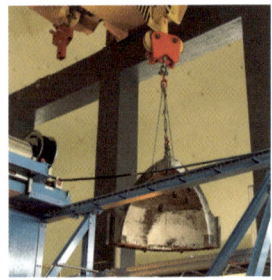

Obrigheim: Zersägter Deckel des Reaktordruckbehälters

Geht Uniper dann eines Tages den Bach hinunter, ist Eon längst außen vor. Weil der Atommüll aber weiterhin strahlt, und damit weiterhin Kosten der Endlagerung anfallen, wird logischerweise der Staat einspringen müssen. Es gibt ja sonst niemanden mehr.

So ist das Drücken vor finanzieller Verantwortung ab 2011 zum Volkssport der Atombranche geworden. Die bisherige Rechtslage ermöglicht das: Eine Firma muss, wenn sie die Reaktoren an ein neues Unternehmen überträgt, nur für eine Nachhaftungsphase von fünf Jahren für die Kosten des Atommülls gerade stehen – eine Einladung an die Konzerne, aus der Verantwortung zu fliehen.

Um die offenkundige Flucht Eons zu stoppen, präsentiert Wirtschaftsminister Gabriel im Herbst 2015 den Entwurf eines Nachhaftungsgesetzes – Eon kapituliert sofort. Die Atomkraftwerke des Unternehmens sollen nun doch bei Eon verbleiben.

Damit beginnt allerdings der nächste Taschenspielertrick, denn Eon hält weiterhin an der Aufspaltung in zwei Unternehmen fest. Denn das eröffnet dem Konzern weiterhin Fluchtmöglichkeiten. Wenn Eon sich schon nicht direkt der Atomkosten entledigen kann, könnte es andersherum klappen: Man baut eine Parallelfirma auf, die Teile von Eon übernimmt und lässt den Atomkonzern auf diese Weise lang-

Zerlegung eines Dampferzeugers

Sortiert nach Material und Strahlung: Reststoff in der Freimessstation

sam ausbluten. Schon bleibt die Endlagerung wieder beim Steuerzahler hängen.

Ähnlich taktiert der Atomstromer RWE. Ihre neu aufgestellte Tochter mit Namen Innogy soll knapp 40.000 der 60.000 Beschäftigten des Konzerns übernehmen. Der alten AG bleibt die alte Kraftwerkstechnik, dazu zählen neben der Kernspaltung auch die fossilen Energien. Die neue Firma macht künftig unbeschwert die Geschäfte der Zukunft, abseits aller atomaren Altlasten.

Eon-Dividende: „Zechprellerei zu Lasten der Allgemeinheit"

Die Öffentlichkeit hat das Spiel schnell durchschaut. Das Bundeswirtschaftsministerium, entsprechend unter Druck, beruft im Herbst 2015 eine 19-köpfige Atomkommission ein. Ihr voller Name: „Kommission zur Überprüfung der Finanzierung des Kernenergieausstiegs (KFK)". Ein skurriler Name. Denn die Kosten der Atommüllverwahrung sind nicht Folge des Atomausstiegs, sondern des Atomeinstiegs. Aber auch mit Namen wird bekanntlich Politik gemacht.

Das Gremium soll, so der offizielle Auftrag, sicherstellen, dass für den Abriss der Reaktoren und die Endlagerung des Atommülls auch langfristig ausreichend Geld zur Verfügung steht. Faktisch bereitet das Gremium jedoch den Boden für den Einstieg des Staates in die Haftung. Bei allem bleibt das alte Problem: Es geht um eine sehr lange Zeitspanne.

Der Abschlussbericht, im April 2016 vorgestellt, schlägt vor, dass die Konzerne 23,34 Milliarden Euro in einen staatlichen Fonds überweisen, der die Lagerung des Atommülls bezahlt. Mit dieser einmaligen Zahlung kaufen sie sich von den steigenden Kosten der Atommüllverwahrung frei. Lediglich für den Rückbau der Reaktoren sollen die Betreiber noch selbst aufkommen; für diesen Zweck belässt man ihnen den Rest der rund 40 Milliarden Euro an Rückstellungen.

Der Bericht der KFK ist überraschend ehrlich: Durch die „Enthaftung bei den Endlagern" hätten die betroffenen Firmen „einen ökonomischen Vorteil in der Bewertung ihrer Unternehmen und beim Zugang zu den Finanzmärkten".

Kurz gesagt: Der Staat kommt für die Schäden eines Geschäftes auf, das Aktionären jahrelang Dividenden in Milliardenhöhe brachte. Alleine RWE und Eon schütteten seit der Jahrtausendwende fast 50 Milliarden Euro an ihre Anleger aus – rückblickend Profit auf Kosten der Allgemeinheit.

Und das Spiel geht weiter. Im Juni 2016 – längst deutet sich an, dass der Staat den Atomkonzernen unter die Arme greifen will – beschließt Eon abermals ungeniert die Ausschüttung von rund einer Milliarde Euro Dividende an seine Aktionäre. „Zechprellerei zu Lasten der Allgemeinheit" nennt das die Anti-Atom-Organisation ausgestrahlt.

Ausgabe vom 19. Mai 2014

Atomzeitalter? Oder eher „Epoche des Wahnsinns"?

Bleibt ein Blick nach vorne. In Deutschland könnte die Atomkraft in der zweiten Hälfte dieses Jahrhunderts so weit abgewickelt sein, dass als Ewigkeitsaufgabe „nur" noch die sichere Verwahrung der strahlenden Abfälle verbleibt. Die Prognose, dass dann alleine der Staat noch dafür bezahlen wird, liegt auf der Hand. So war sie immer, die Atomkraft - ein Geschäft zu Lasten Dritter, nämlich der nachfolgenden Generationen.

Die Hinterlassenschaften einer Epoche, die in Deutschland keine hundert Jahre währte, werden die Menschheit noch über Tausende von Generationen begleiten. Und niemand weiß, wie man sicherstellen will, dass diese Abfälle auch in zukünftigen Kulturen noch angemessen verwahrt und bewacht werden. Eine schwere Hypothek.

Im Rückblick wird man diese Ära vielleicht nüchtern „das Atomzeitalter" nennen. Denkbar ist aber auch, dass die Geschichtsschreibung einen deftigeren Ausdruck finden wird. Angemessen wäre: „Epoche des Wahnsinns".

Ikonen der Atomgeschichte: Unrühmlicher Weltrekord: das älteste AKW der Welt steht in der Schweiz

STICHWORTE

Aachen	12
ABB	38
AEG	11, 22, 26
Ahaus	187
Albrecht, Ernst	154
Alkem	69 ff.
Almelo	65
Alpiq	256
Amt für Kernforschung und Kerntechnik (DDR)	17
Areva	55, 76, 248
Asse	182 f.
Atom-Ei	17
Atomautos	21
Atomdorf	69
Atomium	11
Atomkeller	11
Atommotoren	12
Atoms for Peace	7 f.
Atomstopp atomkraftfrei leben	232
Atomsuppe	260
Aue	48
Ausgestrahlt	187 f.
AVR	22, 38
Axpo	243, 247
Babcock & Wilcox	22
Baby-Reaktoren	13
Baden-Baden	60
Badenwerk	41
Badisch-Elsässische Bürgerinitiativen	92
Bayernwerk	26
Basel	9
BASF	33
Bäuerliche Notgemeinschaft	178
Bechert, Karl	82 f.
Bayer	11
Beleites, Michae	147
Benken	193
Bernstorff, Andreas Graf von	173
Berlin-Wannsee	17
Beznau	35, 38, 209, 243
Biblis	32, 206
Boveri, Walter	9
Breisach	87 f.
Brennelementesteuer	234
Brokdorf	123 ff.
Brown, Boveri & Cie (BBC)	9, 22, 41
Brunsbüttel	27, 34, 45
Buchholz, Udo	66 f.
Bühlskopf	64
Bundesamt für Strahlenschutz	209
Bundesamt für Zivilschutz	209
Bundesministerium für Atomfragen	12
Bundesverband Bürgerinitiativen Umweltschutz (BBU)	66, 88
Calder Hall	22, 26
Capenhurst	65
Cäsium	197
Chalk River Laboratories	13
Creys-Malville	137
Cuxhaven	34, 206
Dahlen	221
Däniken	32
David gegen Goliath	203
Degussa	69
Demokratisierung der Stromerzeugung	228
Deutsche Atomkommission	13, 22
Deutsche Gesellschaft für Wiederaufarbeitung von Kernbrennstoffen	36, 83, 154 ff.
Deutsches Atomforum	23, 233
Die Grünen	135 f.
Dido	19
Diorit	9
Doel	77
Dornier System	34
Döttingen	38
Dragahn	159 ff.
Dresden-Rossendorf	17
EBR	17,14
EDF	248
Eggenstein-Leopoldshafen	40
Ehmke, Wolfgang	170
Eidgenössisches Institut für Reaktorforschung	14
Eisenhower, Dwight D.	7 f.
Elektrizitätswerke Schönau	200, 230
Ellweiler	64
Eltviller Programm	20, 22
Emsland	36
Energiewerke Nord	257 ff.
Enrichment Technology	66
Escher Wyss	9
ETH Zürich	9
Ethikkommission	240
Euratom	20, 232
Expertengruppe Energieszenarien	206
Exxon	76
Fessenheim	77
Fichenskandal	108
Filbinger, Hans	95 ff
Fischer, Joschka	75
Flamanville	248
Forsmark	45
FR	217, 19
Framatome	231
Friedrichstal	83
Fritzen, Marianne	167 ff.
Fukushima	237
Garching	12, 16 f., 40
Gaszentrifugen	65
Geesthacht	17, 32
General Atomics	20, 25 f.
General Dynamics	25
General Electric	26

268

Genfer Atomkonferenz	9	Kiel	19
Gera	47	Knobloch, Wilhelm	83
Gernsbach	58, 60	Kohl, Helmut	39, 201, 225
Gerstheim	118	Kommission zur Überprüfung der Finanzierung des Kernenergieausstiegs	266
Gesellschaft für Kernenergieverwertung in Schiffbau und Schiffahrt	19, 209	Kontrollratsgesetze	9, 12
Gesellschaft für Reaktorsicherheit	209, 221	Konvoi-Reaktoren	36
		Kraftwerk-Union (KWU)	28, 30, 36, 38
Gewerkschaft Brunhilde	59, 64	Kreisky, Bruno	139
GKSS	19	Krümmel	45, 238
Godesberger Programm	26	Krupp	11, 22
Gorleben	152 ff.	Kugelhaufenreaktor	38
Gösgen	38, 43, 209, 243		
Göttinger Erklärung	20	La Hague	252
Graben	114, 209	Langendorf	34
Greifswald	33, 214 ff., 257 ff.	Leibstadt	24, 38, 243
Gries, Werner	34	Leinen, Jo	130
Grohnde	131 ff.	Leopoldshafen	12, 85
Großschloppen	60	Leuna	39
Großwelzheim	26, 40, 257	Leuschner, Bruno	33
Gronau	65 ff., 240	Leuthard, Doris	243
Gründler, Hartmut	117	Lichtenhorst/Lichtenmoor	154
Gundremmingen	27 f., 32, 36, 40	Lingen	22, 28, 32, 36, 76, 240
		Linkenheim	83
Hahn, Otto	20	Liquidatoren	203
Hahn-Meitner-Institut	17	Lubmin	33
Haigerloch	11	Lucens	14 f.
Hamburger Kessel	131	Ludwigshafen	33
Hamm	38	Lund, Anne	112
Hanau	68 ff.	Lutterloh	154
Harms, Rebecca	170 ff.		
Harrisburg	41, 156	Maas, Josef („Bauer Maas")	141 ff.
Heisenberg, Werner	11 f., 17, 20	Mähring	60
Heiteren	121	Maier-Leibnitz, Heinz	20
Heitersheim	67	Maihofer, Werner	31
Helgoland	34	Mainz	19
Helmholtz Zentrum Berlin	17	Manstein, Bodo	82 f.
Hinkley Point	252	Marne	34
Hiroshima	47	Matthöfer, Hans	72
Hochtemperaturreaktor	26	Max-Planck-Gesellschaft	11 f.
Hobeg	69	Majak	14
Hoechst	11, 20, 23, 38	Meißenheim	117
HTR-Modul	38	Meissner-Blau, Freda	136 f.
		Menzenschwand	58 ff.
IAEO	20	Merkel, Angela	231, 238
Ines	13	Merlin	19 ff., 254
Interatom	22, 26, 38	Mitterteich	187
Inwil	114, 209	Mol	64, 76
IPPNW	205, 214, 244	Möller, Horst	85
Isar	36, 43	Morsleben	181
		Mox-Brennelemente	69, 76
Johanngeorgenstadt	48	Mühleberg	38, 209, 243
Jülich	11, 16, 19, 34, 66	Mülheim-Kärlich	39, 41
Jungk, Robert	130	Müllenbach	60
Kahl	26, 45, 257	Nagra	193
Kaiseraugst	102 ff.	Neckarwestheim	36, 42, 206
Kalkar	30, 141 ff.	Neues Forum	217
Kampfbund gegen Atomschäden	82	Niederaichbach	22, 257
		Niederamt	243
Karlstein	26, 40	Nordostschweizerische Kraftwerke (NOK)	38
Karlsruhe	12, 14, 19		
Kernkraftwerk Süd	87 ff.	Nukem	69 ff.
Kerntechnische Gesellschaft	241, 247		

269

Nukleares Entsorgungszentrum	154
Nullenergiereaktoren	19
Nürnberger Parteitag	203
Obninsk	26
Obrigheim	28, 32, 41 f., 228, 255
Oldenswort	152
Olkiluoto	248
Opel Beznau	243, 246
Österreichische Studiengesellschaft für Kernenergie	19
Paitzdorf	51
Pariser Verträge	12
Pechblende	54
Pfaffenhofen	206
Pfaueninsel	33
Pflugbeil, Sebastian	54, 198, 213 ff.
Philippsburg	32, 44
Physikalisch-Technische Bundesanstalt	209
Physikalische Studiengesellschaft	11
Pleinting	206
Plutoniumwirtschaft	28
Poppenreuth	60
Prypjat	205
Radkau, Joachim	14, 85
Reaktor AG	9, 14
Reaktor-Brennelement-Union	69, 76
Reaktorstation	11 ff., 83 ff.
Rehling	206
Republik Freies Wendland	173 ff.
Reutlingen-Mittelstadt	117, 206
Rheinsberg	33, 214 ff., 257
Riesenhuber, Heinz	38, 65, 209
Römische Verträge	20
Rosenheim	206
Ronneburg	55
Rüthi	114, 209
RWE	26, 28, 39
Saarberg-Interplan	60
SAAS	56, 218
Salinas	178
Saphir	9
Sarkophag	203
Schacht Konrad	185
Schenkenzell-Wittichen	59
Scherrer, Paul	9
Schlema	49
Schneeberg	48
Schneeberger Krankheit	48
Schnelle Nullenergie-Anordnung	19
Schneller Brüter	28 f., 141 ff.
Schönau	200
Schuierer, Hans	151 ff.
Schwandorf	59, 151 ff.
Schweizerische Energie-Stiftung	243
Schwörstadt	117
Seibersdorf	18 f,
Sellafield	14, 26, 252
Siemens	19, 22, 26, 76, 221
Siemens-Schuckert	11

St. Pantaleon	136, 140
Stade	28, 34, 228
Stendal	33, 216, 219 ff.
Strohm, Holger	79 f.
Strahlenschutzkommission	13
Strauß, Franz Josef	12 ff, 157 ff.
Stresstest	244
Stromeinspeisungsgesetz	209
Stromzahlungsboykott	121
Studienkommission für Atomenergie (CH)	9
Studienkommission für Kernenergie(D)	11
Sulzer	9, 38
Tails	67
Thorium-Hochtemperaturreaktor, THTR	38, 129 ff., 257
Töpfer, Klaus	76, 206 f., 240
Tihange	77
Transnuklear	68, 75
Traube, Klaus	25 ff. , 218
Tricastin	65
Trittin, Jürgen	44, 228
Tschernobyl	197 ff.
Uentrop	38 f., 43, 257
Uran	46 ff.
Urananreicherung	65
Uranhexafluorid	63, 65, 75
Uranoxidpellets	71
Urenco	65 ff.
Vahnum	143, 206
VAK	26
Verbois	114, 209
Vertrag von Almelo	65
Wackersdorf	151 ff.
Wahn	154
WAK	260
Wallmann, Walter	75, 203
Wangershausen	159
Weisweil	90
Weizsäcker, Carl Friedrich von	20
Wellenberg	193
Weltbund zum Schutze des Lebens	23, 82, 117
Westinghouse	26, 38
WHO	204
Wien	20
Windscale	14, 26
Wise	62
Wismut	46 ff.
World Nuclear Industry Status Report	250
Würenlingen	9
Würgassen	28, 85 f.
Wüstenhagen, Hans-Helmut	88
Wyhl	88 ff.
WWER	221
Yellow Cake	50, 64, 75
Zentralinstitut für Kernphysik	17
Zwangsarbeiter	48

BILDNACHWEIS

Vorwort:
4: ausgestrahlt

Kapitel 1:
6: Forschungszentrum Karlsruhe; 7: United States Department of Energy; 8 o l, o r: IAEO; 8 u: United States Department of Energy; 9 u: ETH; 10 o, u l: IAEO; 10 u r, 11 o: Archiv Janzing; 11 u: National Archives Washington; 12: Archiv Janzing; 13: CSU; 15 o l, u: Ensi; 15 o r: ETH; 16 o: Archiv Janzing; 16 u: Forschungszentrum Jülich; 19 o: Archiv Janzing; 19 u: Bundesarchiv; 20: MLZ Garching; 21: Archiv Janzing

Kapitel 2:
24: ETH; 25: dpa; 26: IAEO; 27 (2x): Archiv Janzing; 28: Areva; 31: BBU; 33: Archiv Janzing; 36: Ensi; 37 (2x): ETH; 38: Stefan Kühn; 39: Jan Oelker; 41, 42: EnBW; 43 o l: Eon; 43 o r: ETH; 43 u: KK Gösgen

Kapitel 3:
46: Wismut; 47: Bundesarchiv; 49 (3x): Wismut; 50: Günter Zint; 51: Jan Oelker; 52 o l, o r: Günter Zint; 52 u: Wismut; 53 o: Frank; 53 m: Archiv Janzing; 53 u: Géry; 54: Günter Zint; 55 o: Wismut; 55 u: Günter Zint; 56: Wismut; 58 (2x): Günter Zint; 59: BBU; 61 (3x): Peter Diehl; 63 (2x): Robin Wood; 64: Archiv Janzing; 65 o: BBU; 65 u: privat; 66: BBU; 68 o: IUH; 68 u: dpa; 69 o: privat; 69 u: Archiv Janzing; 71 o: Areva; 71 u: Günter Zint; 74 o l: Areva; 74 o r: GNS; 74 u: ausgestrahlt; 76: Haus der Geschichte

Kapitel 4:
78: Meinrad Schwörer; 79: privat; 83: Babette Schulz; 85: Archiv Janzing; 86: Archiv Badisch-Elsässische BI; 89 o: Meinrad Schwörer; 89 u: Archiv Badisch-Elsässische BI; 91 (2x), 93, 94 (2x): Meinrad Schwörer; 95 u: Edgar Albietz; 97, 99, 101: Meinrad Schwörer; 102: Günter Zint; 103: (2x) Meinrad Schwörer; 104 (2x): Fotolib Fotografen-Kollektiv; 105: ETH; 106 o: privat; 106 u: ETH; 107 o: Fotolib Fotografen-Kollektiv; 107 u: Archiv Janzing; 108: ETH; 109 (2x): Fotolib Fotografen-Kollektiv; 111 (2x): Günter Zint; 112: Archiv Janzing; 115 (2x), 116, 117 (2x): Günter Zint; 118: Archiv Janzing; 119 (2x), 120 (2x): Günter Zint; 121: Janzing; 125, 126 (2x), 128 (2x): Günter Zint; 129 ff: Daumenkino: Archiv Janzing; 132 (2x) Günter Zint; 136 o: Archiv Peter Weish; 136 u: Manfred Werner; 138 (2x): Archiv Peter Weish; 139 u: SPÖ; 142 (2x): Günter Zint; 143 u: Archiv van Dick; 144 (2x), 145, 146 o: Günter Zint; 146 u: Archiv Janzing; 147 u: Günter Zint; 148: BMU

Kapitel 5:
150: Günter Zint; 151: Janzing; 152: Bundesarchiv 153 (2x): Archiv Wolfgang Ehmke; 154: dpa; 155 (3x), 156: Günter Zint; 157: Archiv Wolfgang Nowak; 158 o l: Günter Zint; 158 o r, u, 159, 160, 161, 162 (2x), 163: Archiv Wolfgang Nowak; 164 (2x): Günter Zint; 165 (2x), 166 (2x): Archiv Wolfgang Nowakak; 167: Günter Zint; 168: Archiv Wolfgang Ehmke; 169 (2x): Archiv Wolfgang Nowak; 170: Archiv Wolfgang Ehmke; 171: Markus Wächter; 172 (2x), 173, 174 (2x), 176 (2x), 177, 178 o: Günter Zint; 178 u: Salinas; 179 (2x), 180: Günter Zint; 181: GNS; 182: Archiv Janzing; 183: Günter Zint; 184 (2x): Jan Oelker; 185: BfS; 186 (2x): Günter Zint; 187: Archiv Janzing; 188 o: Jan Oelker; 188 u: GNS; 190: Greenpeace; 192 o: BfS; 192 u: Edi Gysin; 193: ETH; 194 (2x): Greenpeace; 187: Biss Braunschweig

Kapitel 6:
196, 197: Archiv Janzing; 199 u: Ensi; 200: Archiv Sladek; 202 o: Archiv Janzing; 202 u: Zentrum Oekumene, Frankfurt; 204: Jan Oelker; 205 o: Taras; 205 u: Zentrum Oekumene, Frankfurt; 208 o: privat; 208 u: Porter; 210: Janzing; 211: BFS (Karte), dpa

Kapitel 7:
212: Günter Zint; 213: Nuclear free future award; 214 u: Janzing; 215 o: VEB Bruno Leuschner; 215 u: EWN; 216 (2x), 217, 219 (2x): Günter Zint; 221: Günter Zint; 222 o: EWN; 222 u: Archiv KKW Stendal; 223: Stasi-Mediathek

Kapitel 8:
224: Greenpeace; 226: Wacker; 228: Biss Braunschweig; 229 (2x): Günter Zint; 230 o: ausgestrahlt; 230 u: EWS; 232 l: atomkraftfrei leben; 232 r: Plattform gegen Atomgefahren

Kapitel 9:
236: IAEO; 238, 239 o: Archiv Janzing; 239 u: dpa; 240: Greenpeace; 241: EnBW; 242 o: Tepco; 242 u: Safecast; 243: Greenpeace; 244: Janzing; 245 o: Jens Gyarmaty; 245 u: IAEO; 246 o: Allianz Atomausstieg; 246 u: Patrick Bussmann; 248: Areva; 251: BUND

Kapitel 10:
254 [M]: FZ Jülich; 255: Archiv Janzing; 256: EWN; 257: Archiv Janzing; 258 o: Ensi; 258 u, 260: EnBW; 261 (2x): EWN; 262: BUND; 264: EnBW; 265 (2x): EWN

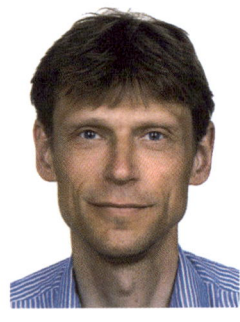

Bernward Janzing (1965) arbeitet als freier Journalist und Buchautor in Freiburg. Er studierte Geographie, Geologie und Biologie in Freiburg und Glasgow (M.A.). Janzing berichtet über Themen aus Energiewirtschaft und -technik, seine Artikel erscheinen unter anderem in *Spiegel, Zeit*, diversen Tageszeitungen und Fachmagazinen.

Recherche und Analyse von Fakten waren Janzing schon früh wichtig: Als Ende April 1986 absehbar wurde, dass die Strahlenwolke aus Tschernobyl auch Deutschland erreichen würde, organisierte der damals 21-Jährige in seiner Heimatstadt Furtwangen Strahlenmessungen. So konnte er verfolgen, wie am 30. April die radioaktive Wolke aus der Ukraine den Schwarzwald erreichte.

Den Anstieg der Umweltradioaktivität in den Mittagsstunden jenes Mittwochs war so deutlich, dass die Lokalzeitung seine Messkurve in der folgenden Ausgabe publizierte. Die Daten zählten zu den ersten, die in jenen Tagen öffentlich wurden. Obwohl es nur ein einfaches Messgerät war – für 549 Mark beim Kosmos Verlag zu erwerben – deckte sich die Messkurve gut mit den Werten, die später das Bundesamt für Zivilschutz vom Schauinsland im Schwarzwald vorlegte.

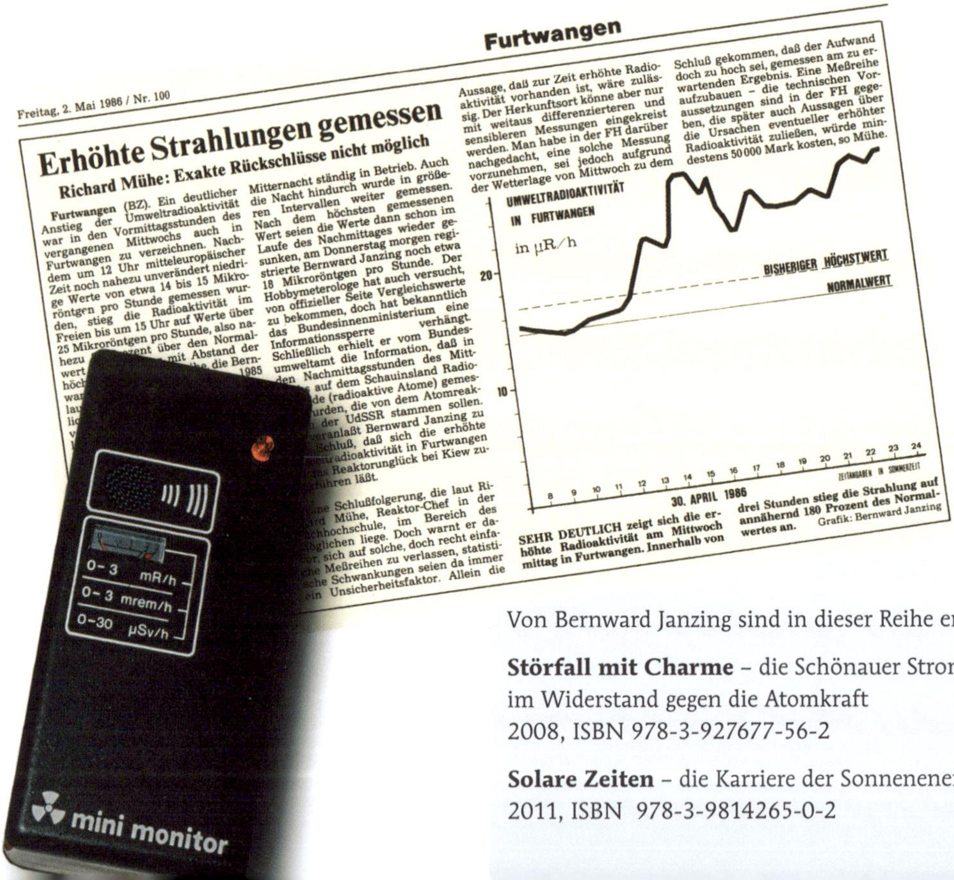
Freitag, 2. Mai 1986 / Nr. 100 — Furtwangen

Erhöhte Strahlungen gemessen

Richard Mühe: Exakte Rückschlüsse nicht möglich

Furtwangen (BZ). Ein deutlicher Anstieg der Umweltradioaktivität war in den Vormittagsstunden des vergangenen Mittwochs auch in Furtwangen zu verzeichnen. Nachdem um 12 Uhr mitteleuropäischer Zeit noch nahezu unverändert niedrige Werte von etwa 14 bis 15 Mikroröntgen pro Stunde gemessen wurden, stieg die Radioaktivität im Freien bis um 15 Uhr auf Werte über 25 Mikroröntgen pro Stunde, also nahezu […]zent über den Normalwert […] mit Abstand der höch[…] die Bern- […] 1985 […]

Mitternacht ständig in Betrieb. Auch die Nacht hindurch wurde in größeren Intervallen weiter gemessen. Nach dem höchsten gemessenen Wert seien die Werte dann schon im Laufe des Nachmittages wieder gesunken, am Donnerstag morgen registrierte Bernward Janzing noch etwa 18 Mikroröntgen pro Stunde. Der Hobbymeterologe hat auch versucht, von offizieller Seite Vergleichswerte zu bekommen, doch hat bekanntlich das Bundesinnenministerium eine Informationssperre verhängt. Schließlich erhielt er vom Bundesumweltamt die Information, daß in den Nachmittagsstunden des Mittwochs auf dem Schauinsland Radio[…] (radioaktive Atome) gemessen [w]urden, die von dem Atomreak[tor in] der UdSSR stammen sollen. […]veranlaßt Bernward Janzing zu [dem] Schluß, daß sich die erhöhte [Umwelt]radioaktivität in Furtwangen [auf d]as Reaktorunglück bei Kiew zu[rück]führen läßt.

[…] Schlußfolgerung, die laut Ri[cha]rd Mühe, Reaktor-Chef in der [Fa]chhochschule, im Bereich des [M]öglichen liege. Doch warnt er davor, sich auf solche, doch recht einfache Meßreihen zu verlassen, statistische Schwankungen seien da immer […] ein Unsicherheitsfaktor. Allein die Aussage, daß zur Zeit erhöhte Radioaktivität vorhanden ist, wäre zulässig. Der Herkunftsort könne aber nur mit weitaus differenzierteren und sensibleren Messungen eingekreist werden. Man habe in der FH darüber nachgedacht, eine solche Messung vorzunehmen, sei jedoch aufgrund der Wetterlage von Mittwoch zu dem Schluß gekommen, daß der Aufwand doch zu hoch sei, gemessen am zu erwartenden Ergebnis. Eine Meßreihe aufzubauen – die technischen Voraussetzungen sind in der FH gegeben, die später auch Aussagen über die Ursachen eventueller erhöhter Radioaktivität zuließen, würde mindestens 50 000 Mark kosten, so Mühe.

SEHR DEUTLICH zeigt sich die erhöhte Radioaktivität am Mittwochmittag in Furtwangen. Innerhalb von drei Stunden stieg die Strahlung auf annähernd 180 Prozent des Normalwertes an. Grafik: Bernward Janzing

Quelle: Badische Zeitung

Von Bernward Janzing sind in dieser Reihe erschienen:

Störfall mit Charme – die Schönauer Stromrebellen im Widerstand gegen die Atomkraft
2008, ISBN 978-3-927677-56-2

Solare Zeiten – die Karriere der Sonnenenergie
2011, ISBN 978-3-9814265-0-2